名师教学思想与教学艺术丛书



# 田立莉与小学数学差异教学

## ——为学生所需而教

田立莉　著

中国林业出版社

**图书在版编目（CIP）数据**

田立莉与小学数学差异教学——为学生所需而教/田立莉著. －北京：中国林业出版社，2009.3

（名师教学思想与教学艺术丛书/王增昌主编）

ISBN 978－7－5038－5439－2

Ⅰ. 田...　Ⅱ. 田...　Ⅲ. 数学课－教学研究－小学　Ⅳ. G623.502

中国版本图书馆 CIP 数据核字（2009）第 050294 号

**出版**：中国林业出版社（100009　北京西城区刘海胡同 7 号）

**E-mail**：longman2008@126.com　**电话**：010－83283569

**发行**：新华书店北京发行所

**印刷**：北京昌平百善印刷厂

**版次**：2009 年 3 月第 1 版

**印次**：2009 年 3 月第 1 次

**开本**：148mm×210mm

**印张**：10

**字数**：280 千字

**印数**：4000 册

**定价**：20.00 元

# 《名师教学思想与教学艺术丛书》序

中国教育学会会长　顾明远

教学既是一种科学活动，又是一种艺术活动。科学讲究规则，艺术则讲究创造。教学需要遵循教学的规则，如要了解学生的年龄特征、知识基础、课程内容的重点和难点，但更重要的是要把这些因素之间关系处理得当，而这些因素又是随时会变动的，所以教学要创造；创造并非不要规则，但更重要的是精神，科学和艺术都需要精神，教学也需要精神，教学的精神就体现在教育的理念中，体现在教师的观念和智慧中；科学是可以重复的，可以借用的，艺术是不能重复和借用的，需要自己去创造，就像艺术家作一幅画，哪里需要浓墨渲染，哪里只是轻描淡写，只有艺术家自己构思，自己运笔，别人是替代不了的。因此，作为一名教师，设计一堂好课首先要有正确的教育理念，不断钻研，不断琢磨，要因人因事因时而变，灵活运用各种教学方法，巧妙地运用自己的教学智慧。这就是创造，这就是教学艺术。

名师是一名教育家，也可以说是一名教育艺术家。名师的成功，得益于他认真学习、钻研教育教学理论，并结合我国国情，不断探索教学规律，这就是他的科学活动；名师的成功，还得益于他不断总结反思，不断创造新的经验，也就是他的艺术活动，因而取得了令人瞩目的成绩。在教学实践中，他们不但课上得好，受学生欢迎，而且有良好的教育素养和文化底蕴。他们在教学之余，善于总结，勤于写作，在教育界有一定名气。他们不断进取的敬业精神和创新精神，值得广大教师学习。

教育部副部长袁贵仁在《教育家成长丛书》座谈会上强调："要认真研究总结并大力宣传广大优秀教师的教学经验，这是整个教育战线的共同财富，要对他们的思想、经验进行总结、提炼。"《名师教学思想与教学艺术丛书》的出版，无疑是为广大教师做了一件好事。

《名师教学思想与教学艺术丛书》的总主编王增昌同志担任《中国教育报》"教学版"编辑20余年，在该版开设了"特级教师教学特色"、"名师教学艺术"等专栏，他与不少特级教师有密切联系，并对一些名师的教学艺术有一定研究。《丛书》约请的作者主要是全国各地至今仍活跃在教学第一线的著名特级教师。每位作者写一册，内容包括本人教学思想、教改实验，均以课例说明观点。《丛书》特点是理论联系实际，具有较强的可操作性。这套《丛书》的出版，将对广大教师树立正确的教学理念，明了教学既是科学又是艺术的真谛，更好地实施课改实验，大面积提高教学质量有一定帮助。

優秀教師的教育思想和
教學經驗是教育界的
寶貴資源和共同財富

名師教學藝術叢書

二〇〇七年一月 振有

郭振有：中国教育学会常务副会长、原国家副总督学、教育部督导办主任

# 序　一

随着社会的进步，人们越来越关注让每一个学生在原有基础上得到充分的发展。传统的“一刀切”教学已不能适应这样的要求。我在十几年前已清楚地意识到这一点，于是提出“差异教学”的主张。差异教学的本质是在班集体教学中将学生的共性与个性辩证地统一起来，从而使教学最大限度地与每个学生的学习需要匹配。它既克服了“一刀切”教学的弊端，也避免了“个别化教学”忽视学生的共性、个别化教学方案和实际班集体教学难以对接的情况，差异教学强调从学生个性差异出发，这个差异不仅仅指认知层次差异，也包括学习方式、风格、习惯、情感态度等方面的差异。帮助每个学生制定挑战性学习目标，为每个学生设计开放可选择学习内容，采用多样化的学习方法，提倡自主合作学习，从而满足学生学习和发展的不同需要，因此差异教学也不同于将学生被动划分在一定层次中的有标签效应的“分层教学”。差异教学的理念是先进的，正像朱小蔓教授所说，它是教学追求的最高境界，但对教师，差异教学也提出更高的要求，需要教师在实践中去创造地运用。

北京市特级教师田立莉长期以来致力于关注学生差异，构建和谐课堂，她曾作为中央教育科学研究所的访问学者师从于我，在小学数学教学领域进行差异教学案例研究，她和她指导的一批年轻教师经过两年的积极探索，取得了丰硕的实践成果，在此基础上又完成了这部著作，书中既有他们对差异教学的感悟和理解，也有他们在实践差异教学中宝贵的经验以及典型的、生动的案例，同时也凝聚着他们的心血和汗水。

在这本书即将面市之际，我向他们表示祝贺，相信这本书会给小学数学教师以启迪和帮助，衷心地感谢他们对差异教学的厚爱和执着的追求，也希望他们在今后漫长的道路上继续不断探索。

华国栋

2009年元月

# 序　二

## 用爱托起教育的数学天使

邹中棠

认识田立莉以来，我就一直被她感动着影响着。因为在我的心里，小学教育早已被边缘化了。换句话说，小学教育那是一段尘封已久的记忆了，虽然很多研究教育的人都在强调少年时代决定未来时代，实际上这些都是一家之言，因为教育和学习的重要性是无法量化、无法分阶段性的。当然这一研究结论的背后离不开田立莉带给我的深深感悟。

聚焦小学，大量的信息扑面而来：虽然久违但却是那么生动和精彩：我忘不了童年在小山村的小学启蒙教育，忘不了我的母亲也是一位受人尊敬的小学老师；忘不了我可爱的女儿也在演绎梦幻般的小学梦想；忘不了曾经教过我的小学老师，当然更忘不了曾经用爱浇灌过我成长的小学数学老师颜泽宣先生，感谢他的大爱和欣赏带给我生命的荣光和自尊，这一点和田立莉的差异教学、整体推进、有教无类的教育理念是不谋而合的。于是，自然想起田立莉的："在我的视野里没有教育的盲区；在我的数学课上没有不会学的学生；在我心里没有不关注的孩子。"这份自信和从容是田立莉的教育主张和核心魅力。

当前，教育走到了一个比较尴尬的境地，人人都知道老师是天底下最受人尊敬最高尚的职业，但是很多老师却不想当老师，很多老师都想转换职业，一个非常重要的尴尬问题出来了：有的老师不太受人尊敬了！记得旧社会把老师的地位放到了与天地君亲一样的级别上，是放在香火上受人朝拜的，古代把老师比作圣人，老师的职责就是行教化之功，做复性之事。为什么当下出现了师道尊严的沦丧呢？主要原因是个别老师在物欲横流的时代浮躁起来了，守不住本分了，于是才给了人们另外一个印象。

但是，认识田立莉以后，我的经验开始作废了，她的故事让我改变了我对教育的隐忧，当然，更让我看到了中国教育的希望，她让我看到了教师的为人师表焕发出的师道尊严，让我看到了一个真正人民教师和特级教师所具备的素质、境界和教育精神。

最近几年，我在倡导我提出的状态教育，什么意思呢？就是指一个老师能够将自己的教学风格、做人精神、人生故事、人格魅力、知识能力和最佳生命状态传递给学生，那么就会产生生生不息的教化功能。实际上，田立莉的生命状态就是差异教育的最佳典范，因为凡是她的学生都会一生一世忘不了她那慈母般的关怀、大爱般的情怀、天使般的使命和独到的教育艺术。

本来就是不用扬鞭自奋蹄的田立莉，以对教育的无限忠诚，赢得了如下的荣誉：中学数学高级教师，北京市特级教师，中央教科所访问学者，北京市数学骨干教师，海淀区数学学科带头人，海淀区兼职教研员；全国差异教学学会核心组成员，北京市数学学会会员，北京市数学学具审定委员会委员，北京市教育评估院专家组成员，北京师范大学教师行为项目组成员，海淀区数学学会理事，并出版了《享受生命的幸福》、《牵手前行》等个人专著。

为什么田立莉身上能够散发出天使般的情怀呢？答案就是爱的力量，准确的表达是热爱教育的力量，于是早已用俗的“热爱”一词有了新的注解，那就是她的心思大都放在教学和学生上下功夫，只要有时间她就在琢磨最好的教学艺术。几十年的坚持，使她对于教育和数学有了通透和享受之感。田立莉的通透也是让我吃惊的，我们在沟通中，她的一句话让我非常震撼，那就是“差异数学”的教育理念：那就是用数学的思维方式、方法去建构学生自觉认知数学的规律和体系，最终形成孩子的数学头脑和数学世界。这真是高级的教育理念啊，因为她巧妙解决了点球式教育的局限，让学生从道上立起来，从而形成不可限量的数学前途和可以自我循环的神奇效果。

关于田立莉的教育艺术，因为书里有更多的内容让我们去欣赏和玩味，我在这里就不多讲了。田立莉总是用平实的语言在述说如诗的教育事业，她谦虚地告诉我："我没有什么特别之处，但是我坚守为人师表，坚守着人民教师的责任和使命。人民教师就意味着责任，为了这份责任，为了让学生能够有一个良好的教育，我不断上下求索，拜访名师，学习名师，不断进行换位思考，想尽了各种进入'角色'的方法。我研究了教育的根源，拓宽了教育的视野。在各种研究课、练习课、公开课、示范课、观摩课中反复历练；在享受学生收获喜悦的同时，我终于读懂了'厚积薄发'的真正内涵，也使我一如既往地下定决心，要坚持不懈地做好工作，要坚持不懈地深入钻研教育教学。成为一名受人尊敬和值得学生学习与追随的好老师！"

桃李不言下自成蹊，教育之光薪火相传。在田立莉这本新书推出之际，对于我来讲，仅仅表达祝贺显得有些浅薄，只能够用3天时间挑灯夜战去寻觅她做人的精神和解读她对教育热爱背后的深层次意义，于是，"用爱去托起教育的数学天使"一文便产生了，是为序吧。

（本文作者系中国文化研究专家、青年思想家）

2008年12月11日凌晨6点18分

# 尊重差异　落在课堂

## ——为学生所需而教是乐

田立莉

课堂教学，这是最平常又最广泛引人重视的教育问题。最平常是因为每一个教师和学生天天在课堂里教与学；最广泛引人重视是因为它是教育的主渠道，是教学质量的主产地。如何让我们课堂有效率、有魅力，让我们的课堂成为师生共同经营知识、能力、情感，价值观交流的平台，共同快乐生活、成长的场所。为此，我上下求索，勇于实践。

无数节课堂教学，令我思绪万千；
无数个教学故事，让我反复回忆；
无数个学习案例，使我心生感慨；
无数个学生展示，给我带来幸福。

不同的生活背景，使学生产生不同的生活及学习经验，不同的学生有不同的思维方式、不同的兴趣爱好和不同的发展潜质。教学该从学生生活经验和已有知识出发，为每个学生提供充分从事教学活动和交流的均等机会。真正让每一位学生都在学习中受益，得到不同的发展，这需要教学的理念。

我寻觅着：在班级教学中，立足学生的个体差异，满足不同学生的需要，以促进每个学生在原有基础上，得到充分的发展。——差异教学的理念，我追随着。

在教学中将共性和个性辩证地统一起来。我不仅要关注学生的个体差异，还要关注学生个体内的差异，从而促进学生优势潜能的开发；差异教学强调满足不同学生的学习需要，但不是消极适应，而是从个体情况出发，引导学生学会学习，从而促进他们的发展。

在教学中给每个学生均等的学习机会。我将学生的差异作为资源来开发，全方位地构建面向全体、照顾差异的教学方法体系。差异教学追求每个学生最大限度的发展，但就班集体来说，学生必然是有差异的发展。

了解和测量学生的差异是差异教学的前提。学生的差异是多方面的，我不仅关注学生智能的差异，而且更加关注学生学习动机兴趣的差异，学习风格、方式的差异以及认知准备的差异等。

教学目标既照顾差异但又对每个学生都应有挑战性。我设计科学合理且有挑战性的教学目标，利用课程资源等形态满足学生不同的需要。

学生可以有自己的学习方式，教师要适应学生不同的需要。为促进学生的学习方式向优势方向转化，我在教学中既根据学生的差异设计一些动态的分层分类的学习活动，又要组织好合作学习，将“同质分层”和“异质合作”相结合；倡导小组、个别教学有机结合的教学形式。

在班集体教学中有效照顾差异，应重视课前的准备、铺垫和课后必要的辅导训练。我们不仅关注学生知识技能差异，也要关注情感、态度、价值观差异及学习过程、能力、方法的差异，提高学生积极的学习情感，提高学习能力，促进学生的全面发展。

差异教学倡导多元评价。在考虑共同标准的同时，我针对学生差异进行弹性评价；学生表达成果的方式也可以多样化，我鼓励学生标新立异。

学生是人，是具有生命意义的人，是具有社会意义的人，是具有发展潜质的人，是具有独立个性的人，是我心中的巨人。

课堂是学生生命的重要历程。关注生命的成长，就是关注生命的需要。关注学生求知的需要。没有知识就不能生存，就不能发展，就不能探索世界的奥秘。因此求知欲是生来就有的。但是学生的求知欲是盲目的，那么，教师就要引导学生怎么求知，要教给求知的方法，快速地提升他们的生命历程。关注学生自主的需要。学生虽然生活在群体之中，但是他们都有独立的意识。他们接受教师的传授，更喜欢自我的体验。因此，不能完全靠灌输和告诉让学生获得知识、方法、情感，在教师的启发下，学生自主探究、自主实践、自主验证才是教育的最佳方式。关注学生创新的需要。创新是一个人的灵魂。当学生获取已有知识，他们就不再满足现状，需要生成新的问题探索。因为有了探索，才会有生命的渴望，生命就是在创新中不断激励和成长的。关注学生平等需要。随着阅历的增长，孩子会渐渐地懂得人生规则，当他们受到不公正待遇的时候，他们会表现出强烈的逆反。只有人与人平等相处，他们才认识到自我价值的存在。享受平等是每个人的追求。

关注学生自尊的需要。认识自我，体现自我，关注自我，是一个人普遍的心理。一个人获得了尊重，也就获得了自信、幸福和快乐。因此，在教学中，教师要指导、引领、帮助，培养学生健全的人格。关注学生被关爱的需要。人人都需要爱。爱可以激励人，感化人，促进人。爱可以撞击出生命的火花。爱是人间的真情。如果，教师用感恩的心，去对待每个学生，那么就激发了生命的课堂。关注学生表现的需要。正视自己的存在，就要充分地表现自己。在课堂中，无论是回答问题，还是参与活动，他们都希望自己有展示的机会，并且希望做得很出色。如果，教师剥夺了学生的表现权，也就遏制了学生的创造力。关注学生成功的需要。无论做什么事，他们都希望是成功者。失败使人颓丧，成功使人奋进。因此，课堂教学应该是不断地使学生走向成功，激励他们快乐的成长。总之，学生是有生命的个体，只有满足学生的需要，才能构建和谐的课堂。关注学生的生命，是人本教育的具体体现。在我的视野里没有教育的盲区；

在我的数学课上没有不会学的学生；

在我心里没有不关注的孩子。

回首数学课堂，从学生的发展来说，应是潜能的开发、精神的唤醒和个性的彰显，从师生共同的生命历程的角度来说，应是经验的共享，情感的融会与灵魂的感召。

新的教育理念再次告诉我们：只有关注学生的发展，才是教学的本质所在。

新的教学实践再次告诉我们：只有关注学生的差异，才能促进学生的全面发展。

# 目录
CONTENTS

如何让课堂教学亮点频出，如何让课堂教学精彩纷呈，如何让课堂教学不断焕发出生命的活力，应从研究数学课堂的差异开始。将学生的差异作为资源来开发，全方位地构建面向全体、照顾差异的课堂教学结构。

# 一、数学课堂的差异教学

## （一）差异教学的含义

差异教学是指“在班集体教学中，立足于学生的个性差异，满足不同学生的学习需要，以促进每个学生在原有基础上得到充分发展的教学。”

## （二）差异教学的观点

差异教学的出发点是尊重学生存在的个性差异。这个差异包括个体间的差异和个体内的差异，反映在学生的性格、兴趣、能力和认知风格等方面。我们在研究学生共性的同时应重视对学生差异的研究。既要研究各类学生的特点和群体差异，也要研究各个学生的特点和个体差异；既要考查学生的差异，了解他们差异的表现、性质和形成的原因，也要考察每个学生的优势和潜能，看到个体间和个体内差异的发展和变化。

## （三）差异教学的理念

教育公平是全纳教育的核心思想，强调人人享有均等的教育机会，就课堂教学而言，包括学习过程机会均等，成功机会均等，即每个人的不同学习和发展的需要都得到满足，得到“充分的帮助和支持”。

教育公平面对有不同需要的，有差异的所有学生，为全体学生提供平等的参与机会，让他们接受有效的学习。这就必然要求，在教学中处理好共性与个性的关系。

由此可见，教育公平包含两层意思：一是每个人具有相等的机会，接受最基本的教育；二是每个人都具有相等的机会接受符合其能力发展的教育。但个人的能力是不一样的，这样的教育必然是差异教育。真正的教育平等不是对人人同样要求，人人享有同样的学习条件和待遇，而应是尊重差异，建立在平等基础上的区别对待，最大限度地满足每个人学习和发展的需要。从这个意义上说，多样化的教育教学就是应对学生不同情况的差异教学。没有差异的教学是不能适应每个学生的不同情况，是很难保证每个学生积极有效地参与到学习活动中来。

综上所述，差异教学和教育公平有其共同的价值取向和共同的教育教学理念，差异教学是通过其具体的教学策略和方法将理念与价值的追求具体化了。教育公平强调要为每个学生提供均等的有效的教学，而均等的有效的教学正是差异教学所能体现的。所以，实施差异教学，才能在集体活动中让每个人得到充分的发展。差异教学是实现教育公平的必然要求。

## （四）差异教学的策略

认知前提准备和学习动机激发。

学生的学习是建立在一系列大量带有认知特点的已有的学习基础之上。

布卢姆把某项学习任务所需的必要学习称作“认知前提能力”。

用现代认知心理学术语来说，有意义的学习过程是原有知识同化新知识的过程。学生原有知识的状况，特别是基本理念和概念的掌握情况，直接学习向知识技能的迁移。如果我们在教学知识前，帮助一些学困生储备必要的认知前提，就有利于缩小同学间学习新知识的差距，提高学习新知识的质量。

制定分类并有挑战性教学目标。

制定分类并富有挑战性学习目标，应当体现差异，考虑不同层次学生的需求。目标的制定，既要体现大纲的统一要求又要体现学生的差异，还应有不同的目标要求，促进学生在课堂中不同发展与均衡发展。

课堂开放与可选择学习内容。

教学内容的调整和组织。（以弹性的教学方式来呈现教学内容过程和结果）

课堂差异教学最明智的教学策略，应是同教材，同进度，异要求（教师要创造性地使用教材，精心选择教学内容）调查教学内容的主要依据，是课标，是教材，是学生和教师的已有知识和常识经验。

调整教学内容的基本要求：是系统性，可接受性和实用性。

教师要力求化难为易，深入浅出。内容安排的顺序和进度，是课堂教学的重要决策，课堂差异教学内容的顺序通常是从知识载体、知识体系和学生的学习心理的顺序来决定。

分层与分类学习活动设计。

多样化的学习活动的设计研究，应落实在兼顾不同学生需要的教学过程的设计中。“教师适应学生是教学过程的核心，教师应在教学的各方面，无论是知识的传授，技能的训练，还是心灵情感的交流，都应兼顾到不同学生的需要”。

多样化的教学方法与手段。

各个教学环节应兼顾不同学生的需要（提供机会让学生在多样化的教学环境中学习），教学方法手段应灵活多样。教师应从知情意行统一的角度去组织一堂课，挖掘教学内容中的情感因素，注重教学的情感过程，以知识活动为主线，并通过主线去发展学生的各种心理品质。

兼顾不同与个别指导。

根据学生不同的知识基础和技能基础设计教学活动，采取同伴间的互相帮助达到共同提高的目的。这种学习方式满足了学生个体需要，给他人提供信息的说明需要，尽可能地完成学业任务的成功需要，被表扬和赞赏的赏识需要，避免失败的需要，维持个体自尊不受侵犯的需要，与其他学生形成合作、友谊关系的从属需要，从他人处寻求帮导的求助需要。

多种学习机会与平等和谐环境。

学生的差异和环境有关，教师在儿童的心理环境中有至关重要的作用。良好的师生关系，和谐民主的教学气氛，个人之间的相互协作以及对自我认识的不断深化，都将是创设民主和谐教学环境的重要因素。

教师的协作与学生合作。

同学科教师间的相互学习，异学科教师间的相互配合；学生间的互学、互助是提高课堂教学实效性的有效途径。

大面积及时反馈与多元评价。

互动反馈评价，促进大面积提高质量。反馈是双向的和多向的，教师在了解学生学习信息后要及时地评价学习效果。没有评价过程的教学，不是一个完整的教学，教学评价应贯穿教学的始终。只有通过反馈和评价才能了解学生差异所在，了解各个学生在学习中有什么特殊要求，促进师生的共同发展。

## （五）差异教学异于分层教学

分层教学：教学中根据学生的智力水平和成绩的不同，将全班学生分成两三个层次，为他们制定分层次的教学目标，教学中考虑不同层次学生的需要，尽可能兼顾他们，加强同学间的合作，对学生成绩的评估也有不同层次的要求。这种教学在面向全体照顾差异方面，无疑是班集体教学的一个进步。分层教学对教师的水平和能力提出了更高的要求。

差异教学要探讨适合学生特点的教学途径。

在班集体教学中，将共性和个性辩证地统一起来。既要考虑学生智力、能力发展的需要，也要考虑它们非智力因素逐步成熟的需要。在教学中满足不同学生在学习目标、学习内容、学习速度、学习方法的不同需求，使教与学两个系统更好地结合起来，使教更好地为每个学生的学服务。差异教学不仅强调学生的个别性、独立性，强调教学的个别指导，而且强调学生间的合作与交往，让他们在相互帮助中共同提高。

在班集体教学中，给每个学生均等的学习机会。我们将学生的差异作为资源来开发，全方位地构建面向全体、照顾差异的教学方法体系。这就要研究学生的发展规律，激发每个学生学习的主动性、积极性。既注重学生的全面发展，也要从素质结构上体现个体内差异的合理性，又要开发每个学生的潜能和优势。

在班集体教学中，教学目标既照顾差异但又对每个学生都具有挑战性。开放且可选择，利用课程资源等形态满足学生不同的需要，但无论对于哪一层次学生，为他们设立的目标都应在他们的最近发展区内。

在班集体教学中，学生可以有自己的学习方式。课堂上教师应根据学生的情绪表现，针对不同的学生灵活地调整教学方法。教师要适应学生不同的需要，促进学生的学习方式向优势方向转化。教学中既要根据学生的差异设计一些动态的分层分类的学习活动，又要组织好合作学习，将“同质分层”和“异质合作”相结合。倡导以自然班为基础，大班、小班、小组、个别教学有机结合的教学形式。

在班集体教学中，有效照顾差异，应重视课前的准备、铺垫和课后必要的辅导训练。我们不仅关注学生知识技能差异，也要关注情感、态度、价值观差异及学习过程、能力、方法的差异，提高学生积极的学习情感，提高学习能力，促进学生的全面发展。

在班集体教学中，差异教学倡导多元评价。没有评价过程的教学，不是一个完整的教学。教学评价应贯穿教学过程的始终。课堂教学的评价应是广泛的，要评价每个学生，处于“两头”的学生应是评价的重点。教师在考虑评价共同标准的同时，应针对学生差异进行客观的弹性评价。学生表达成果的方式可以多样化，教师应鼓励学生标新立异。

差异教学是为了给每个学生提供适合他们自身发展的方式，促进他们最大限度的发展。在基础教育领域，对于绝大多数学生（除少数智力落后等残疾学生）应更有利于他们达到教学大纲或课程标准的客观要求，从而大面积地提高教学质量。

# 二、数学课堂的学生差异

重视对学生的差异教学，已成为世界教育发展的新潮流，也体现了当今素质教育的要旨所在。“一个负责任的教师，最重要的不仅是教给学生眼前的知识，而是培养学生有利于未来、有利于人类的人。”所以，作为一个教师，要懂得素质教育的关键是最大限度地发现人的价值、发挥人的潜能，要把关爱好学生的差异作为自己的职责。

“教师的技巧在于觉察儿童的天赋，善于确定足以使他施展他的智力和创造力的领域，这就要求教师应做发现学生差异的有心人，教师要熟悉学生的差异，对自己学生的差异准确分辨，为因人施教奠定基础。

学生在课堂学习中存在着什么差异呢？知识经验的差异，智力、能力的差异，学习策略的差异，学习动机和学习风格的差异。教师在教学中，只有准确地判断学生的差异，才能展开有针对性的高效的教学。

## （一）学生知识经验的差异

学生的知识经验具有丰富的内涵。它可分为课内知识经验与日常生活经验。课内知识包括过去所学过的符号、概念、原理、规则、方法等，课内经验包括过去在课堂上所做过的活动及其情境。学生日常生活经验比他课内知识经验更加丰富、生动、形象、鲜活。我们经常说，学生不是白板，任凭我们作画，也不是空的容器，随便我们往其中填充东西。学生并不是空着脑袋走进课堂的，在课前对课本学术知识可能知之甚少，但对这些课本学术知识所涉及的事物、现象、问题，并非一无所知、一无所思，而是有着自己的感性经验、直觉。有的学生甚至可能通过其他途径（如阅读、参观科技馆、博物馆和旅游等）获得了丰富的相关知识。

在一个班级中，有的学生具有书本学术知识，有的学生具有学习经验，而有的学生则具有日常生活经验，还有的学生具有较高的课外百科知识。当然还有的学生学习中还会遇到困难。新知识的获得是建立在原有知识经验的基础上的。由于学生所处的环境、背景不同，学习能力、思维方式的不同，必然存在知识经验与认知结构的差异。探寻适合不同学生学习发展的“最近发展区”，合理地组织学习材料，使每个学生都能在原有学习知识经验的基础上顺利实现知识、能力、情感的迁移。

如：教学《长方形的面积》，由于学生的知识经验不同，在探究平行四边形面积计算公式时，学生知识经验的差异是：

1. 师：你们想先研究谁的面积？

师：这几组图形的变化，你看到了什么？

课件出示：

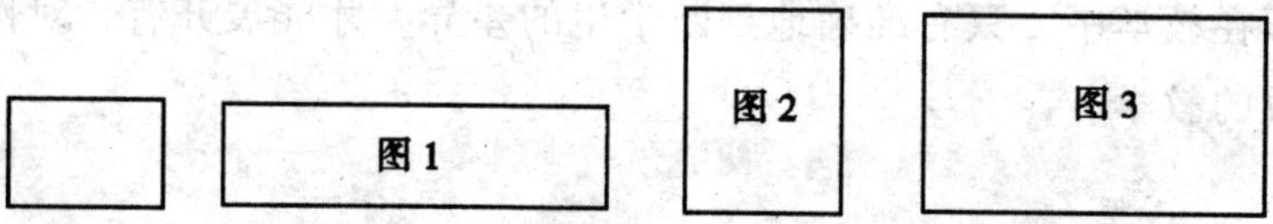


生：图 1 的长增长了，宽没变，面积变大了；图 2 的宽增长了，长不变时，面积也变大了；图 3 长和宽都增长了，面积也增大了。

师：你的发现很好，谁能用一句话来表示这个意思？

生：长方形面积的大小与长、宽有关系。

师：你概括得很准确。因此在使用计算机画长方形时只要调节长和宽的长度就可以任意改变它的大小。

2. 师：既然长和宽都决定着长方形面积的大小。这两个图形的面积哪个大？大多少？

出示：

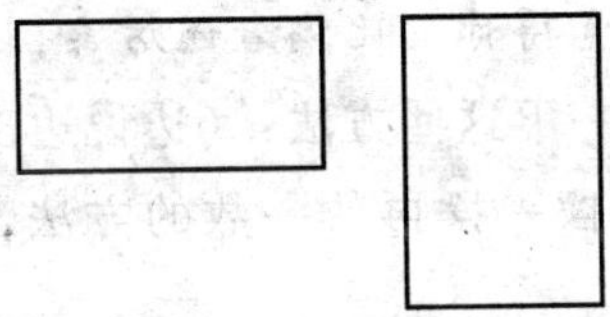

3. 师：老师将大屏幕上的图形搬到你们的课桌上，能不能用你们的方法求出这两个长方形的面积？

任意选择学具盒中的学具，探究长方形面积的求法。

（学具：表格、小正方形、尺子、长方形）

汇报：摆——数；画——数；量——算；

【此环节一定让学生边摆边讲（引导孩子叙述时注意用语：沿着长方形的长摆了几个小正方形）；师追问长和宽的数字表示什么含义】

师：不论采用哪一种方式求长方形的面积，都认为一行摆的方格数与长有关系？为什么？

生：因为一行摆了6个小正方形，一个小正方形的边长是1cm，6个加起来就是6cm，正好与长相等。

师：那宽和一列又有什么关系呢？

生：同样的道理，一列能摆4个小正方形，一个小正方形的边长是1cm，4个加起来就是4cm。如果横着看，就是能摆4行。

师：为什么是长×宽呢？长+宽行不行？长×宽实际指什么？

生：因为一行摆6个小正方形，摆4行，实际就是求一共能摆下多少个小正方形，可以理解成求4个6是多少。数学中求几个几是多少就可以用乘法。

4. 师：是不是所有的长方形都可以用长×宽来计算面积呢？

请你再次试一试。

学生验证。

师总结：同学们，看你们多了不起啊！能用这么多种方法推导出长方形的面积公式，书上也不过只给出了这个结论，而你们能展示这么多种方法，我觉得你们比编者还厉害！

我们再一起回忆一下这些方法：（边说边出示课件）

（1）有的组用先摆一摆再数一数的方法，数出长方形的面积是24平方厘米。

（2）有的组用画一画再数一数的方法，也数出了长方形的面积是24平方厘米。

（3）还有的组甚至只量一量，再算一算，就算出了长方形的面积是24平方厘米。

虽然方法不同，但都求出了长方形的面积。

每个学生都能依据自己的知识经验独立地完成长方形面积的计算。

## （二）学生学习能力的差异

在数学学习过程中，学生学习的差异首先表现为学习能力的差异。在数学学习过程中有的学生感知敏锐，观察能力强，思维灵活，概括迅速全面，逻辑推理具有系统性、顺序性，理解和掌握知识快；而有的学生则感知迟钝，观察能力差，思维水平低，易受无关因素的影响，理解掌握知识慢、错误多。如果我们忽视学生学习能力差异的客观存在，必然导致教学过程中部分学生因“学困”而丧失数学学习信心；部分学生因“简单”而失去数学学习的兴趣。制定差异学习目标，就是教师在承认学生学习能力差异客观存在的基础上，依据学生数学学习能力的差异，制定符合不同层次学生的目标要求，即在制定学生学习总体目标的基础上，增添学习的基础目标和发展目标。

如：教学《鸡兔同笼》我对全班所有学生进行了教学前测。

请利用表格解答下列各题。

1. 鸡兔同笼，有 17 个头，42 条腿，鸡、兔各有多少只？

| 头/个 | 鸡/只 | 兔/只 | 腿/条 |
|---|---|---|---|
| | | | |
| | | | |
| … | … | … | … |
| | | | |
| | | | |

2. 小明的储蓄罐里有 1 角和五角的硬币共 27 枚，价值 5.1 元，一角和五角的硬币各有多少枚？

| 硬币总数/枚 | 1 角/枚 | 5 角/枚 | 总价值/元 |
|---|---|---|---|
| | | | |
| | | | |
| … | … | … | … |
| | | | |
| | | | |

3. 用大小卡车往城市运 29 吨蔬菜，大卡车每辆每次运 5 吨，小卡车每辆每次运 3 吨，大小卡车各用几辆能一次运完？

| 大卡车/辆 | 小卡车/辆 | 总质量/吨 |
|---|---|---|
| | | |
| | | |
| … | … | … |

前测目的：了解学生掌握列表解题策略情况。

前测结果：第一题　对 39 人　39 ÷ 44

第二题　对 25 人　25 ÷ 44

第三题　对 27 人　27 ÷ 44

三个题全对的有 23 人

对鸡兔同笼这一内容，学生在能力上表现为：

有的学生感知敏锐，观察能力强，思维灵活；

有的学生逻辑推理具有系统型、顺序性，理解和掌握知识快；

有的人擅长分析，能够很好地理解、解释和证明知识，不仅能用列表解决问题，还能用假设法解决问题；

有的学生则感知迟钝，观察能力差，思维水平低。

通过教学前测，我更加清楚了学生有着不同的知识背景和思考角度，对同一个问题由于学生的认知水平和风格的不同，常常会出现不同的解决问题的方法，这正是学生具有不同能力的体现。我依据学生数学学习能力的差异，在制定学生学习总体目标的基础上，增添学习的基础目标和发展目标。我要让会列表的同学在本节课一定有新的收获，鸡兔同笼问题最核心的数学思想方法是假设法，方程法也要补充进来，我要遵循思考与算法多样化，提倡学生思维的开放性和创造性，鼓励学生根据自己的知识、经验、思维，寻求解决问题的途径。为此我制定了弹性的教学目标，通过本节课的学习，能用一种方法或两种方法解决鸡兔同笼这类问题，让每一个学生走出课堂时都有收获。

（1）体会按从小到大、“跳步”、中间切入列表枚举的过程，理解列表方法的解题策略。

（2）学生通过游戏活动、数学图形，掌握数学最本质的核心思想——假设法。

（3）从等量关系入手，列出方程，通过等量代换解决问题。

（4）教材安排尝试列表，但应根据学生的认知起点拓展教材，提高教学要求。

（5）传承数学文化，介绍《孙子算经》。

制定差异学习目标，就是在承认学生学习能力差异客观存在的基础上，制定符合不同学生学习能力的目标要求。

## （三）学生学习方法的差异

学生由于知识经验不同，思维样式不一，其所表现出来的学习方式也必然存在着差异。教师要关注学生学习方法的差异，“允许学生用自己的方式学数学”，引导学生进行个性化学习。只有这样，学生才能展示自己的学习个性，并在学习过程中实现原有认知经验基础上的个性发展。与此同时，引导学生个性化学习，还能为课堂教学活动提供丰富的、生成性的课程资源，通过学习过程的交流与互动，起到取长补短、思维碰撞、共同发展的目的。

如：教学《小数比大小》

师：你们能用哪些充分的理由来说明 3.89 米比 3.84 米大呢？（学生可以独立思考，可以看书自学，可以交流讨论）

生：①单位转化思想，389 厘米 >384 厘米；

②联系整数思想时扩大相同倍数，389 >384；

③计数单位的角度，389 个百分之一 >384 个百分之一；或（只看百分位）9 个百分之一 >4 个百分之一；

④做减法，求差，3.89 比 3.84 多 0.05（5 个百分之一）。

师板书：3.89 >3.84。

又如：《三角形内角和》，请同学思考

哪种图形可以借助我们刚刚得到的“三角形的内角和是 180°”这个结论来研究它们的内角和？它们的内角与三角形之间又有着怎样的联系？

可以选择你们组最喜欢的图形来研究。

学生反馈：

（1）长（正）方形：

①四个直角：90°×4＝360°

②分割成两个三角形：

180°×2＝360°　　180°×2＝360°

（2）梯形：分割成两个三角形，180°×2＝360°

（3）平行四边形：分割成两个三角形，180°×2＝360°

（4）一般四边形：分割成两个三角形，180°×2＝360°

（说明：在对梯形、平行四边形和一般四边形的研究中，学生可能会出现划分成多个三角形来研究的方法，无论它是一种复杂或是错误的想法，都会让学生充分表述他们的观点，以求用这种生成的活资源达到让全体同学对这个问题的解答思路更清晰。）

教学实践使我们认识到，由学生自主探究的结果，学生的印象会十分深刻。对每个学生来说，是十分有益的。学生会在个性化学习的基础上，比较自己的说法和别人的算理过程中，学会选择，学会优化。这样，不同学生的认知水平和学习能力都可以在原有的基础上获得相应的发展。

## （四）学生思维方式的差异

学生在数学学习过程中所表现出来的思维方式是不一样的，有的学生偏重于形象思维，需要借助一定的图像、动作思维过程才能流畅；而有的学生则偏重于抽象思维，其逻辑推理能力、概括思维能力特别强；也有的学生处于两者之间的中间类型。所谓方式的差异必然导致学习过程与学习方法的差异。组织合作探究学习，可以让不同思维特点的人，在同一个组内进行共同探究，通过不同思维的碰撞，起到相互学习、共同推进促发展的目的。

如：教学《鸡兔同笼》

出示：

现有鸡兔同笼，
上有一十二头，
下有三十二只，
鸡兔各有几何？

师：你能用什么方法求出鸡有几只，兔有几只？（可下位子看同学做）

生：思维解题方法如下：

列表尝试：

①

| 头 | 鸡 | 兔 | 腿 |
|---|---|---|---|
| 12 | 1 | 11 | 46 |
| 12 | 2 | 10 | 44 |
| 12 | 3 | 9 | 42 |
| 12 | 4 | 8 | 40 |
| 12 | 5 | 7 | 38 |
| 12 | 6 | 6 | 36 |
| 12 | 7 | 5 | 34 |
| 12 | 8 | 4 | 32 |

②

| 头 | 鸡 | 兔 | 腿 |
|---|---|---|---|
| 12 | 2 | 10 | 44 |
| 12 | 4 | 8 | 40 |
| 12 | 6 | 6 | 36 |
| 12 | 8 | 4 | 32 |

③

| 头 | 鸡 | 兔 | 腿 |
|---|---|---|---|
| 12 | 6 | 6 | 36 |
| 12 | 7 | 5 | 34 |
| 12 | 8 | 4 | 32 |

游戏活动——画图——假设：

鸡有 12 只

$2\times12=24$

$32-24=8$

$8\div2=4$（只兔）

$12-4=8$（只鸡）

兔有 12 只

$12\times4=48$

$48-32=16$

$16\div2=8$（只鸡）

$12-8=4$（只兔）

方程：鸡有 $X$ 只

兔有 $12-X$ 只

$2X+4(12-X)=32$

鸡 $X$ 只，兔 $Y$ 只

$X+Y=12$①

$2X+4Y=32$②

$2X+48-4X=32$　　　　$X+3Y=20$③

$48-2X=32$　　　　$2Y=8$

$2X=16$　　　　$Y=4$

$X-8$

$12-8=4$　　　　$X+4=12$　　$X=8$

在上述教学片断中，教师引导学生充分展示自己的智慧，在展示的过程中，一一肯定多种计算方法，将学生之间天然存在的个体差异有效地开发成学习资源，转化成学生相互启发、相互融合的思考智慧。

课堂教学作为一种特殊的认知活动，它需要教师充分利用学生群体原有经验基础的差异，让思维在不断碰撞、交锋、磨砺中实现个性的张扬，从而实现视界的融合、经验的丰富、能力的提高、智慧的生长。

## （五）学生学习体验的差异

“有一千个读者就有一千个哈姆雷特”，这是建构主义思想的形象写照。由于学生的知识经验不同，认识角度不同，思维方式不同，个体信念不同，即使相同的学习内容，一样的学习过程，同样的学习环境，其学习的感受、体验是不一样的。每个人都在学习过程中对所学习的内容有独特的认识与理解，这就是学生学习体验的差异。尊重学生学习体验的差异，借助组织学习交流活动，展示学习过程的多样性、丰富性，并通过不同学习体验的交互与碰撞，使每个学生都能在学习交流中得到不断的完善与发展。如：

教学《因数与倍数》的练习课时，教师出示了一个题：我买了15个练习本，花了3□．□□元，□里都可以填哪些数？

学生们在独立思考的基础上，先向自己小组的同伴们作了介绍，而后在全班进行交流。

学生1：30.00元，这个钱数应是15的倍数，也就是3、5的公倍数。

学生2：30.30元　33.00元

学生3：31.20元　32.10元

学生4：36.00元　30.60元　31.50元　35.10元　32.40元　34.20元　33.30元

学生5：31.05元　30.15元　31.35元　33.15元　32.25元　30.75元　37.05元　36.15元

……

又如：教学《循环小数》

师：什么样的小数是循环小数？你能说一个吗？你能写一个吗？

生1：4.232323……

生2：0.13535……

生3：2.563563……

生4：0.128412841284……

生5：7.3627627627……

生6：121.43675267526752……

学生们在交流的同时，也在认真地思考与判断。很多同学因为受到别人的启发，马上就对自己的猜测作了调整与补充。学生体验着同伴的碰撞，感受着同伴的感受，并让学生们交流自己学习的感受，起到了“互通有无”的作用。

## （六）学生个性能力的差异

教师要熟悉学生的个性差异。比如，在思维能力上，有些学生长于运用左脑，善于抽象思维，他们往往在理科方面更有天赋；而有的学生长于运用右脑，善于形象思维，他们常常在文科方面更有天赋。要珍惜学生的个性差异。学生的个性虽有差异之别，但无好坏之分，也就是不能把学生的个性差异看成是缺点。“无个性即无人才”。学生身上很多可贵的东西，往往就蕴藏在其个性之中。

因此教师在评价学生时，既要考查学生知识、技能掌握的情况，又要考查学生独力思考的能力、分析问题解决问题的能力及动手操作能力，同时还要考虑学生的个性与能力。如根据学生学习能力的强弱，对学习能力强的学生除了肯定其学习的成绩外，应更多地指出他学习上的不足与努力方向，使其更加明确自己的学习目标；而对学习能力弱的学生，应更多地发现其学习上的闪光点，使他能看到自己的进步，从而对自己的学习充满信心。

## 教学评价让学生心动

——随笔

加法运算定律这普普通通的数学课，甚至令许多学生、教师觉得枯燥的计算课，教学过程也没特别的装饰，但我可以让每一个学生动起来，秘密究竟在哪里？

（1）真情的流露

在课上我常说“很好”“说得挺清楚的”“太棒了”“真精彩”“实在了不起”“我喜欢听你说”“有思维”“有智慧”“正因为你这个问题的出现，给我和同学以启发，谢谢你”……我欣赏每个同学的发言，并及时予以肯定鼓励或赞同微笑，情出自心，表现于诚。

当看见注意力不集中的学生时，我会指向另一个学生“瞧！他坐得多好呀，特别会倾听同学的发言”。有时也会期待地看着他，等他恢复常态。

真诚的希望，并愿看到学生进步的教师，不能求学生十全十美，而要相信“滴水成大海”，教师要像一个好猎手，不但要时时刻刻捕捉学生的问题与不足，更重要的是要捕捉学生的“闪光点”，并及时加以宣扬，课堂中的真情流露，体现出老师对学生的自然而和谐的期待。

（2）平等的沟通

新课程追求民主、平等、和谐的师生关系，教学中，我走近学生，走进学生，走到学生中和学生做朋友，以学生喜欢的方式和他们交流，用朋友式的语言与他们沟通。正是在教学中与学生如此亲切、如此接近，学生才愿意把心里的话跟我说，才愈发喜欢我上的数学课。

沟通是双向，是发自内心的，只有教师真心的、平等的与学生沟通，学生才能无拘无束地参与到学习活动中来，也只有这时学习才能成为一种需要。

（3）激励与诱导

加法运算定律这节课并不复杂，没有华丽的辞藻，没有妙趣横生的故事，而只是投入的具有启发性、诱导性和激励性的“看”“怎么了”“发现什么了”“快找”“闭上眼睛想想”“一双慧眼”“答案在哪里”“第一个发言”“说呀，加快速度说……一共可以说出多少个”“照这样写下去，结果怎样”数学的奥秘吸引着他们。加法交换律、结合律说了一遍又一遍，读了一遍又一遍，直到学生注意了重点地方才行，这些“枯燥乏味”的定律，也由于他们音乐般的语调和轻重音的交替变化，变得生动有趣了，难怪有些学生围着我说：“老师，怎么这么快就下课了”“老师，我感觉这节课过得太快了”。

（4）体态语言的运用

小学生课上回答问题特别有积极性，但是老师不可能每个人都叫到，于是有的同学急着要回答问题就可能会在下面喊：“老师，老师”，而对这种情况，我没有不耐烦的时候，而是用一种儿童的方式来解决。“压低声音”“我知道了”“你是最棒的”或者把手放到嘴边：“嘘！”再指指自己的耳朵，一方面给了其他同学机会，一方面又保护了这个同学的自尊心。

当学生表现积极的时候，老师决不能吝啬自己对学生的鼓励、欣赏的眼神，如果学生需要帮助时，应亲切地看着学生，像在询问“需要帮助吗”？

(5) 数学好玩，数学课好玩——教学中的快乐

“面对加法，你是否有些感慨，你特想说的一句话是什么？”我说。“加法太有意思了”，“加法有趣”“加法太奇妙了”“加法太神奇了”“加法太美了”“加法太好玩了”……学生的感慨，令我心动不已。

的确，数学是宝藏，它有无限的财富；数学是艺术，它方法美、对称美、简洁美……数学是故事，它有高斯、阿基米德、陈景润；数学是历史，它有祖冲之的《九章算术》……

评价不仅是对学习者学习结果的评判，更是对学习者学习方向的指引。因此评价也是课堂教学中的重要课程资源，对学生实施差异性评价，因人、因时、因境作出针对性的评价。通过差异评价增进学生之间、师生之间的理解，促进民主师生关系的建立，从而推进不同学生的个性发展与最优发展。

## （七）差异是课堂教学的资源

学生之间的差异不仅是有效教学活动的起点，而且还是一种巨大的可利用的教学资源。学生既有的知识、经验、智力、能力、态度、情感、文化背景等因素都构成了学生内在的“资源”，一个学生就是一个独特的“资源点”，所以，学生使教学资源变得非常丰富。教师要充分利用这种资源为教学所用，成为教学活动的动力之源、能量之源。

第一，学生之间的差异可以增加课堂教学的生机和活力。课堂教学是学生与教师学校生活的主要时间和空间，是学生与教师实现

生命价值的重要场所。因此，合乎人性的课堂教学应该是充满生机和活力的教学。课堂教学的生机和活力来自于哪里呢？它可能源于教师精湛高超的教学艺术，也可能源于学生对教学活动的积极主动参与，也可能源于引人入胜的教学内容，而学生丰富的个性独特性也是他的重要动力之源。而且，在某种程度上，教学的活力取决于学生有无个性。正是学生在课堂教学中富有个性特征的差异性表现，使课堂教学变得更加丰富多样，富于变化，更加充满智慧的挑战和对好奇心的刺激。因而对教师和学生更加具有吸引力。倘若学生是无特色、无特长、无思想、无个性、无差异的个体，那么，课堂无疑就极容易变得死气沉沉，缺乏活力和生机，教学也极易变得机械、沉闷和程式化，缺乏生气与乐趣。因此，在课堂教学中，教师应改变对学生差异的认识和态度，不仅要尊重学生在课堂上自发的独特表现，而且要鼓励学生充分展示自己的个性，使课堂真正成为学生展示自我的舞台，使课堂真正成为学生生命独特性得以发挥的天地。

《异分母分数加碱法》教学片断

“同学们，你们知道分数的加减法吗？”我在了解学生对分数加减法的认识。

“我知道$\frac{1}{2}+\frac{1}{2}=1$”

“我知道$\frac{1}{4}+\frac{3}{4}=1$”

“我知道$\frac{1}{5}+\frac{2}{5}=\frac{3}{5}$”

……学生踊跃发言。

“你们会计算吗？”我抛出异分母分数加法，对学生来说是一个挑战。

“会。”学生们快速地算了起来。

赵林：$\frac{1}{4}+\frac{2}{5}=\frac{3}{9}=\frac{1}{3}$

孙倩：$\frac{1}{4}+\frac{2}{5}=\frac{5}{20}+\frac{8}{20}=\frac{13}{20}$

李义：$\frac{1}{4}+\frac{2}{5}=0.25+0.4=0.65$

张小兰：$\frac{1}{4}+\frac{2}{5}=\frac{10}{40}+\frac{16}{40}=\frac{26}{40}=\frac{13}{20}$

……

“请每一个学生就上述四种方法进行点评。”学生的讨论十分热烈。

相互否定，相互补充，将关注点移到$\frac{1}{4}+\frac{2}{5}=\frac{3}{9}=\frac{1}{3}$。”

第二，学生之间的差异可以丰富学生的经验，拓展学生的视野。

在课堂教学中学生的学习是通过师生、生生之间的交流和对话而得以实现的。在教育活动中，交流和对话只能发生在有差异的教育主体之间，双方的观点既有统一，又有差异，对话才能继续下去，双方才能突破各自原有认识和理解的局限，达到一个新的视界。没有差异就没有交流，交流主体之间存在的差异是交流发生的前提。在课堂教学中，来自不同家庭背景和社区环境的学生聚集在一起，他们有着各不相同的知识、文化、思维方式，同时也带来了不同的疑惑和问题，形成了教育主体之间的异质性和互补性，这就决定了在课堂教学中即使面对同样的学习内容或同样需要解答的问题，不同的学生会从不同的角度切入，体验到不同的主观感受，提出不同的解答方法。当这些不同在课堂上展示出来，相互碰撞、相互激荡时，师生之间和生生之间真实的交流就发生了。这种交流可以在一定程度上弥补单个学生经验的不足和视野的局限，大大丰富学生的经验，拓展学生的视野，使他们看到、听到、想到他们原来没有看到、听到、想到的事实和问题，甚至有可能通过多元的思考和思维的碰撞，激发出富有创意的出人预料的新问题和新方法，从而使他们发展的空间得以拓展。萧伯纳曾经说过这样一个比喻：假如你有一个苹果，我也有一个苹果，如果我们彼此交换这些苹果，那么，你和我仍然各有一个苹果；但是，假若你有一种思想，我也有一种思想，而我们彼此交流这些思想，那么，我们每个人将会各有两种思想。这个比喻非常形象地说明了建立在个体差异基础之上的交流在促进个体主体性发展和生成方面的重要作用。

《解决问题技巧练习课》

例题1：工程队修一条20千米的公路，前4天修了全长的10%，照这样计算，修完这条公路需要多少天？

归一法：20÷（20×10%÷4）

倍比法：4×［20÷（20×10%）］　4×（90%÷10%）　4×9

方程法：设需要X天 20÷X=20×10%÷4

比例法：设需要X天 10%∶4 = 1∶X

分数法:4÷10%

例题2：小明和小刚共买了10支铅笔。如果小明给小刚1支，那么，小明铅笔的支数就等于小刚铅笔的支数。小明和小刚原来各买了几支铅笔？

10÷（3+2）=2（支）2×3=6（支）2×2=4（支）6+1=7（支）10－7=3（支）

例题3：某修路队修一条公路，原计划每天修800米，9天可以修完，实际只用了8天就完成了任务，实际每天比原计划每天多修多少米？

800÷8=100（米）

例题4：儿童玩具厂原计划4天做9060件玩具，为满足市场需求，现决定多做120件，同样要求4天完成。现在平均每天比原计划多做多少件？

$120 \div 4 = 30$（件）

例题4：广华电机厂第二车间计划10天生产135型凤凰相机750架，实际超额了20%，实际生产了多少架？

$750 \times \left(1 + \frac{1}{5}\right) = 960$（架）

例题6：校园里种了两种树，柳树48棵，杨树是柳树的3倍，两种树各占它们总数的百分之几？

柳树：$1 \div (1 + 3) = 25\%$

杨树：$3 \div (1 + 3) = 75\%$

当学生出现不同解法后，教师可以让学生比较、优化，从而沟通归一、倍比、方程、比例、分数等知识间的联系。

第三，学生的错误也是一种资源。

教学中，学生经过思考，得出的结论比较稚嫩，不够准确甚至是错误的。教师应敏锐地捕捉到这一“错误”资源，善待学生的错误，呵护“错误”学生的自尊。让这些错误“资源为教学和学生的发展服务”，“错误”在探究中修正，妙解在辨错中生成，精彩也源于学生美丽的“错误”。让学生们的注意力再次集中到出错的同学身上，并投以羡慕的目光，从而让学生感悟“出错”是很正常的，是美丽的“错误”，使学生“敢”出错。

课堂教学中学生之间的差异是一种合理性存在，是一笔财富，利用得好，就可以转化为学生发展的动力。教师将学生之间的差异视为一种重要的教学资源，就是试图依托学生资源这个“力”，来使教学获得事半功倍之效，也是教学追求的新境界——学生在学习过程中就能得到和谐发展、最优发展。

教学片断三：《折线统计图》

师：将数据制成折线统计图。你又能看出什么？请同学们带着下面的三个问题先独立思考，然后再两人一组小声讨论。

学生填表思考问题：

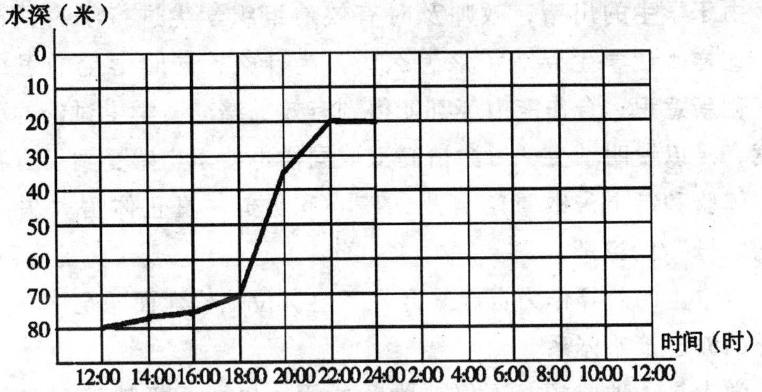


磷虾活动情况统计图

注：图中横坐标改为每 4 小时一标注。

统计图中每______小时记录一次鳞虾的活动。（设计目的：突出折线统计图中点是统计的依据，及折线统计图的“折”的特点。）

学生 1：我认为每 4 小时记录一次鳞虾的活动。

学生 2：我认为每 2 小时记录一次鳞虾的活动。

师：现在有两种意见，到底哪个正确？小组内先讨论统一观点，在全班进行辩论。

师：现在意见统一了吗？（学生兴奋地齐答：统一了！）刚才不是还意见有分歧吗？为什么这么快就统一了？说说原因。请一组同学再现刚才的辩论过程。

学生 1：刚才我是观察时间的变化（横坐标），从 12 时到 16 时间隔 4 小时，所以认为是每四小时记录观察一次。

学生 2：虽然间隔 4 小时，但它们中间还有一个“点”，说明观察了一次。

学生 3：从 12 时到 16 时中间还有格。它只是省略了中间的时间。

师：强调点的作用，并以此为依据追问其他“点”的含义。

由于学生的出错，教师及时有效地组织学生进行了讨论、辩论，这样既让学生弄清了该怎么做，为什么，同时学生的思维能力、创新意识、合作能力等都能得到有效的培养。学生讨论的激烈程度，足以说明学生学习激情高涨，同样也使学生感受到了自我成功的体验和走出失败重塑自我的信心和勇气。真正体悟“失败是成功之母”的道理。

将学生的差异作为资源来开发，全方位地构建面向全体、照顾差异的教学策略体系。

学生是一种资源，不仅要为我所用，也要积极地发现和开发它。学生资源不同于一般的物质资源，会损耗销蚀；相反，这一资源具有生生不息，越用越丰富的特点。

差异是客观存在的，它是教育的结果，同时它也是教育的依据。作为一名教师，面对如此独异的学生，进行教学工作时就要从学生的兴趣入手，了解和掌握学生的各种差异，对学生进行因材施教。所谓“材”，就是学生心理智力类型、学习风格和个性特征等方面的差异性和丰富性，其中主要指他们兴趣、爱好、气质和性格等心理特点；所谓“因材施教”就是承认差异，重视差异、在教学中，从学生实际出发，针对学生的不同特点，区别对待，有的放矢，使学生按照不同的途径、不同的条件和方式，达到统一的教学要求。而且，面对差异，作为教师还需要掌握相关的教学技能和策略，有针对性地实行“差异性”教学，因为不同学习风格的学生对学科学习的内容和方式都有其独立性和局限性，如果教师能够考虑学生之间存在着的不同的学习风格特征，将其所教的学科知识信息进行重新分解，加工成多种多样的教学性知识形态，就能够适应不同学习风格学生的差异性需要，使他们更好地接受和理解知识以提高学习效率。另外，教师只有理解并尊重学生之间各种不同的个性特征，并在自己的教学实践中采用各种教育智慧和教学策略不断满足学生之间的不同心理需要，才能激发潜藏于学生之中的丰富的求知欲和巨大的创造力，教师要掌握运用学生资源，就应开展照顾差异的教学。

“差异教学法”是一种人性化的教学方法，要求教师在教学过程中要充分考虑到学生之间客观存在的个体差异。随着基础教育改革的逐步深入以及新的教材课程体系的推出，从学校到教师，对于如何针对学生的个体差异有效开展教学活动的问题，都非常关注。

教师根据学生的基础、能力、兴趣、心理特征等方面的差异，分别采用不同形式的教学方法和技巧，从而形成了一种能够让学生自主学习的差异教学法。差异教学法就是“要充分考虑到学生计算能力上的差异，对不同的学生提出不同的要求”“要承认学生学习数学的个别差异，用正面的方法发现和鼓励每一个学生的进步。”

差异教学法在各年级、各学科的实际教学过程中都可以广泛采用，从而达到提高学生的整体学习能力和综合素质的教学目的。

在进行差异教学的过程中，教师首先要清楚学生们的“差异”所在，也就是确定不同学生在学习面前的主要障碍都有哪些。有的学生可能是基础差或者知识结构不合理所导致的学习状况不理想；有的则可能是因为方法使用不当而总是事倍功半；还有的可能是因为自身的动机和兴趣不足、学习情绪消极、注意力不集中等原因导致学习起来困难重重；甚至有些学生是因为人际关系等其他因素对其心理产生影响，从而影响到学习成绩……

教师需要采用科学合理的测评方式准确地了解学生的“差异”，进而因人而异地为不同的学生制定阶段性学习目标和学习计划，针对学生的不同特点进行不同侧重点的教学指导。以学生的差异为基础，制定差异的目标，实施差异的计划，开展灵活多样的、具有针对性的教学活动，从而实现了因材施教、对症下药。

# 三、为满足不同学生所需而教

## （一）教学前测和教学目标的制定

用现代认知心理学术语来说，有意义的学习过程是原有知识同化新知识的过程。学生原有知识状况，特别是基本原理和概念的掌握情况，直接影响新知识的学习，影响知识技能的迁移。如果我们通过教学前测，准确地了解学生的真实情况，我们就能有效地把握教学的起点并能制定科学、合理并有挑战性的教学目标。

制定科学、合理并有挑战性的教学目标，是满足每一个学生的不同需要，为每一个学生提供优质的教学服务与帮助，是为了全体学生的发展。

**1. 教学前测的内容**

教学前测不仅要对学生进行学的了解，同时也要对教师进行教的了解，即：教师对自己教的准备。

从学生学的角度看：

一个班级由于学生所处的个人背景不同，拥有的学习经验也不同。教师要着眼于学生的生活世界，教学要唤醒学生的生活经验，要链接学生已有的知识。因此，了解学生的真实学习基础和生活经验，是实施有效教学的起点。

了解学生的年龄特征、个性差异、兴趣爱好、性格气质，即了解哪些学生学习主动、积极，能自制，有毅力；哪些学生兴趣、志向容易改变。

了解学生的思想情况、品德意志、学习态度、思维方式，即了解学生的认知风格及其变式，哪些学生善于整体性知觉方式，哪些学生是分析性知觉方式，哪些学生会是分析综合性的直觉方式。

了解学生的知识水平和接受能力，即了解所学知识与技能，哪些学生已经掌握、已能应用，哪些学生不理解，不太会用，哪些学生虽然领会但不能深刻理解而容易出错。

了解学生在学习时的感知和观察的主动性和精确性，学生注意力、记忆力、想象力的强弱及特殊才能的差异。

从教师教的角度看：

学科知识要储备好——教师要成功地完成教学任务，首先要精通所教学科的知识，对自己所教学科的全部内容有深入透彻的了解。只有“资之深”，才能“取之左右逢其源”。学科知识是教师实现教学目标的必要条件。从每一次备课做起，围绕教学内容，整合、调出自己的知识储备，从自己具备深厚的学科知识体系中提炼出与教学内容相关的知识点。这些学科知识的点是必须以广博的普通文化知识为背景，才能予以学科知识的生命活力，也才能真正实现以学科为核心，文化知识为底蕴，教育知识为轨道的良好的知识结构。

教学技能要准备好——活动设计、讲授及交流、提问设计、小组合作，个人辅导、学生思考、评估、课堂管理、维持纪律等。

教学激情要酝酿好。——真正的教育意味着：一棵树摇动另一棵树，一朵云推动另一朵云，一个灵魂唤醒另一个灵魂。成功教育的前提是教师，教师的灵魂深处是智慧、是信仰、是美、是公正、是自由、是希望……在备课过程中，教师应审视自己，我的感情丰富吗？我的态度积极吗？我的价值观正确吗？

没有激情的教师，会变得充满匠气。教师首先要有丰富的情感，拥有对知识的渴求，对真理的执著，对人类道德的崇尚，对美的由衷赞叹。在课堂上将这些丰富的情感融入言传身教之中，用自己的满腔热情去感染学生，用殷切、和蔼的表情、真挚、温和的语调去诱发学生，创造每一个全新的40分钟，促使学生产生积极的情绪，使他们热爱学习，乐于学习。

**2. 教学前测的方法**

教学前测的方法要根据学生的具体情况灵活运用，不断创新。教学前测的具体方法：答卷法、调查法、个别谈话法、活动观察法等；还有一些是在课上完成，如：课堂提问，黑板演练，动手操作，习题测验，作业前提；有经验的老师还能从学生上课的眼神、表情，即一些细小的动作等方面洞察学生心理而得到对学生的了解。

（1）答卷法

《平均数》教学前测

比 一 比

**某小组有5名男生、4名女生，进行投篮比赛。下面分别是男生队和女生队每个人在相同时间内投中情况统计图。（●表示投中1个）**

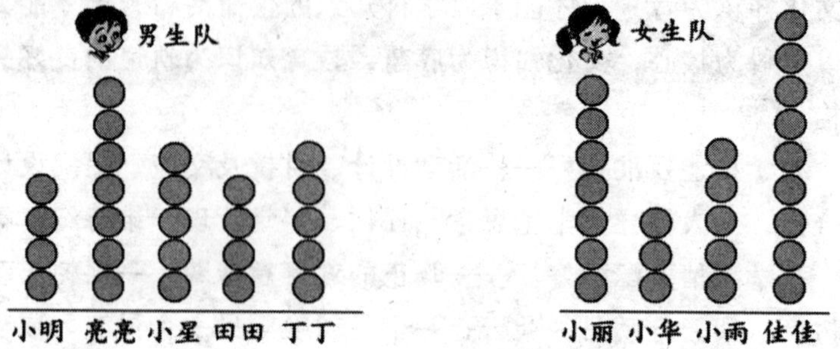


| 方法 | 人数 | 百分率 |
|---|---|---|
| 利用平均数比较 | 9 | 25% |
| 比总数 | 8 | 22.2% |
| 一个人一个人地比 | 1 | 2.3% |
| 因为女生少1人 | 15 | 41.7% |
| 去掉一名男生 | 3 | 8.3% |
| 用到过移多补少 | 8 | 18.2% |

能想到用平均数进行比较的占 25%，能采用移多补少方法的同学有 18.2%。

教师根据数学学科的特点，涉及若干问题，让学生做答卷，教师通过这些问题答案了解学生已有学科知识基础和多方面的学习习惯，为自己制定正确的学习目标，提供第一手材料。

（2）调查法（列表调查）

调查表示调查研究对调查对象进行调查登记（试用于中高年级），并制有一系列调查项目表格，填调查表偏重于事实及数学材料的搜集。

如：《点阵规律》教学前侧：让学生观察下面的点阵图形，说说你能发现这个图形中的点在排列上有什么不同的规律吗？同时把你发现到的排列规律用算式写出来。

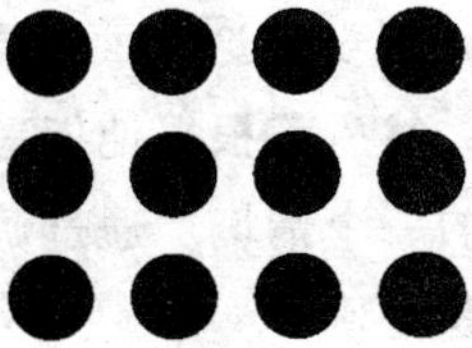

| 排列的规律 | 人数 | 百分率 |
| --- | --- | --- |
| 横看或竖看：3×4、4×3 | 10 人 | 100% |
| 斜着看：1+2+3+3+2+1 | 6 人 | 60% |
| 拐弯看：1+3+5+3 | 4 人 | 40% |
| 由里向外看：2+10 | 1 人 | 10% |
| 发现不同的规律 | 人数 | 百分率 |
| 只发现一种规律 | 3 人 | 30% |
| 发现两种规律 | 5 人 | 50% |
| 发现三种规律 | 2 人 | 20% |
| 发现四种规律 | 0 人 | 0% |

又如：《退位减法》的教学前测

你最喜欢解决哪个故事情境中的数学问题：

（1）运动会中的数学问题（5 人）

（2）捐书活动的数学问题（1 人）

（3）游乐场中的数学问题（11 人）

（4）送信中的数学问题（0 人）

（5）回收废品中的数学问题（1 人）

（6）旅游中的数学问题（2 人）

（7）图书馆中的数学问题（0 人）

（8）公共汽车上的数学问题（0 人）

（9）打靶中的数学问题（6 人）

（10）投篮中的数学问题（4 人）

这道题我调查了全班同学，这上面的情境大部分来自于书上，而且是学生比较喜欢的，然后我根据他们喜欢的这些情境再罗列出来，让学生选出最喜欢的一个情境。通过调查，游乐场中的数学问题是学生最感兴趣的问题情境。

2. 用竖式计算

28 + 45 =　　　　　　67 + 9 =

| | 对题人数 | 百分率 | 错题人数 | 百分率 |
|---|---|---|---|---|
| 第一题 | 29 | 96.7% | 1 | 3.3% |
| 第二题 | 29 | 96.7% | 1 | 3.3% |

错题原因：第一题是 8 + 5 得 12，应得 13

第二题是把计算时把 67 写成了 69

分析：通过对学生刚刚学完的百以内的进位加法进行的检测，不难看出学生计算进位加法的正确率是很高的，竖式计算的方法掌握得非常好，从而也可以了解到学生对于进位加法的算理是很清晰的，就连出错的那两名同学也不是因为算理上出了问题，而是计算的马虎造成的。

3. 试算 45 - 9 =　　　　　　　　62 - 46 =

| | 对题人数 | 百分率 | 错题人数 | 百分率 |
|---|---|---|---|---|
| 第一题 | 15 | 50% | 15 | 50% |
| 第二题 | 9 | 30% | 21 | 70% |

分析：这两道百以内退位减法，对于学生来讲是新知识，通过让学生试算，结果发现大部分学生都不会计算，由于第一题是两位数减一位数，学生根据 20 以内退位减法的计算方法，有一半的同学正确地算出了这道题，但是两位数减两位数这道题就相对难了一些，所以不会的同学较多。

4. 访谈

本次访谈共访谈了本班的 6 名同学，选择对象的标准是按好、中、差各两名进行。

第一题：根据所给的数学信息提出一个用减法解决的数学问题。

①书架上原有故事书 32 本，被借走了 8 本，__________。

②小红和小明在跳绳，小红跳了 65 下，小明跳了 47 下，__________。

| | |
|---|---|
| 第一题 | 6 名同学中有 5 名同学很快地提出了问题，有一名中等的学生在老师的提示下才提出了问题。 |
| 第二题 | 6 名同学都很顺利地提出了问题。 |

分析：通过对这 6 名同学的访谈，看来他们对于减法运算含义的理解比较到位，知道含有这种移出和比较的情况都是用减法来解决的。

第二题：举出一个生活中用减法解决的数学问题。

第一名同学：两名同学买书，买得多的同学比买得少的同学多几本？

第二名同学：章鱼有 15 条，鲨鱼有 8 条，章鱼比鲨鱼多几条？

第三名同学：我们有 20 颗牙齿，掉了两颗，还剩多少颗？

第四名同学：没有举出来（这个学生是一个学困生）

第五名同学：马路左边有 14 棵树，右边有 10 棵树，右边的树比左边少几棵？

第六名同学：没有举出（学困生）

分析：六名同学有四名举出了例子，而举出的这些事例大部分也是书中见过的，说明书中的数学情景给学生留下的印象是深刻的，但同时也说明学生对于身边的数学关注得不够。再看这些事例 4 个中有 3 个是比多比少的例子，说明在学生的头脑中对减法核心思想中“比较”的思想认识得最深刻。

③先估算 24 - 8 大约得几？有三个答案供学生选择

A. 十几　　B. 二十几　　C. 三十几

6 名同学选择的都是 A；理由说得也很清楚，首先都认为 24 - 8 不可能得三十几，4 - 8 不够减需要借一个十，所以选择 A.

④估算后分别让这些学生用学具来算一算得几。

第一名同学：摆方格图，能摆出，但很困难，4 - 8 看到不够，但又不知该怎么办，后来在老师的提示下，才摆出来。（中等生）

第二名同学：摆计数器，摆得很清楚，知道个位不够时，向十位借一个十，变成十个一再减。

第三名同学：摆方格很顺畅。

第四名同学：拨计数器，很困难，认为十位上的一个珠子放到个位上还是一个珠子，使 24 变成了 15（困难生）。

第五名同学：拨计数器，很顺利。

第六名同学：摆小棒，说得很好（困难生）。

分析：首先学生对于估算是有自己的方法的，我没有让学生一上来就进行估算是怕学生口算出正确的得数，那么估算就显得没有意义了，所以我给出三个答案，让其选择，就是想侧面地告诉学生什么叫估算。通过对学生摆学具的前测，了解到学习较好的学生摆得较好，这是因为他们对位置值的理解很到位，那些中等生和稍差的学生，摆得就不太顺畅，主要原因就是对位置值的理解很模糊，但是最后那名学困生为什么摆小棒摆得很好呢？我想是因为小棒是可以拆开的，而计数卡和计数器是不能像小棒那样拆开的，需要让学生明白十位上一个就相当于个位上的十个，所以我认为计数卡和计数器的操作更有利于学生对位置值的理解。

（3）个别谈话法

这种方法是通过与学生面对面的谈话的方式来了解情况，搜集材料的优缺点，可以更详细、更准确、更真实地了解有关细节，深入摸清情况。

《格点与面积》教学前测：

师：你们在平时上数学课的时候最喜欢什么样的教学方式？

生：最喜欢老师让我们动手操作。除了这样的方式以外，最喜欢的就是老师提出一个问题以后让我们一起探究解决。

师：你们觉得一节好的数学课是什么样的？

生1：我觉得就是上课的时候老师提出的问题大家都抢着回答。

生2：我认为应该是老师的问题根本难不住我们。

生3：我想就是老师上完课了，大家都觉得意犹未尽。

生4：就是我们觉得特别高兴。

分析：通过小组访谈，老师了解了学生喜欢的学习方式和用学生的眼光看待一节好的数学课的标准，让老师了解了学生的兴趣点。

（4）观察法

观察法一般在课上用，教师在上课时注意观察学生的表情、精神状态，不断地调整教学目标与教学策略，运用观察法要注意三点：

一要观察全，不留死角；

二要观察清，准确正确；

三要观察巧，不为学生所觉。

《分数再认识》上课第一教学活动（全班所有学生）：

师：找找你们的数学老师在哪儿？

生：用手指一指自己的数学老师。

师：你们的数学老师占这一排人数的多少？

生：($\frac{1}{5}$)

师：谁写的字漂亮？请你把$\frac{1}{5}$写到黑板上去。写$\frac{1}{5}$的这位同学占全班人数的多少？

生：($\frac{1}{48}$)

师：如果把$\frac{1}{5}$的5个人看成一个整体，$\frac{1}{48}$的整体是谁？

生：全班同学。

师：如果我们把全班学生看成一个整体的话，你是它的几分之几？

生：$\frac{1}{48}$。

师：你们组呢？

目的：了解学生对分数初步认识掌握的情况。

(5) 动手操作法

创设一种学生积极参与的教学情景，让学生在动手操作时展示出自己已有的知识和生活常识经验。

《三角形内角和180度》教学前测：

①比赛：(画三角形)

(实投出示)

| |
|---|
| 按要求画出下列各三角形：<br>（1）30°、60°、90°<br>（2）95°、95°、20° |

要求：看谁能用最短的时间完成任务。

②学生反馈：95°、95°、20°不能画出三角形。

③师：没有经过大家完全证实的内容，也还只能算是我们的一种猜想，究竟结论是不是像同学们所说的，还有待我们进一步去验证。

通过教学前测，了解到学生已有的基础知识和生活常识的经验，并能根据学生的实际需要和存在的问题，确定哪些知识应重点进行辅导，哪些可省讲或不讲，需要补充和增加哪些内容，从而很好地把握教学起点、教学重点和教学难点，并能科学合理地制定有挑战性的教学目标，选择适合学生学习的方式。

**3. 制定教学的目标**

课堂教学目标，是指教学活动主体预先确定的，在具体课堂教学活动所要达到的，利用现有技术手段可以测量的教学结果。它是教学目的具体化，它决定着一节课的教学内容、结构、教学方法和教学组织形式，起着教学的引导作用，是教学过程的出发点和归宿点。

教师主要研究教学目标的“三维”——知识与能力，过程与方法，情感与态度。这个“三维”目标是一个整体，紧密结合，互为支撑。

教师还要研究教学目标的“三度”——适宜度、操作度、达成度。适宜度主要是看教学目标的设定是否符合课程标准和学生实际，是否靠近学生的最近发展区；操作度主要是看新知识目标的滚动是否有效，教学方法、教学活动是否与教学目标的指向一致；达成度主要是看学生对新知识的学习效果，任务活动完成的效果，以及在活动中的进步与发展。

**如《日历中的数学》**

（一）学生前测内容

1 说说你对日历有哪些了解?

2 写出2，3，4的倍数，并找出它们的规律。(至少写出2条)

从前测可以看出，学生能根据日历比较准确地说出星期六是哪几天，星期天是哪几天，会比较熟练地看日历。但是学生对于二年级时学过的倍数知识忘了许多，规律说得也不准确，不清楚。

（二）教师教前准备

1. 学情分析

对于日历与时间的相关知识已经有了一定的生活经验，会看日历，能从日历中找到有关信息。学生在学习本课内容之前已经学习了时间的记录方式，而且在二年级时已经认识了倍数。

结合点在于根据飞飞一家三口休息日的特点，在日历中分别找出他们各自的休息日，解决这个问题，认识日历是基础，准确的解读已知条件与日历记录是关键。

2. 我的思考

通过前测，我了解到学生现在学习的状况及学生对以前知识的掌握程度。学生喜欢生动活泼的学习方式，喜欢在活动中探索数学知识。本节课的学习内容学生已经积累了很丰富的生活经验，学起来并不枯燥，如果教师再创设一些活泼生动的学习氛围，学生自然很感兴趣。

难点在于正确理解父母休息日的特点，在日历中准确地找出飞飞一家三口各自的休息日。

课堂上我会采取多种学习方式，有独立探究，有同学讨论，有电脑演示合作交流，有全班共同讨论共同交流等学习方式。教师只起引导作用，不断激励学生学习，积极创造条件，组织学生学习。教师给学生准备好相应的练习和12月的日历。

（三）制定学习目标

1. 引导学生借助12月的日历运用做记号、一一对应等数学方法找出飞飞一家各自的休息日和共同的休息日，初步认识集合，正确填写集合图。（全班共性目标达成度为100%）

2. 通过观察、比较，寻找各种规律，感受集合的思想和公倍数的思想。（挑战性的学习目标达成度为50%）

3. 培养学生解决问题的能力，使学生进一步感受数学与日常生活的密切联系，树立学好数学的信心。

同一教材的同一个知识点，在不同的班级不同的学生面前，教学的侧重点会有所不同，教师要通过对教材知识点的分析，结合学生基础差异的具体情况，运用学习水平分类的方法（了解、理解、掌握），提出课堂教师的具体要求，保证教学目标的合理性、科学性。

特别提出的是，制定教学目标应特别重视“学生发展需求”，满足学生的发展需求，就必须了解和掌握存在差异的学生。

在“知识层面上”，有意识让学生有获得数学知识结构的活动经验，或渗透展示数学学科的过去、现在或未来，或介绍数学学科相关的发展问题等；

在方法层面上，培养学生倾听、表述、阅读、计算、获取、选择、质疑、合作、学习能力，思维能力、信息处理能力、解决问题能力等；

在“情感方面”上，培养学生的兴趣、志向、欣赏、关心、尊重、宽容、乐观、自信、激情、毅力、体验、自重、同情和谦虚等，以满足学生的发展需要。

案例实践证明：了解学生是制定分类并有挑战性教学目标的关键，而教学前测是了解学生的重要手段，进行教学前测是制定科学合理并有挑战性教学目标的重要条件。

实施科学合理并有挑战性的教学目标，才能促进每一个学生在课堂上主动地学习，充分地参与和最大限度地发展。

### 4. 教学实践的体会

有效的课堂前测对课堂教学深度思考的支持——“包装的学问”教学前测的反思

这节课的教学内容“包装的学问”是在学生学习了怎样计算长方体表面积的基础上，进一步扩充学习在生活中将多个相同长方体物体进行包装时应怎样选择最优策略的技巧。学生在教师的引导下，从包装一个长方体物体开始，逐步增加相同长方体物体的个数，通过动手操作，感悟，再动手操作，再感悟，加上适当的多媒体辅助教学，最终寻找出包装多个相同长方体物体的最优策略。

教学前测时，我出示长方体如牙膏、磁带、香皂等包装盒，请学生测量它的长、宽、高（牙膏盒长、宽、高分别为21厘米、3.5厘米、4.5厘米；磁带长、宽、高分别为11厘米、7厘米、2厘米；香皂盒长、宽、高分别为9厘米、6厘米、4厘米），应用计算器分步计算它们的表面积（经过观察全班34人，有28人计算正确，正确率达到82.4%）。上课时，请同学们汇报课前计算结果。

这样设计使学生理解用包装纸包装与物体的表面积有着密切的联系，揭示本课所研究的数学问题是物体的表面积。通过课前作业的订正，特别是要求学生按分步计算汇报，是为了下面两个牙膏盒合成的长方体，只有这三种包装方法（长方体6个面对面相等，分成了三组），表面积计算等打好基础。

学生应用计算器计算两个牙膏、磁带、香皂等包装盒包装成的长方体，三种包装方法至少需要多大面积的包装纸？预设：如牙膏盒：

算法一：$367.5\times2-189=546$（平方厘米）

算法二：$21\times4.5\times2+3.5\times2\times4.5\times2+21\times3.5\times2\times2=546$（平方厘米）

算法三：$(367.5-21\times4.5)\times2=546$（平方厘米）

对比：算法一为什么简便？借助课前教学前测中的数据，减少计算步骤，两盒包装成一个长方体，就是一个牙膏盒的表面积$\times2-$

两个大面面积；算法二用表面积公式计算，高明之处在于学生观察到不变中的变化，长和高不变，宽×2计算。时间关系试讲班级没有出现第三种算法。

同样两个磁带盒包装成长方体至少需要298平方厘米的包装纸；两个香皂包装盒包装成长方体至少需要348平方厘米的包装纸。

这是本课重点研究的内容之一，分两个层次进行开放式教学：先研究包装的方案即方法多样化，再探究节省包装纸的问题即策略最优化，使学生意识到重叠的面积越大，包装的面积越小。在包装不同材料情况下，选用不同的包装策略。牙膏盒2个中面的面积比1个大面的面积大，所以选择4个大面、4个中面重叠的方法最省包装纸。磁带盒2个中面的面积比1个大面的面积小，所以选择6个大面重叠的方法。大面与中面面积相差悬殊，2个中面的面积比1个大面的面积小时，尽量减少大面，选择大面重叠，节省包装纸；大面与中面面积接近，2个中面的面积比1个大面的面积大，所以选择大面、中面重叠的方法最省包装纸。具体问题具体分析，学生会有更深层次地思考，方便学生选择最优策略进行包装。通过思考和动手操作为不同层次的学生搭建解决问题的舞台，使每一个学生都能找到解决问题的不同途径。

同样，后面小组合作探究多个相同长方体包装的数学问题，也可以借助教学前测的数据再来开展研究。调查显示：30%的学生记得课堂上听到的东西；40%的学生记得看到的东西；15%的学生通过触觉学习得最好；15%的学生是动觉学习者，通过身体来做能使他们学习得最好。大多数学生是同时通过听觉、视觉、触觉、运动等来进行学习，上课即将结束时，我把美国华盛顿儿童博物馆的一句醒目的格言送给同学们：我听见了就忘记了，我看见了就记住了，我做了就理解了！

我的感受就是：学生原有的知识和经验是教学活动的起点，但我们事先想象的起点不一定就是学生真实的起点。尝试在课堂上了解学生的真实起点和知识经验基础，在进行教学时有的放矢，有效地达到教学目标。

——孙锡霞

## 教学前测非常重要

——走进教学前测

数学新课程标准提出：学生的数学学习过程是一个自主建构自己对数学知识的理解的过程，他们带着原有的知识背景、活动、经验和理解走进学习活动，并通过自己的主动活动，包括独立思考与他人交流和反思等。所以为了让学生在课上真正成为学习的主人，游刃于数学的学习中，“教学前测”正好为学生提供了一个这样的好机会。

一、由教学前测到教学目标

一节课要想收到事半功倍的效果，必须要做到结合学生的具体情况，准确地制定切实可行的教学目标，如何能做到“切实可行”？教学前测就是你的好帮手。比如在讲《比例尺》这节课时，我进行了如下的教学前测：

| 内容 | 比例尺 |
| --- | --- |
| 自主研究渠道 | 可以通过上网、看教材、找地图、问家长等多种渠道来进行自主研究 |
| 自主研究提纲 | 1. 你的研究渠道是什么？<br>2. 比例尺是1∶100，你知道是什么意思吗？<br>3. 什么是比例尺？（语言叙述或公式说明都可以）<br>4. 你发现了几种不同的比例尺？<br>5. 请举例说明比例尺在生活中的应用？<br>6. 你还希望在课上了解比例尺的哪些知识？ |

通过学生反馈上来的具体信息，我了解到学生的具体情况是这样的：

| 内容 | 比例尺 |
| --- | --- |
| 自主研究渠道 | 可以通过上网、看教材、找地图、问家长等多种渠道来进行自主研究 |
| 自主研究提纲 | 1. 你的研究渠道是什么？（100%的学生有自己的研究渠道）<br>2. 比例尺是1：100，你知道是什么意思吗？（50%左右的学生理解意思）<br>3. 什么是比例尺？（语言叙述或公式说明都可以）（近30%的学生能用语言叙述）<br>4. 你发现了几种不同的比例尺？（只有个别学生发现数值和线段比例尺）<br>5. 请举例说明比例尺在生活中的应用？（90%以上的学生会举例说明）<br>6. 你还希望在课上了解比例尺的哪些知识？（都能说出不同想法，其中意义、应用、计算方法居多） |

于是我把原来制定的教学目标：

1. 知识目标：结合具体情境，认识比例尺；能根据图上距离、实际距离、比例尺中的两个量求第三个量。运用比例尺的有关知识，通过测量、绘图、估算、计算等活动，学会解决生活中的一些实际问题。

2. 能力目标：培养学生解决实际问题的能力、实际操作的能力和大胆猜想的能力。

3. 情感目标：培养学生“学数学，用数学”的意识和创新精神。

进行了如下改动：

1. 结合具体情景，发现学习比例尺的必要性，以及体会比例尺的应用价值，同时能根据图上距离、实际距离、比例尺中的两个量求第三个量。在各种数学活动的组织中进一步让学生了解数学与日常生活的密切关系。

2. 培养学生解决实际问题的能力、实际操作的能力和大胆猜想的能力。

在课上由同学说出自己对知识的了解以及希望研究的内容，并提出在前测预习中的几个疑问。这样学生们在质疑中探究知识，在合作中发现知识，在实际中应用知识，于是整节课学生始终是兴奋的，他们的个体参与度得到了最大限度的提高，课后收到了较好的教学效果。

“学起于思，思起于疑”，我和我的学生们都在教学前测中思考着、解惑着，也在教学前测中实施着、享受着。

二、由教学前测到有的放矢

建构主义认为：知识不能简单地由教师或其他人传授给学生，而只能由学生依据自身已有的知识和经验去主动建构。教学前测又一次带给学生们一个“主动建构”的舞台，带给老师一个了解学生的舞台，通过教学前测这个纽带，把以上两个舞台有机地对接起来，于是一个提高课堂时效性的最佳方案，就由教学前测拉开了序幕。《百分数应用题》我采用问卷式教学前测；《圆的面积》我采用谈话式教学前测；《比例尺》我采用课前预习式教学前测等等，通过多种形式的教学前测，老师在课前对全班学生的认知基础有些了解，对班中学生差异性也有些了解，更对班中疑问及难点有些了解。这样教师就能有的放矢地设计教学环节，把学生的问题、难点、疑问集中起来，整合成为一个丰富的教学资源，抓住在课上可能生成的新资源，使教师与文本的对话、教师与学生的对话、学生与文本的对话、学生与教师的对话等等一切尽在教学前测中。

未来的文盲不是没有掌握知识的人，而是不会学习的人，我还想补充就是未来的教师不是没有专业素质的教师，而是不会方法的教师。学会教学的方法和技巧比单纯地模仿教案、死记教案更重要，因此教师要会学着干，更要会学着巧干，在几次的教学前测中，我和我的学生们都回味在其中、享受在其中。老师们您用了吗？不妨也来试一试吧，相信您会收获更多！

为学生“把脉”帮助我们确定研究的方向。

从确定上课内容后，我便开始了思考。先后去了书店与图书馆，购买和查阅有关“长方形、正方形面积”的资料、信息。在网上搜集其他教师的案例，学习研究他们的优势，分析思考创新方法及突破点。

“长方形、正方形的面积”是一节相对比较成熟的课，面对这样一节课，我们又该从什么角度去突破它呢？这是摆在我们面前的一个很现实的问题。教学活动不是老师的独角戏，学生才是真正的主体。在确定研究方向之前，我们试着先对四年级的学生做一次调研，看看学生学习之后的情况如何。

调研内容：

一个正方形的菜园，有一面靠墙，用长24米的篱笆围起来，这块菜地的面积是多少？

调研结果：

| | 正确人数 | 错误1 | 错误2 | 错误3 | 错误4 |
|---|---|---|---|---|---|
| | | 24×24 | 24×4 | 24×3 | 24÷4×6 |
| 人数 | 14 | 7 | 6 | 4 | 1 |
| 百分比 | 43.8% | 21.9% | 18.8% | 12.5% | 3.1% |

调研的结果让我们惊讶，只有43.8%的学生正确答出本题。而有56.2%的学生在面积中出现问题。惊讶之余让我们也看到了此次研究的价值。究竟为什么会出现这种情况？公式推导课很容易重结果，轻过程；重知识的讲解轻思想的渗透。孩子们如果没有充分体会到公式形成的过程，自然对公式只停留在死记硬背上，经过一段时间之后，便慢慢淡化。教学虽是不完美的艺术，但为了相对

的完美，教师在设计教学活动时必须关注学生的认知与感受，调研是我们了解孩子内心现状的一种重要手段。因此我们对三年级学生做了第一次课前调研：

调研内容：

（1）你会求下面图形的面积吗？

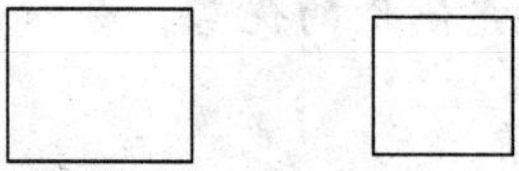

（2）你认为长方形的面积与谁有关？

调查对象：四季青中心小学住宿两个班学生共70人

调查结果：

（1）

| | 知道面积公式的情况 | 不知道面积公式的情况 |
|---|---|---|
| 人数 | 34 | 36 |
| 百分比 | 48.6% | 51.4% |

（2）

| | 长、宽 | 周长 | 长方形的大、小 | 其他 | 不知道 |
|---|---|---|---|---|---|
| 人数 | 4 | 20 | 6 | 10 | 30 |
| 百分比 | 6% | 28.6% | 9% | 14.2% | 42.9% |

学生分析及我的思考：

学生在二年级认识了长方形和正方形，在三年级上学期学习了长方形、正方形的周长。由于生活中处处都可以找到长方形和正方形，再加上对周长的印象较为深刻，所以学生对长方形和正方形更多的是对“边”的一种认识。从对学生的调研我们也发现：有48.6%的学生知道长方形的面积公式，但是当老师追问面积与谁有关时，只有6%的学生能够回答出来。而有28.6%的学生认为与周长有关系，将近一半的学生则不知道。因此，本课重在探究长方形的面积公式的推导过程是非常有必要的。面对 94% 的学生不知道长方形的面积与谁有关？我想：在探究公式之前很有必要让学生有所感悟，启发学生思考长方形的面积为什么与长和宽有关，然后在活动中让学生探究长方形的面积公式为什么是长×宽。本课突出让学生在数学学习中体会探究的过程，“悟”出长×宽的道理。教师力求引领学生体验、探索事物产生发展的过程，体现数学教学的魅力。

## （二）选择学习内容，创造性用教材

教学过程是教师、学生、教材之间开放、互动交流与对话的活动。教材是对话的话题，是支持对话的“文本”。教师要借助教材“文本”智慧地选择学习内容，选择具有自然、科普及学科前沿成果的资料，或是密切联系学生生活实际的素材。将其作为课堂教学的学习内容，使学生处于要学、爱学、好学之中，并使学生能力的培养寓于知识运用之中。

**1. 课程和教学要求的需要**

选择和调整课堂教学的学习内容，合理安排课堂教学的学习内容是课程和教学要求的需要。

教材应是开放的。教材是一个系统，系统论告诉我们：一个系统只有开放，不断地和外界进行物质、能量、信息的交换，才能从无序到有序，从低级到高级。所以，教材应是一个开放的系统，它不应局限于学科知识系统的自我完善，还应在被使用过程中积极创造条件吸引并吸纳人员所在环境的完善。教材为学生的学习提供基本线索，是实现课堂目标，是教学的重要资源，但不是唯一的课堂资源。

编写者对课程理解是有差异的。课堂改革是教材呈现“一标多本”的格局，由于不同的编写者对课程标准理解的差异，导致了不同版本的教材对同一内容的选择产生差异。要解决这个问题，教师就要有挑战权威的勇气，应力求做到“钻进”教材，又能“跳出”教材，既能深刻领会教材的编写意图，正确发挥教材的正象功能，又能根据实际情况变通教材，整合教材，拓展教材，更好地体现教材的“例子”和“线索”的作用。

区域与学生的差异。如果说教材编写者是在编写教材过程中进行改革，那么教师则是在实施教材的过程中进行改革，教师一方面要感受新教材选择素材的独特视角，尽可能地发挥这些素材的教育教学功能，吸引学生参与学习过程，另一方面应认识到，不同学生所处的文化环境、家庭背景以及思维方式存在差异，而同一个知识对象常常又可以采用不同的载体予以呈现，这就使同一个教材不可能同时适合不同地域儿童的现实。

教师应根据学生的知识实际和常识的经验，创造性地用教材，要融入自己的科学精神和智慧，对教材知识进行教学重组和整合，选取更好的内容对教材深加工，设计出活生生的、丰富多彩的课来，充分有效地将教材的知识激活，形成有教师个性的学习内容。教师巧妙地对教材进行二度开发，综合地考虑“教材”，加大探索力度，提高思维难度，增加教学密度，提高教学效度，使其成为更具挑战性的教学内容，成为最佳的组合方案。

**2. 选择学习内容的依据**

在一个班级中照顾差异明智的教学策略，应是同教材，同进度，异要求。当然，同教材并不等于学习内容完全一样，可以对学习内容作适当的调整和选择，以适应不同的教学要求和目标，使水平高的学生在一般水平上得以提高。同时，加强辅导学习困难的学生，以达到基本要求，跟上一般的进度，促进学生的不同发展。

（1）选择学习内容的第一依据是《课标》

课标是根据各学科的特点对教育的需求及学生的身心特点制定的，对教学具有普遍的指导意义，是我们选择学习内容的一个依据。教师应了解课标对教学的目的要求，了解确定教学内容的原则和教材编排的特点，了解课标对教学工作提出的建议。教材本身是有系统结构的。选择后的学习内容仍须具有逻辑性和教育性。这对于学生在学习中形成良好的认知结构非常重要。

（2）选择学习内容的第二依据是教学目标

教学目标是教学目的和教学要求的具体化。教学目标既要体现课标的统一要求，又要体现学生的差异，还要考虑到内容的实用性及社会对教育的需求。我们不仅要保留教材中有实际应用价值的知识，而且可以适当补充一些与当地环境、生活实际密切联系的知识技能。

（3）选择学习内容的第三依据是学生状况

按照学生的认识规律，考虑到不同学生的可接受程度。对于那些智力超常的学生，需要给他补充一些探索性、思考性强的内容。对于一些学困生，一般内容也感到困难。这时应删去过难的内容，补充贴近他们生活、他们感兴趣的内容，以便腾出时间、精力，反复强化，巩固最基本的知识技能。学习内容的调整要适度，既要通过调整适应不同学生的要求，又要考虑到差距适度，能在同一课堂教学。选择后的学习内容应更有利于学生建构知识，体味数学的价值。

**3. 选择学习内容的原则**

课程标准是在《基础教育课程改革纲要（试行）》的指导下编写的，它体现了学科对学生最起码的要求，是教学和培养学生学科素质的主要依据，对教学具有重要的指导意义。教师作为学生们学习的指导者，就应该在深钻课程标准、教材和学生的过程中找准课程标准、教材与学生这三者之间的联系。只有这样才能够达到“从教教材到用教材教的转变”。从钻研到实践这一过程本身就是一种发现、创造的过程。若在钻研和实践的过程中发现教材不能实现课程标准要求，或不符合学生实际，就需要大胆地对教材进行取舍、整合。

（1）认真研究教材的内容及逻辑顺序；

（2）根据班上学生的情况，为他们制定不同需求的目标；

（3）根据设定的目标对教材内容作相应调整，调整时要考虑学生的共性和差异，既要满足不同学生需要又要能共于同一课堂学习。具体做法是删、补、改、排。

删，就是删去一些非重点的、和其他单元知识联系不紧密的，而对于有些学生来说又特别困难的学习内容。

补，就是补充一些实用的或对学习困难的学生来说较直观具体的内容，或对学有余力的学生来说是发展性的探索性的内容，或现代科技、社会发展所需要补充学习的内容。

改，就是对内容的分量、难度、顺序、进度等方面作些调整。

排，就是将调整后的内容按照一定的逻辑顺序和学生已有的知识经验排列起来，有全班教学内容的排列和个别学生分支的排列。

（4）根据调整的内容提供必要的辅助材料和工具。如给学生提供自学提纲和解答提纲，提供习题的类型和过去学生解过的相类似的习题；给学习困难的学生提供直观材料；给超常学生提供补充读物、工具书。总之，要考虑到不同学生的需要。

**4. 选择学生喜欢的学习内容**

教师应如何深入挖掘教材，选择学习内容呢？深入挖掘教材的科学性，考虑如何突出重点、攻克难点、杜绝弱点；深入挖掘教材的思想性，是思想教育寓于教材讲解之中；深入挖掘教材中有利于学生智力发展的潜在因素，是智力发展融会于知识的传授之中；深入挖掘教材的趣味性，寓教于乐；深入挖掘教材的实践性，使学生解决问题的能力得以提升。

（1）选择的学习内容应能引导学生有兴趣地学习和探索

选择学习内容能引导学生有兴趣地学习和探索，能激发学生追求知识的欲望，满足对知识“懂”的需要，“会”的愿望和实现学习中的一种成就感。要不断使他们了解学科的社会作用，使他们看到自己的进步与提高，以增强学好数学的信心。

如：《平行四边形的面积》教学

师：出示边长4分米的正方形。

生：计算正方形的面积4×4=16平方分米。

师：出示长方形，未给数据，引发学生动手测量。

生：学生测量长14厘米，宽10厘米，长方形面积是14×10=140平方厘米。

师：动手测量使你们轻松地解决了问题，老师为你们高兴，特剪一朵花来送给你们。

将一张正方形的纸对折3次，一剪刀剪出一朵花。老师拿着学生非常喜欢的这朵花，走到学生中间，让学生欣赏，“请你们仔细地看，再仔细地看，能发现什么?”

生1、生2、生3：“老师，我发现了花里有平行四边形。”他们异口同声地说。

师：将这朵花送到学生的眼前，“有几个平行四边形?”“8个”又有几个学生发现了。

师：一朵花开出了8个平行四边形，我把它贴在黑板上表示老师对你们的赞赏，这朵花占了黑板的多大面积呢？你能直接计算吗？你想不想计算呢?

生：先计算一个平行四边形的面积，再计算8个平行四边形的面积。

师：平行四边形的面积又怎样计算呢?

生1：底×斜边

生2：不可能。

生3：底×高

生4：为什么呀?

……

学生争论着。

师：看来我们要先解决平行四边形面积到底怎样计算的问题，我给大家准备了5个平行四边形（底边都是14厘米，斜边都是10厘米），请你们把手中的平行四边形底、斜边和高用不同颜色的笔描一描，说一说，然后再两个人合作研究，找到平行四边形面积的计算方法。

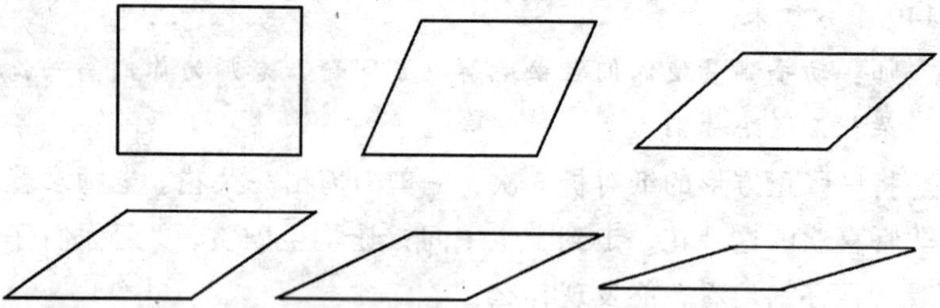

生：认真地合作研究。

“花”激发了学生的学习兴趣，“花”的面积激发了学生探究平行四边形面积计算方法的欲望，学生想学、愿学。学生的“剪”、“拼”、“撕”、“算”，增强了学生学好数学的信心。“花开”、“花落”让学生体味数学的美。

（2）选择的学习内容应能促使学生认真听讲，注意观察和深刻领会

选择学习内容首先要抓住基础知识和基本技能，培养学生把所学的知识应用于实际。也可以把学习内容以问题的形式呈现给学生，使他们联想到接替所需的基础知识，从而促使学生认认真真阅读数学课本和听课，以保证学生对基础知识的把握。

如：《平行四边形的面积》教学

14 × 10 = 140　　14 × 9 = 126　　14 × 7 = 98

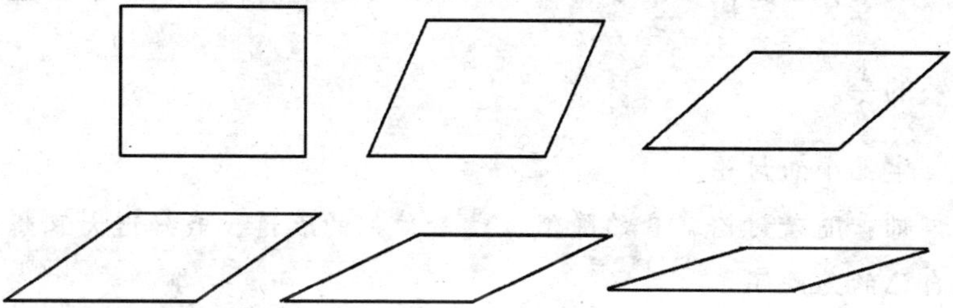

14 × 5 = 70　　14 × 3 = 45　　14 × 1 = 14

师：你们通过“剪”、“拼”、“撕”、“算”，分别计算出这5个平行四边形的面积，请你们各自说说每个算式中各个数的含义是什么？

生1：14是平行四边形的底，9是平行四边形的高，126是平行四边形的面积。

师：你们观察这5个平行四边形又发现了什么？

生：平行四边形的底都是14。

师：斜边也一样呀，面积怎么就不一样呢？——学生讨论（使学生深刻领会接替所需的基础知识到底是什么！）

生：将转化后的长方形还原成平行四边形：长方形的面积 = 平行四边形的面积

长方形的长 = 平行四边形的底

长方形的宽 = 平行四边形的高

平行四边形再转化成平行四边形——长 × 宽 = 底 × 高

师：出示：底、高数据若干，学生概括平行四边形面积的字母公式 $s = ah$

（3）选择的学习内容应有利于学生运用智力，积极思维

教师的教学内容不能一概说清讲透，以免学生减少对智力的运用，所以，选择学习内容应有设疑之意，向学生提出一些问题，指出方向，让学生探讨，还可指定内容，让学生领悟。

如：《分数再认识》

板书：王芳同学捐了自己零用钱的$\frac{1}{2}$。赵林同学也捐了自己零用钱的$\frac{1}{2}$。

生：小组讨论。

师：随着讨论声音的降低，看着你们的表情，我知道大家想发表自己的见解了。

生：知道第一个$\frac{1}{2}$的整体是王芳捐的全部零用钱。捐了全部零用钱的$\frac{1}{2}$；第 2 个$\frac{1}{2}$的整体是赵林的全部零用钱，捐了全部零用钱的$\frac{1}{2}$。

师：同学们想不想听我说说，我知道了什么？

生：(异口同声) ——想。

师：根据两个人都捐出自己零用钱的$\frac{1}{2}$，他们两个捐的钱数肯定一样多。(引发思考，引起争论)

生 1：反对。

生 2：不一定。

生 3：无法确定。

师：敢于向老师说“不是”，并能高高举起手，表明自己的观点，正是你们自信的表现，这也是你们主动思考的结果。如果总数知道，捐出的钱数会有几种可能呢？

生：3 种。

师：哪 3 种？数学是需要讲理的，举例说明让人心服口服。近距离的两个同学说一说，说清楚了就主动坐好。

生 1：王芳零用钱 10 元，她的二分之一是 5 元，赵林零用钱 8 元，她的二分之一是 4 元，有多有少。

生 2：如果王芳和赵林零用钱都是 10 元，她们的二分之一都是 5 元。无法确定多少。

……

师：真了不起，不仅知其然，还知其所以然。（让学生在充分举例的基础上进行验证得出正确的结论，是数学的基本方法。）

（4）选择的学习内容要包含解决问题的思路和方法，使学生学会运用所学知识解决实际中存在的问题

要教会学生学会思考，了解和掌握一些思考方法。如：《组合图形面积》教学。

**教学后测**

求下列图形的面积（单位：厘米）

①每人必做

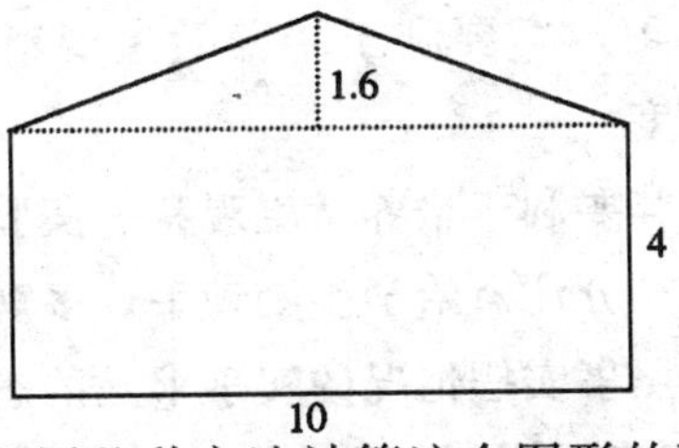


②选择：你可以用几种方法计算这个图形的面积？

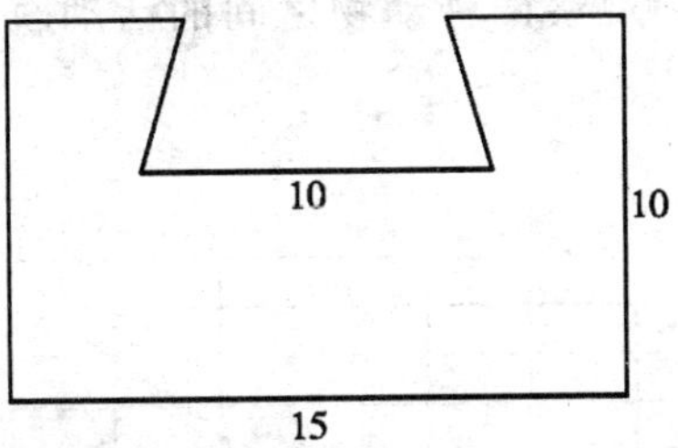


后侧情况：（人数：40）

一题：

| 回答情况 | 正确 | 方法 | |
|---|---|---|---|
| | | 分割 | 添补 |
| 人 数 | 35 | 37 | 3 |
| 百分比 | 87.5% | 92.5% | 7.5% |

二题：

| 回答情况 | 正确 | 方法 | |
|---|---|---|---|
| | | 分割 | 添补 |
| 人数 | 34 | 8 | 32 |
| 百分比 | 85% | 20% | 80% |

后测情况分析：

通过后测发现学生都能正确运用分割和添补的方法进行组合图形面积的计算，但还有个别同学在运用分割和添补的方法上不够简便，导致计算繁琐，致使计算错误。

（5）选择的学习内容要利于培养学生观察、实验、调查以及实事求是的科学态度

选择的学习内容要利于培养学生观察、实验、调查以及实事求是的科学态度，要充分注意给学生勤动手、多观察的机会，养成根据数据求结论，按照事实摆情况的实事求是的态度。

如：《复式统计图》教学片断

复式统计图：观察两种动物之间的活动轨迹，寻找联系（一为磷虾一为鲸鱼）。

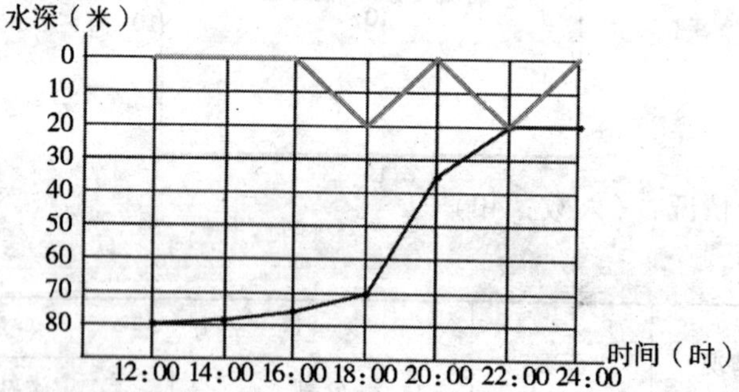


当我们观察到磷虾和鲸鱼的活动情况后，它们之间有联系吗？怎么看出来？用什么办法？你们有什么新的发现？

学生小组小声讨论。（随着声音的减弱学生脸上洋溢出灿烂的

微笑。)

学生1：举着两张折线统计图纸，无比兴奋地说："我们发现它们俩相遇了！"鲸鱼可能在吃鳞虾。

其他学生纷纷坐着就说："我们也发现了。"教师及时评价鼓励学生的创举。

师：出示24时两种动物的折线统计图对比，演示联系。

生结论：傍晚时分，当磷虾上升到水下20米时，鲸鱼正潜到水下20米，为了吃鳞虾。

**5. 合理安排学习内容**

(1) 要根据学生的兴趣特征，精心组织教学内容，创设情景。在新课的导入时，激发学生兴趣；在认识的过程中，巩固迁移兴趣；在乐学中形成能力。

(2) 每节课目的明确，重点突出，把主要的教学力量放在关键性的问题上。

(3) 课堂教学安排注重层次，结构和张弛节奏，遵照循序渐进的原则，由浅入深，由易到难，先简后繁，先单一后综合。

(4) 尽量使新知识与学生头脑中已有的知识、经验建立实质性的联系，尽量使课与课之间建立精当的序列关系。这主要表现为知识的连贯与迁移，易错易混淆的问题得以纠正，新知识再度得到螺旋式的巩固提高。

(5) 精心设计练习，让学生在练习中巩固知识，形成能力。

教育工作本身就是一种创造性的劳动。教师作为课程开发的主体，需要创造性地开展工作。同时，教师本身也是一种独特的课程资源，在教学中要不断积累，不断充实，不断反思，才会有睿智的谈吐，丰富的社会阅历，广博的文化知识，真诚细致的人文关怀，独到的人生感悟……这些都是学生终身受益、用之不竭的精神资源。

## （三）活动的设计应兼顾不同学生需要

学习设计是以获得优化的教学效果为目的，以学习理论、教学理论及传播理论为基础，运用系统方法分析教学问题，确定教学目标，建立解决教学问题的策略方案。具体来说，应突出体现基础性、差异性和发展性。

教师应尽可能地创造机会和条件，结合学生的个性特点，给予学生自己选择甚至自己提供学习材料的权力，充分发挥学生的主体性，张扬学生的个性，让不同学习水平的学生都能够以适合自己的方式展开学习，更好地体现数学学习过程中学生的个性差异。

**1. 活动设计体现教学本质**

（1）课堂教学的本质

课堂教学必须以学生的发展为中心，课堂教学是发生在学生和教师、学生和学生之间的活动过程、互动交往的过程、沟通合作的过程中，课堂教学所实现的价值不仅是知识，也不仅是能力，而是学生作为一个生命个体的全方位的提升。

课堂教学既然是活动的过程，就必须考虑环境因素，因为任何活动都不能脱离环境的影响。所以，在教学设计过程中，学习目标、学习内容、学生特征、教学策略和教学评价构成教学设计的五大基本要素。

（2）活动设计基本要素

分析学生学习的需求。了解教学中存在的问题，学生的实际情况与期望水平之间的差距，以解决“学什么”和“教什么”的问题。

进行教学前测。即对学生的初始能力进行评定，了解学生的一般特征和他们对所学内容的兴趣和态度。

明确具体的学习目标。即学生通过学习应该掌握什么知识和技能。

确定教学策略。考虑实现学习目标或教学目标的途径，解决“怎么学”和“怎么教”的问题。

对教学的行为做出评价。一方面要以目标为标准进行评价；另一方面可根据教学效果的反馈信息进行评价。

（3）活动设计是为课堂教学服务的

首先，设计的出发点，也就是课堂教学目标的定位，要体现生命发展的意义，不仅关注知识和能力，还要关注个性和人格。其次，设计的内容主要发生在自身、师生和生生之间的活动建构过程中，而且这种设计主要是预想，带有很大程度的猜测性，因而应具有可变性、选择性。最后，要设计教学情境，这有利于经验建构和情感生成。情境在很大程度上依赖预设，而不是随机创设。

教师在安排数学活动时应尊重学生的个体差异，按弹性原则设计教学，即切实认识并重视学生的个体差异，在活动目标的确定、活动内容的安排、活动的设计、活动组织形式的确定、学习水平的评价等方面，都给不同的学生留下适当的空间，包括质的空间和量的空间，使得学生在数学学习活动之后，在各自原有基础上又获得一些新的发展。

**2. 教学设计找准教学的起点**

课堂教学活动从什么地方入手，课堂教学活动展开的起点是什么？学生是学习的主人，学生的学习不是一个被动吸取知识、记忆、反复练习和强化储存的过程；一个有意义的学习过程是学生以一种积极的心态，调动原有知识和经验尝试解决问题，同化新知识，并构建完善自我的过程。教师在进行教学设计时，要把握教学的起点，要在认真分析学情的基础上根据学生的兴趣对教学内容进行差异化的处理，让教学的起点符合学生的现实认知起点。就是说不仅从教材的逻辑体系上考虑教学起点，也要从学生头脑中的真正基础考虑教学起点。这样学生才能对你的教学设计感兴趣，愿意与你交流和共研，因此，要对学生进行教学了解。

如：《组合图形的面积》的了解学生方案

（一）问卷调查（全班所有学生）

1. 求出下列图形的面积。(单位：米)

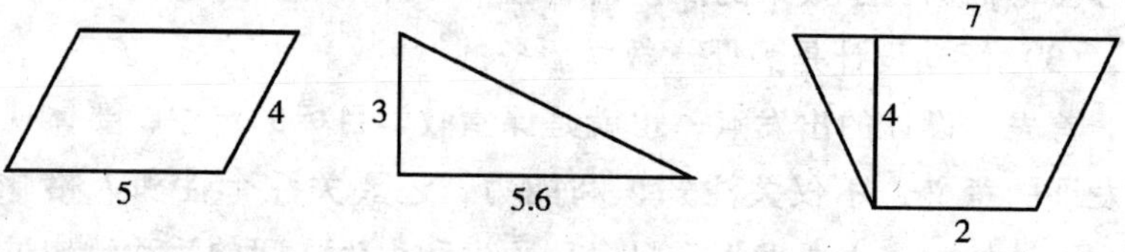


目的：调研学生已有知识基础的掌握情况。(计算基本图形面积的方法)

2. 下面各个图形可以分成哪些已学过的图形，你有几种分法？

目的：调研学生会不会将图形进行分割、添补成已学过的基本图形。

3. 请你求出这个图形的面积，并说说你是怎么做的。

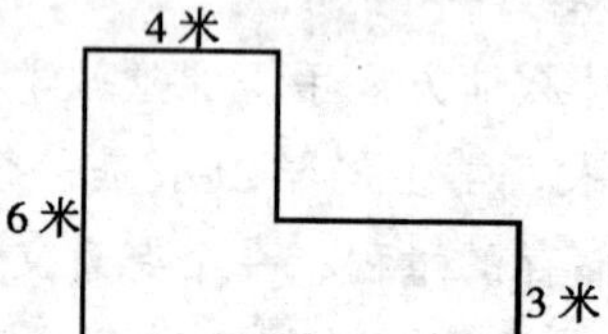


目的：调研多少学生能通过分割或添补把这个组合图形转化为已学过的基本图形，再进行面积计算。

**调研分析：**

1. 调查问卷

| 回答情况 | 正确 | 错　误 | |
| --- | --- | --- | --- |
| | | 三角形面积 | 梯形面积 |
| 人数 | 40 | 2 | 3 |
| | | 5 | |
| 百分比 | 88% | 6.6 % | 5.4% |
| | | 12% | |

通过调研的情况，说明此班学生绝大部分能够准确把握基本图形面积的计算方法。但是极少数同学在计算三角形和梯形面积时出现了错误。2 名同学在计算三角形面积时没有除以 2，其他 3 名同学计算错误。

2. 通过调研，所有的学生都能把这些图形分割成已学过的基本图形。

3.

| 回答情况 | 正确 | 错　误 | |
| --- | --- | --- | --- |
| | | 计算错误 | 不会做 |
| 人数 | 30 | 10 | 5 |
| | | 15 | |
| 百分比 | 66.7% | 22.2 % | 11.1% |
| | | 33. 3% | |

通过调研的情况，说明学生能用分割或添补的方法计算组合图形的面积。

**我的教学思考：**

学生已经学习了平行四边形、三角形、梯形这些基本图形的面积计算方法，从整理数据来看，学生对组合图形的分割、添补及面积的计算并没有感到困难。学生只是巩固已学过的基本图形的面积计算方法。为此我在保留教材知识框架的同时，进行拓展。打破以往的教学模式，突出计算组合图形面积的方法多样化，进行多种方法的优化；

突出分割、添补的有效性；并且在本课设计中增加了估算，而且让学生初步运用比例尺解决问题。以学生非常熟悉的学校平面图为切入点来激发学生的兴趣，让学生在独立思考、小组合作、全班交流等多种学习方式的情境中，探讨、研究求组合图形面积的方法。

策略的知识、方法的知识比技能技巧更重要。本节课并不是要教会学生求几个组合图形的面积，而是让学生体会到割补、转化的方法是求未知平面图形面积的重要策略。当学生真正获得了策略的知识、方法的知识的时候，就能举一反三、触类旁通。

**学习目标：**

1. 知识与技能

（1）在自主探索的活动中，理解计算组合图形面积的多种方法。

（2）能根据组合图形的条件，有效地选择计算方法并进行正确的解答。

（3）能运用所学的知识，解决生活中组合图形的实际问题。

2. 情感态度

感受数学与生活的密切联系，体会数学学科的魅力。

3. 教学重点、难点：

（1）理解计算组合图形面积的多种方法。

（2）有效地选择计算方法并进行正确的解答。灵活运用分割、添补的方法。

（3）运用比例尺进行换算。

**教学起点：**

师：同学们，你们来自祖国各地，能不能向在座的老师介绍一下，你来自哪里？你们从祖国的四面八方来到巨山小学，喜欢这里吗？下面就是你们所喜欢的学校的占地面积图：

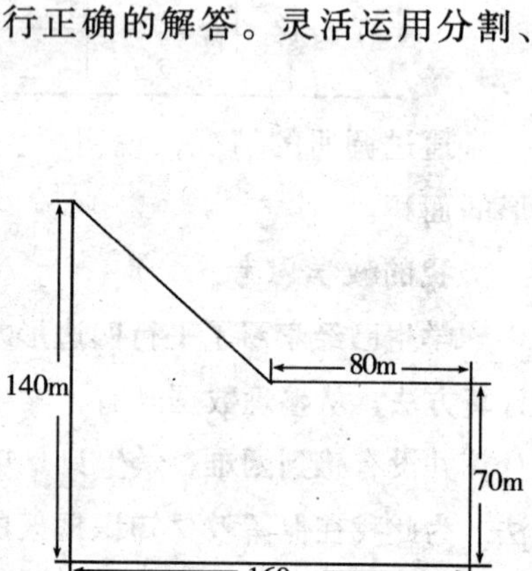

师：想知道巨山小学的占地面积大约是多少吗？

生：（想）

学生根据已有的知识经验回答问题，并计算学校的面积。让学生体会从生活中的不规则抽象成数学中的不规则图形的过程。根据自己已有的知识经验独立计算出学校的占地面积。在交流的过程中，总结计算组合图形面积的多种方法。

不同的经验基础会有不同的认知方式。有的学生的思维停留在一维空间，有的学生的认识在两维平面空间；有的学生需要教师相应的帮助辅导。

**3. 活动设计细化弹性目标**

实施弹性化活动目标是落实“面向全体”的有效措施，是以个体学习的成功为活动目标。而且，允许个体成功的内容、程度有所不同。成功的内容包括：学习数学的情感、对数学的体验以及认知方面的提高。如数学活动中解决某个问题时，对能力强的学生鼓励其想出多种方法，并且比较每种方法的特点；对能力一般的学生尽可能让其独立思考后想出一种方法；困难学生即使无法解决这个问题，也要鼓励其参与进去，从同伴间的交流中受到启发。这样，就能使不同层次的学生在数学学习活动过程中各有所得，感受到成功的喜悦。

如：谁做得快一些

做同一个零件，王师傅2小时做15个，李师傅3小时做20个，谁做得快一些？

解法1：工效比：$15 \div 2 = 7\frac{1}{2}$（快）$20 \div 3 = 6\frac{2}{3}$（慢）（$15 \div 2 = 7.5$ $20 \div 3 \approx 6.67$）

解法2：做一个零件的时间比：$2 \div 15 \approx 0.13$（快）$3 \div 20 = 0.15$（慢）

解法3：倍比：$3\div2=1\frac{1}{2}$ $20\div15=1\frac{1}{3}$（$20\div15=1\frac{1}{2}$　$3\div2=1\frac{1}{2}$）

解法4：功效相等：$15\div2=7.5$　$7.5\times3=22.5$　$20<22.5$

$20\div3\approx6.67$　$6.67\times2=13.34$　$15>13.34$

解法5：假设都做6时：$15\times3=45$　$20\times2=40$　$45>40$

假设都做60个零件：$(60\div15)\times2=8$（小时）$(60\div20)\times3=9$（小时）

解法6：通分法：$\frac{15}{2}=\frac{45}{6}$　$\frac{20}{3}=\frac{40}{6}$　$\frac{45}{6}>\frac{40}{6}$

解法7：列方程法：$\frac{(x)}{3}=\frac{15}{2}$　$x=22.5$　$22.5>20$

在教学设计中，教师要很好地实现本节课的教学目标，给人最大的感受就是：实在！要想拥有实在的课堂，提高课堂效率，应正确处理好以下四个关系：主体与主导关系、多数与少数关系、手段与目的关系、学习与应用关系。

（1）预设目标既有相对稳定性也有挑战性

教学设计的目标是预设目标，预设目标与课堂的实际进程很可能不相符，即随着教学过程的变化会产生新的目标（生成目标），需要在教学进程中及时调整修订。但预设目标还是整个教学过程中起主导调控作用的目标，这是毫无疑义的。

（2）教学目标的表述应全面、具体、准确、简洁

教学目标应该是全面的，课堂教学具有促进学生生命发展的价值，因而它应该是“三维”的，而不仅仅关注知识和技能。

教学目标应该是具体的而不是抽象笼统的。要做到具体，教学就必须与具体的学习内容和过程相联系。但是，最不容易具体的是情感、态度与价值观目标，因为它是内隐的而不是外显的，所以，要把内隐的内容具体化就必须使其与外显的行为和知识相联系。

教学目标应该是准确和简约的。所谓教学目标准确就是教学目标与课程标准和学生实际相符合，能有效促进学生的发展。这就要求在制定教学目标前，要深刻地把握课程标准，深切地了解学生。所谓简约是指教学目标的表述要简单明了。

如：《连加》教学目标

①创设具体情境，发展估算能力，能用多种方法计算连加算式。

②自主探索连加的计算方法，理解算理。(共性目标)

③培养学生独立思考、准确计算、认真倾听别人意见的良好习惯。

**教学重点：**

连加的计算方法。

**教学难点：**

①深刻理解连加的算理。

②渗透加法计算中改变加法计算顺序“和”不变的思想。(弹性目标具有挑战性)

**4. 活动设计理清教学思路**

教学思路指的是在明确了教学目标和教学重点、难点的前提下，用什么样的教学结构和教学策略去保障教学目标的实现和教学效率的提高，包括贯彻哪种教学原则，采取哪些教学步骤和教学环节，组织什么样的教学活动，使用什么教学策略，从而达到什么样的教学目标、教学效果。教学思路清晰明确是课堂教学成功的必要条件。

以二年级的连加教学活动为例。

活动一：引导学生自主选择合适项目列式并估算——较好地完成了加法的意义，估算和自主地选择列式三个要求。

$$98+88+102=$$

$$98+88+108=$$

$$98+88+109=$$

$$102+108+88=$$

$$102+109+88=$$

活动二：刚才同学们只是对竖式进行了估算，这三个项目的准确人数，怎么办？你们是怎样算的？——对三种竖式进行了深入理解。

反馈：　　$88+98+109=295$

① 
$$\begin{array}{r} 88 \\ +\ 98 \\ \hline 186 \end{array}$$

$$\begin{array}{r} 186 \\ +\ 109 \\ \hline 295 \end{array}$$

② 
$$\begin{array}{r} 88 \\ +\ 98 \\ \hline 186 \\ +\ 109 \\ \hline 295 \end{array}$$

③ 
$$\begin{array}{r} 88 \\ 98 \\ +\ 109 \\ \hline 295 \end{array}$$

活动三：计算连加——使学生体会改变加数的运算顺序，和不变。

$$\underline{88+98}+102=288$$

$$88+\underline{98+102}=288$$

$$98+\underline{88+102}=288$$

活动四：同学们能用多种算法计算连加，你们感觉难吗？再算一道题，你会发现更多——灵活计算。

$$98+88+108=$$

反馈：你是怎样算的？

个位怎样算更快？十位呢？

$$8\times3=24$$

$$8+2+9=19$$

活动五：节日那天，少先队倡议同学们为希望小学捐书，请看预测统计图。——拓展应用。

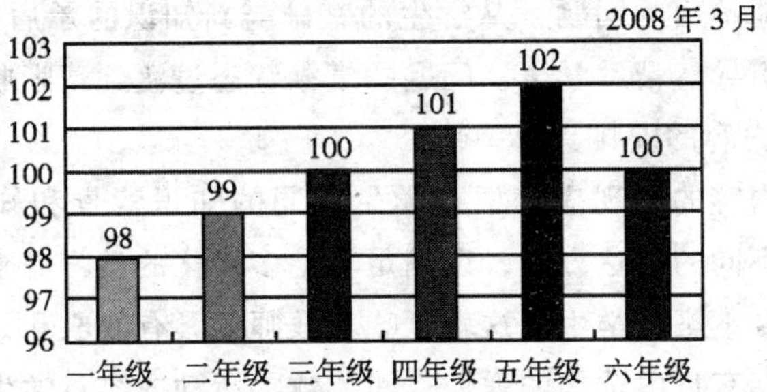


比一比、赛一赛，看谁能在3分钟以内，写出多个连加算式，并算出得数。

学生独立完成。教师巡视计时。

生1：根据数的排列顺序列出了许多算式

98 +99 +100 = 99 +100 +101 = 100 +101 +102 = 101 +102 +100 =

98 +99 +100 +101 = 98 +99 +100 +101 +102 +100 =

生2：计算六个年级总人数 98 +99 +100 +101 +102 +100 =

生3：用凑整百的方法（98 +102） + （99 +101） +100 +100 =600

生4：用基准数的方法 100 ×6 -2 -1 +0 +1 +2 +0 =600

此题是一个开放的题，每一个学生都有算式可写，不仅能写三个加数的算式，而且能写多个加数相加的算式，同时还能做到有序思考。

**5. 活动设计兼顾不同学生**

活动设计应重点考虑教学结构和教学调控。教学结构设计的难点是横向结构，而横向结构研究的主要内容就是学生自主参与学习的机会和方式。教学调控的重点是有效的教学强化，着力点是提高学生学习的自主性，增加学生参与学习的机会。

活动设计只是一个教学构想。教学设计应该留有教师和学生“书写”和“绘图”的空白，应该是弹性的、可选择的和活泼的；

要重视真问题的设计，不要拘泥于具体行为动作和语言。所谓真问题即找准新知识固着点的问题，这些问题是学生头脑中真正存在的问题，而不是虚拟的问题。要给学生留有提问的时间和空间，并预设学生可能提出的问题（从学生的基础与新知识的矛盾出发），并进行恰当引导，帮助学生从问题的模糊状态过渡到清晰状态。

（1）内容的安排具有弹性

活动内容的呈现应该根据学生不同的知识背景和知识发展水平，采用不同的表达方式，以满足学生多样化的学习需求。教材的编排是适合本班的学生。这就意味着教师要具有驾驭和处理教材内容的能力，有自由选择的弹性空间。数学活动内容对学生来说，是外在的、不熟悉的，需要教师对它进行加工后，才能更好地被学生接受和掌握。所以，弹性的内容对学生来说，是给他们创造了自由发展的更大空间。

如：六年级《圆锥的体积》

**创设情境导入新课**

教师出示半盆米。

师：如果老师将这些米顺着漏斗倒在桌上，请同学们想象：你的眼前将会出现什么形状？

生：想象形成圆锥体。

师：（课件出示图形）同学们请看大屏幕，大家想象的是这样一个类似的圆锥体吗？

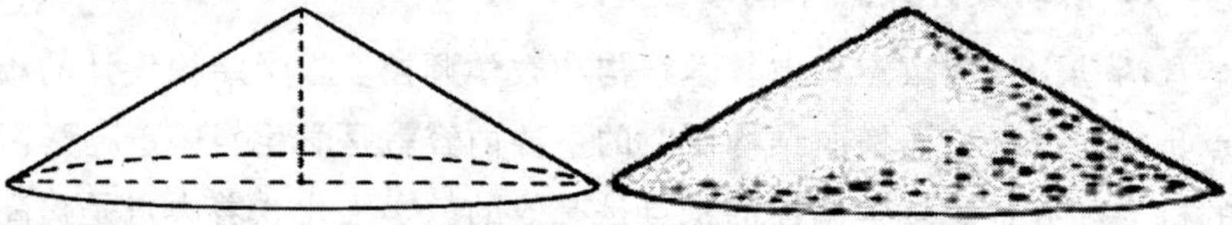

师：这是一个圆锥形的小麦堆，这是它的立体图形。看到这些，你希望了解哪些知识呢？

生：自主回答，确立学习目标。（生说师板书）

师：好，这节课我们一起来努力，共同研究怎样计算圆锥的体积？

师板书课题：圆锥的体积

（2）活动的设计具有弹性

在数学活动中要充分发挥学生的主动性、创造性，让学生运用已有的生活经验和知识进行探索性学习，教师应为每个学生提供开展活动、尝试探索的时间与空间，整个学习过程完全是学生根据自己的个性特点，提出自己喜欢的方案，解决自己设计的问题，他们始终能够感到学习就是做自己的事情，是在解决自己遇到的问题。这样，就使不同层次的学生能够运用不同的学习策略，去解决不同层次的问题，从而张扬学生的个性，体现“不同的人学习不同的数学”的大众数学教学观。

如：教学《圆锥的体积》片断

**自主学习合作探究**

师：请同学们大胆猜想，如何计算圆锥的体积？

师：预设学生出现几种不同的猜想结果。

生：也是底面积 × 高；生：肯定比圆柱的体积小，也许是一半。

生：可能是圆柱的体积的几分之几。

生：$\frac{1}{3}$（你是怎样知道的？）

师：到底有没有向这位同学说的它们之间存在着$\frac{1}{3}$的关系呢？用什么方法来验证呢？请同学们在小组内商量商量。

小组讨论，然后反馈。

师：预设会出现几种情况：

一种放水中，当水面上升时，用上升的部分与圆柱的体积相比，就可以得到几分之几；

两个体积都来称一称，再进行比较；

用空心的圆柱和圆锥，把圆锥中放入的米再倒入圆柱的体积中，看可以几次倒满；

把圆柱体内的大米倒回圆锥体看可以倒几次。

师：同学们想出了几种不同的验证方法，你们选择其中的一种或两种方法以小组为单位进行验证。

请看合作要求：（课件出示）

一、验证材料：①空心的圆柱和圆锥体各一个；②大米一袋；③实验报告单一张。

二、合作要求：①小组内合作验证一次；②组员共同商量填写报告单；③想一想实验过程中应注意什么。

师：你们想得真周到，下面开始验证吧！

（3）组织的形式具有弹性

在数学活动中采用自学和小组合作学习等多种形式相结合，能切实发挥各种学习方式之所长，使学生学会竞争与合作。但应强调的是这种合作应在独立思考的基础上进行。另外，在合作的形式上可以采取不同的分组方式，如按同质（水平相当的学生）或异质（水平不同的学生）分组，根据学生的实际情况和问题的难易程度分成2人、3人或4人组，交流讨论时，学生之间互相启发、互相帮助，在关键时候教师给予点拨。教师在学生数学活动时扮演的是组织者、指导者、参与者的角色。

如：教学《圆锥的体积》片断

**实验探索发现规律——生生间的合作**

（1）小组合作实验，并填写实验报告单。

| 选取材料数据说明 | | | 实验方法 | 发现结果 |
|---|---|---|---|---|
| 圆锥体 | 底面积： | 高： | | |
| 圆柱体 | 底面积： | 高： | | |

（2）汇报结果，实物投影展示实验报告单。得出结论：

学生汇报：结论1：圆锥的体积V等于和它等底等高圆柱体积的三分之一。

结论2：等底不等高的圆锥体与圆柱体，圆锥的体积不是圆柱体积的三分之一。

结论3：等高不等底的圆锥体与圆柱体，圆锥的体积不是圆柱体积的三分之一。

师：根据几张不同的报告单，说一说你们从中发现了什么？

生说师板书（等底等高）

师：同学们用实验的方法进行了验证，老师也把整个过程做成了动画，请同学们再一次仔细观察验证的过程——教师是合作者。

师：通过同学们的实验和老师课件演示，我们发现了圆柱和圆锥真的存在着$\frac{1}{3}$的关系。请同学们判断下面的圆柱和圆锥存在$\frac{1}{3}$的关系吗？为什么？

生：课件出示判断。

师：我们已经验证了在等底等高的情况下圆柱和圆锥存在着$\frac{1}{3}$的关系，到底应该怎样计算圆锥的体积？能用公式的形式表述出来吗？——教师是引导者。

生：圆锥的体积V＝和它等底等高的圆柱体积的三分之一。

根据计算公式：V锥＝$\frac{1}{3}$sh（生说师板书）注意字母形式的叙述——师生间的合作。

师：除了以上的发现，你还能想到什么呢？（师拿出学具，学生观察。）

学生汇报：圆柱的体积是圆锥的3倍；圆柱的体积比圆锥大2倍；圆锥的体积和圆锥的体积一共是4倍。

（3）学习的评价具有弹性

评价的目的是为了促进每一个学生的全面发展。为使不同层次的学生都能学有所成，教师在平时的数学活动过程中可以采用“分层励进”的方法多评学生成功的方面。“分层励进”关键在“励”。分层只是一个过程，激励则是一种手段，通过激励取得进步才是最终目的。通过分层评价，让各层次学生在活动中都获得了一种良好的情感体验，感悟数学知识的无穷价值，都对数学学习活动充满信心，从而进一步转化为学习活动的动力。

如：教学《圆锥的体积》片断

“同学们真的很会思考，不但发现了圆柱和圆锥表面的关系，还能找到他们背后隐藏的知识，你们真的很棒！但是要记住：所有的发现必须有一个前提条件——等底等高。”

“同学们利用圆锥的体积公式解决了生活中的实际问题，并且完成得很好，下面再换一些练习形式，相信你们一样能行！”

“这节课同学们的学习热情非常高，下面我们把数学书打开到11页，看一看书中是怎样研究和试验的，大家可以边看边画出你认为的重点内容，或补充书中没有的知识点，也可以标注出你新发现的问题。”

面对平时所谓的个别“差生”，教师应换一个角度去思维，多些宽容，多些鼓励，多些尊重，细心地从看似“错误”的言行中发掘可以肯定与鼓励的亮点，表扬他们的闪光之处，因势利导达到促进他们学习与进步的目的。

（4）练习的设计具有弹性化

学生的个体差异表现为认知方式与思维策略的不同，以及认知水平和学习能力的差异。教师要在课上及时了解并尊重学生的个体差异，满足多样化的学习需要。教学中要鼓励与提倡解决问题策略的多样化，尊重学生在解决问题过程中所表现出的不同水平。对学习有困难的学生，教师要给予及时的关照与帮助，要鼓励他们主动参与数学学习活动，尝试用自己的方式去解决问题，发表自己的看法；教师要及时地肯定他们的点滴进步，对出现的错误要耐心地引导他们分析其产生的原因，并鼓励他们自己去改正，从而增强他们学习数学的兴趣和信心。对于学有余力并对数学有浓厚兴趣的学生，教师要为他们提供足够的材料，指导他们阅读，发展他们的数学才能。

如：教学《圆锥的体积》片断

**练一练：**

①圆锥的体积＝（$\frac{1}{3}$×底面积×高），用字母表示是（$V=\frac{1}{3}sh$）。

②圆柱体积的$\frac{1}{3}$与和它等底等高的圆锥的体积相等。

③一个圆柱和一个圆锥等底等高，圆柱的体积是3立方分米，圆锥的体积是（1）立方分米。

④一个圆锥的底面积是12平方厘米，高是6厘米，体积是（24）立方厘米。

**看图说算式：**

运用所学知识解决实际问题：

下面这堆小麦的体积是多少呢？

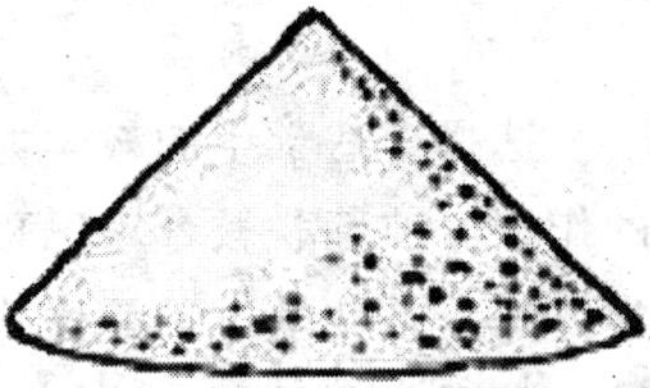

底面积：12.56平方米

高：1.5米

半径：2米

高：1.5米

直径：4米

高：1.5米

针对这道题提出两个新问题：

①与它等底等高的圆柱体的体积是多少？

②圆柱要削成上面的圆锥体，被削去的部分的体积是多少？

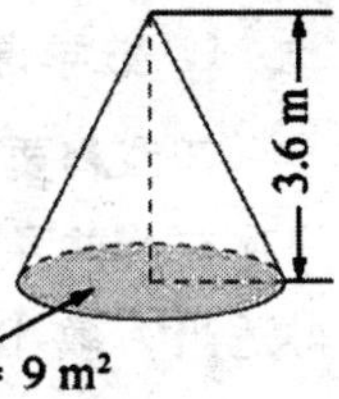


**考考你：**

一个圆柱形橡皮泥，底面积是12平方厘米，高是5厘米。

①如果把它捏成同样底面大小的圆锥，这个圆锥的高是多少？

②如果把它捏成同样高的圆锥，这个圆锥的底面积是多少？

（5）科学地分配教学时间

科学地分配教学时间，实现教学时间的有效利用。在教学过程中一定要给学生留有足够的练习时间，课堂作业主要在课堂完成，保证学生在规定的时间内获得最大可能的教学效果。

教师要把主要的精力放在设计教学情境，创设问题，帮助学生设计正确的学习路线，选择正确的学习方法，指导和帮助学生分析处理各种信息，要使学生能够经历知识的再发现过程，为学生掌握知识创设问题情境，营造认知环境，为培养学生的各种能力提供再创造的载体。

教师要在教学中面向全体学生，兼顾到不同学生的需要，要争取在现有条件下，用较少的时间和精力，去获得最大可能的效果，提高教学实效性。

## （四）选择教学方法，帮助学生获得成功

选择合适学生的教学方法，对提高课堂教学效率起着十分重要的作用。前苏联教育家巴班斯基认为：“选择对某节课最有效的教学方法，是教学过程最优化的核心问题之一。”教无定法，贵在得法。新课程背景下的教学方法的选择，要根据课堂教学实际和学生认知水平现状求真务实，追求有效。

**1. 数学课堂的教学方法**

新课程要求教学要使每个学生都得到充分的发展，但是学生之间存在着差异，要使每个学生都得到充分的发展，除了教学目标定得适当，教学组织形式选得合适外，还要考虑选择适当的教学方法。

教学方法是指在教学过程中，教师和学生为实现教学目标，完成教学任务而开展的有秩序的、相互联系的、和谐统一的指导办法。即：学生独立学习的方法、教师指导下学习教材的方法、再现法、探索法、归纳法、演绎法、口述法、直观法、实际操作法、激发学生的活动法、教师检查法、学生自我检查法等教学方法。教学方法，因其角度的不同可以有不同的分类和定义。根据教师在课堂教学中使用的手段不同，教学方法可分为五种：以语言教授为主的方法；以直接感知为主的方法；以实际训练为主的方法；以欣赏活动为主的方法；以引导探究为主的方法。

从教学实践的结果来看，讲授法、谈话法对学生记忆类的学习有帮助，而讨论法、练习法、实验法对学生在学习过程中发现概念、发现原理有较好的帮助。如果从学科的角度归纳，在数学的教学中，演示法、练习法、实验法所取得的效果较为理想。当然，我们应该注意到，每一种教学方法都有自己的优势，也都存在着局限性。教学内容的千差万别也决定了教学的复杂性。可以说，没有哪一种教学方法可以适应所有的教学内容，但这些方法对发展学生智能、发展学生和谐的身心有着重要的作用，同时也关系着教学的成败。

因此，教学方法要面向全体学生，不仅要根据大多数学生水平选择教学方法，还要注意针对差异因材施教。因为学生间的差异是多方面的，不仅有生活经验和数学基础的差异，还有智力、认知方式以及性格等差异，针对不同学生的特点选择适当的教学方法。如，对学困生要更多地运用操作、直观、帮助他们理解新知识，练习时也要多加检查与辅导。对独立思考差的依赖型的学生，则要注意适当引导学生独立思考的方法，避免直接告诉学生怎样想、怎样做，以便逐步提高他们的学习能力。对于数学基础较好和思维能力较强的学生，则要更多地放手，不断提高他们独立思考和学习的能力。

**2. 教学方法选择的依据**

（1）依据教学目标选择教学方法

教师通过科学、合理地制定教学目标，将要学习的知识蕴含在目标之中，使学生通过完成目标达到掌握所学知识的目的，而学生在完成目标的过程中要对目标进行分析，提出问题，并研究问题方案，最后经过教学实践达到最终目标。采用这种教学方法，可以充分调动学生的积极性，激发学生的学习兴趣，满足学生的学习欲望，培养学生提出问题、分析问题、解决问题的能力，同时培养学生的创造力，是培养学生多种能力的“催化剂”。

（2）依据学生特征选择教学方法

教师要正确地认识学生个体差异，因材施教，依据学生的资质、能力、兴趣、性别及身心发展状况采取个别教学法，对学生进行分别指导，以适应不同学生的能力，满足学生多样化发展的需要；依据学生的个体差异，安排适当的教学活动，营造学习氛围，引导学生积极参与学习活动；采取开放的教学方式，让学生有较多的发展空间，鼓励学生积极思考，提出新颖的见解。使每个学生都在原有的基础上得到发展，让学生获得成功的体验，树立学好数学的自信心，达到人尽其才的教育目的。

（3）依据内容的特点选择教学方法

从教学实践的结果来看，对学生记忆的学习有帮助的，应采用讨论法、练习法、实验法；讨论法、练习法、实验法对学生在学习过程中发现概念、发现原理也有较好的帮助。如果从学科的角度归纳，在数学的教学中，演示法、练习法、实验法所取得的效果较为理想。如，“商不变的性质”，“加法交换律、结合律”等，最好用讨论法，练习法。

（4）依据教师的特点选择教学方法

这首先取决于教师的教学水平，一般说来，教师往往使用那些自己掌握得比较好的教学方法。有的老师多媒体手段技术好，在教学中就可以多用一些演示法；有的老师擅长故事游戏法，在数学课上就可以多开展数学智力游戏；有的老师在小组合作学习的指导中有独特建树，那么在教学中就可以采取小组合作的学习方法，另外，还取决于教师的个性特点。

（5）依据时间标准选择教学方法

给定的教学时间也是选择教学方法时应考虑的标准，有些方法使用起来比其他方法要耗费时间，因而有时教师不得不采用“妥协”的方式放弃起初选定的一套教学方法，如，有的学习内容起初制定的是合作探究，但由于时间的关系，可改变为读书讨论加合作探究。

**3. 教学方法选择与确定**

在实际教学中，选择运用什么样的教学方法，是决定一堂课教学质量的关键因素之一。实践证明，我们只要按照一定的科学规律，综合考虑教学的有关因素，选取恰当的教学方法，并能合理地加以组合，就有可能使我们的教学效果达到最优化的境地。

（1）关注学生的个别差异，突出教学的适应性

教学要适应学生的个别差异，要因材施教。在教学过程中，教师要把每个孩子都看成具有独特的发展模式和成熟速度的不同个体，并以此为依据，允许孩子按自己的发展速度来获得重要的技能。

如：教学《两位数除以一位数》

师：现在桃子有48个了，分给2只小猴子，你们快帮他们来分一分。学生动手分小棒。

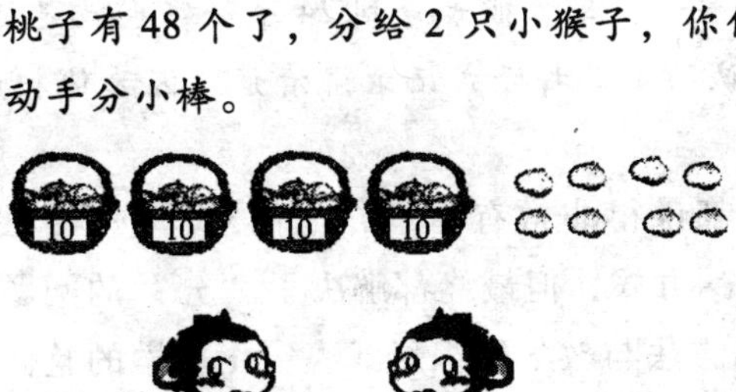


师：哪个小组愿意把你们分的过程与大家交流一下？

生：先分4个十，每份得到两个十；再分8个一，每份得到4

个一。

师：有和他们分法不一样的吗？

生：先分 8 个一，每份得到 4 个一；再分四个十，平均每份得到两个十。

师：刚才我们进行一次平均分，用竖式记录了下来，这次有两次平均分，应该怎样记录呢？竖式又应该怎样写呢？你们试着在纸上写一写。

学生动笔尝试写竖式。

展示学生的竖式

生 1：

$$\begin{array}{r} 24 \\ 2\overline{)48} \\ \underline{48} \\ 0 \end{array}$$

生 2：

$$\begin{array}{r} 24 \\ 2\overline{)48} \\ \underline{4\phantom{0}} \\ 8 \\ \underline{8} \\ 0 \end{array}$$

生 3：

$$\begin{array}{r} 20 \\ 2\overline{)40} \\ \underline{40} \\ 0 \end{array} \qquad \begin{array}{r} 4 \\ 2\overline{)8} \\ \underline{8} \\ 0 \end{array} \qquad \begin{array}{r} 20 \\ +\ 4 \\ \hline 24 \end{array}$$

师：同学们来评价这三名同学记录的竖式，你认为哪个竖式能够又清楚又简练地记录下两次分桃子的过程？

生 1：我认为第一种，这个同学把 4 个十、8 个一看成是 48 个一，分给 2 只猴子，每只猴子分到 24 个一，也就是 24 个桃子。

生 2：我认为第二种竖式记录得清楚。因为他把两次分的过程都记下来了。

每个学生都说得非常有道理，他们对同一个问题有不同的见解，不同的表达方式，但最终都解决了“分”的问题。

（2）教学方法与教学组织形式，突出教学的整体性

采用教学方法时并不是选择某一种单纯的教学方法，也就是说教学方法不是孤立的，而是和教学组织形式结合在一起的，是教学方法与教学组织形式的总和。

如：教学一年级《统计》

①你能看出有几种车吗？每种各有几辆？

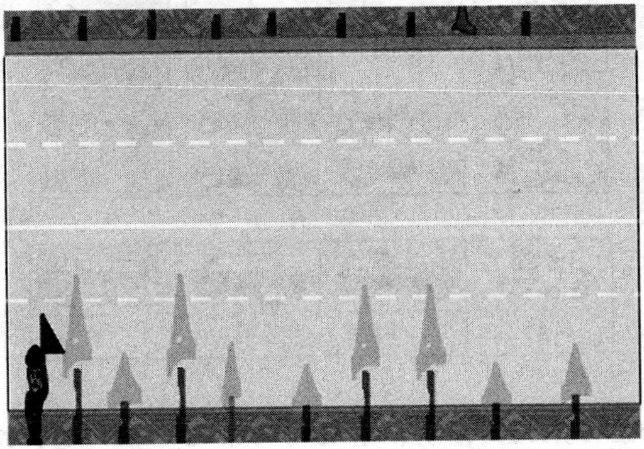

（老师放投影）

下面，我们就通过分、排、数、填的过程来帮助警察叔叔统计一下每种车的数量，制成统计图，完成统计表——让学生经历统计的过程，培养小组合作的好习惯。

②听好要求，看哪个组没有声音，合作得最好，最先完成这项任务，老师就会展示你的作品，听清楚了吗？开始——让学生有一个完整的统计的过程，培养小组合作的好习惯。

展示学生作品——让学生知道统计图可以从左往右排，还可以从下往上排。

统计图

统计表

|  |  |  |  |
|---|---|---|---|
| 4 辆 | 2 辆 | 3 辆 | 3 辆 |

你们是优秀的记录员，不仅把结果记得很清楚，而且字也漂亮。

③这个统计图和气球的统计图白的有什么不一样？

谢谢你们帮助警察叔叔完成了统计的任务，你们真是太可爱了，我决定真的发气球给你们，看，老师已经把气球买好了，一会根据你们每个人的意思发给你最喜欢的气球。

（3）以发展学生的智能为出发点，突出教学的发展性

在强调发展学生智能的同时，相应地把教学的发展功能提到突出的位置，因此，发展学生智能就成了教学方法的出发点和归宿。

如：教学《三角形内角和 180 度》

认真想一想，思考这样一个问题：

（实投出示）

思考：

哪种图形可以借助我们刚刚得到的“三角形的内角和是 180°”这个结论来研究它们的内角和？它们的内角与三角形之间又有着怎样的联系？

可以选择你们组最喜欢的图形来研究。

学生反馈：

①长（正）方形：

a. 四个直角：90°×4=360°

b. 分割成两个三角形：

180°×2=360°

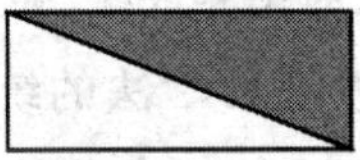

180°×2=360°

②梯形：分割成两个三角形，180°×2=360°

③平行四边形：分割成两个三角形，180°×2=360°

④一般四边形：分割成两个三角形，180°×2=360°

（说明：在对梯形、平行四边形和一般四边形的研究中，学生可能会出现划分成多个三角形来研究的方法，无论它是一种复杂或是错误的想法，都应让学生充分表述他们的观点，以求用这种生成的活资源达到让全体同学对这个问题的解答思路更清晰。）

·通过对这些图形的研究你有没有什么大胆的猜想？

·如果想让你用一个标点符号来结束今天的课，你想选择什么？说说你的想法。

（4）强调学生非智力因素的培养，突出教学的情意性

在重视培养学生智能的同时，也非常重视培养学生的非智力因素，力求通过教学方法的运用，引起学生的学习兴趣，激发学生学习动机，培养学生的情感，增强学生的自信。使学生养成科学的态度，促进学生个性的全面、和谐发展。

如：教学《平均数》

学校要选派一名运动员参加投篮比赛。体育老师从3名运动员中进行选拔。昨天体育老师利用比赛进行选拔。（投影出示三局成绩）

每次投10个：

| | 李刚 | 王强 | 张瑞奇 |
|---|---|---|---|
| 第一局： | ○○○○○○○7 | ○○○○4 | ○○○○○○6 |
| 第二局： | ○○○○○○○7 | ○○○○○5 | ○○○○○5 |
| 第三局： | ○○○○4 | ○○○○○○○○○9 | ○○○○○○6 |

看了这三次的比赛成绩，如果你是体育老师，你会选中谁？为什么？

（5）强调教法与学法的统一，突出教学的双边性

现代教学方法都要充分体现出在教师的引导下，学生独立获取知识的特点。既有对教法的要求，也有对学法的要求，力求两者结合，并提高学生“学会学习”的能力。学生在掌握知识的同时，更要掌握有效的学习技巧，并依靠它们去获取知识。

如：教学《三角形内角和180度》

推导三角形内角和

①（实投出示）

> 活动提示：
>
> 组内同学合作，充分利用你们手中的学习材料和工具，来验证和说明三角形内角和的度数。看一看，在规定时间内，哪组考虑问题最全面，想到的验证方法最多？

②学生反馈

a. 量

生：用量角器可以直接量出三角形各个角的度数，再相加。

（实投演示）用彩色笔标明各个角。

b. 折

师：是不是所有三角形都可以用折的方法来证明三角形内角和是180°呢？

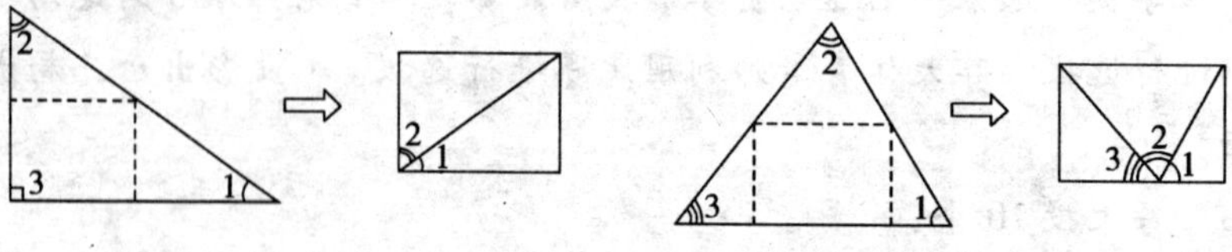

c. 撕拼

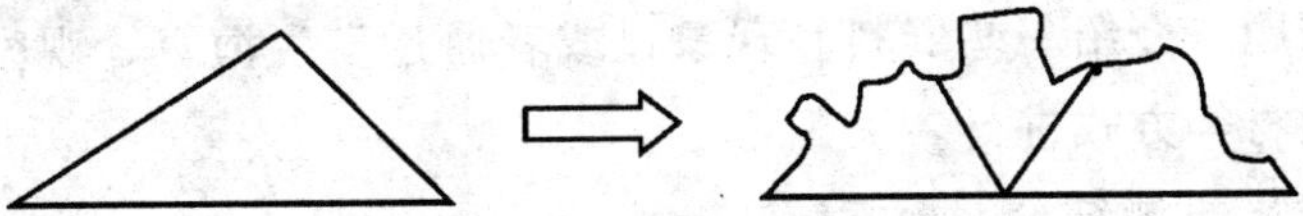

d. 利用长方形、正方形的内角和是360°来推导三角形内角和是180°。

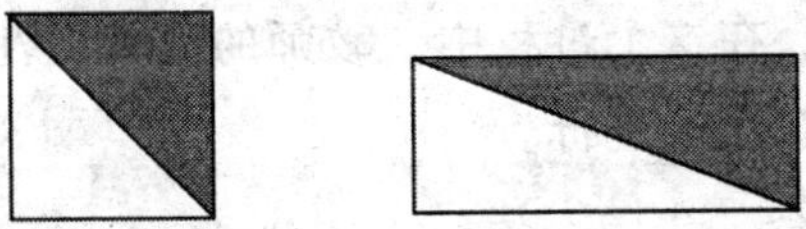

（说明：对待学生的每一种想法，都尽可能启发学生把问题考虑全面。“怎样能说明所有的三角形内角和都具有这样的结论?”〈随机抽取、分类讨论〉体现数学的严谨性）

③成果汇总：总结一下你们小组一共找到了多少种不同的验证方法？你们更喜欢哪一种？为什么？

④用最快的方法验证一个大三角形和一个小三角形的内角和？

小结：方法没有优劣之分，关键要依实际情况而定，选择最适合的就是最好的。

⑤小结：无论三角形的大小和形状怎样，它们的内角和都是180°，可见数学的知识是多么的神奇！

**4. 数学教学中的发现法**

发现法是指依据教师或教材所提供的材料和问题，通过学生自己主动的思维活动，亲自去探索和发现概念、定理、公式和解题方法等的一种教学方法。发现法的特点是学生要运用创造性思维进行学习，主动地去发现事先未知的结果。发现法具有主动性、开放性和创造性的特点。运用发现法进行教学具有很大的灵活性，没有固定不变的模式可以遵循，通常可按以下步骤进行：

（1）创设问题情境，激发学生学习的积极性和主动性这是唤起学生注意，激发学生学习兴趣的过程。通常是由教师提出问题，介绍一些资料和现象，或者通过学生演算、观察实验、阅读教材等方式进行。

（2）推测结论，探索解法

教师引导学生积极开动脑筋，回忆与这个问题有关的知识、方法，进行观察、比较、分析、综合等，直到发现结论，找到解决问题的途径或方法。在这个过程中，教师的启发要注意抓住重点、关键，有顺序、有系统地进行。

（3）完善解答，小结方法

或者由学生对问题的解决过程进行整理、完善、小结，教师给予必要的启发、指导、帮助，或者由教师作总结性的发言。这里应着重总结发现问题和解决问题的思路、方法，学生如果有不同的解法，可以进行比较，指出各自的优缺点。

（4）知识综合，形成系统

必要时可在问题解决后，将现有知识与以前学过的知识综合成一个较完整的知识系统，充实和改善原有的认知结构。

如：教学《商不变性质》

小白兔兄弟的广告："快来买烧饼啊！240元可以买40个！"小公鸡二姐妹的广告："优惠！优惠！烧饼批发，480元可以买80个！"小松鼠三兄弟的广告："特大优惠！4800元可批发烧饼800个！"小斑马四兄弟的广告："烧饼减价啦！60元可买10个！"小老虎五兄弟的广告："不惜血本大减价！24元可买4个烧饼！"

师边讲故事，边依次出示广告图（哪一家烧饼便宜，你就算哪一家烧饼的单价）。

生计算，汇报结果。

出示算式。

$240 \div 40 = 6$　　$480 \div 80 = 6$

$60 \div 10 = 6$　　$4800 \div 800 = 6$

24 ÷ 4 = 6

师：你发现了什么？（烧饼的单价都是6元）

算式设疑

这时，熊猫六兄弟又贴出了一张广告：“最最便宜！烧饼每个：

（24 ÷ 13）÷（4 ÷ 13）= ？（元）”

师：小白兔又急了，你会算吗？（学生困惑）

熊猫兄弟是用什么知识来吸引顾客的，你想知道吗？

师：观察算式，你发现了什么？（商不变，被除数和除数都变了……）

你想提什么问题？（被除数和除数是怎样变化的？被除数和除数的变化有什么规律？怎样找出被除数和除数的变化规律？今天学习的知识在生活中有什么用，……）

（设想：俗话说，良好的开端等于成功的一半。课始，利用多媒体课件，形象、直观地展示故事情境，快速吸引学生注意，立刻置学生于情境中、问题里，体现教师的组织作用；尤其在“算式设疑”中，引发学生在认知上的冲突，使学生欲罢不能，在学习行为中遇到障碍，从而提出数学问题，明确学习目标，起到目标定向的作用。）

**5. 数学教学中的探究法**

探究法是指教师概括地介绍一节课的内容和自学探究的路线图，提出一些思考题，启发学生思考，并鼓励学生提出问题，然后引导学生自学探究，诱发学生积极开展思维活动，让学生自己分析、论证，得出结论的方法。

探究法可根据教材内容的特点，通过以下两种形式进行：属于讲述概念和描述现象的内容，可用自学读书方式；属于观察、实验和推导论证的内容，可用探究的方式。

（1）自学探究

（2）重点讲授

教师根据学生自学探究的情况和所提出的问题，侧重讲授本教学单元的重点、难点和知识的内在联系；讲授获得结论的思维方法以及知识的起源、发展方向。重点讲授的目的，是让学生在自学探究的基础上将获得的知识提高一步，得到规律性的认识。

（3）综合训练

综合训练是让学生综合运用自己已经掌握的知识和思维方法，灵活地解决一些比较复杂的问题。这里重要的是根据学生的水平和本教学单元教学目的的要求，精心选择题目，合理安排训练程序，进行严格训练，以培养学生的能力。

（4）总结巩固

就是让学生对本单元的内容进行总结，让学生整理知识，整理方法，整理习题，使本单元的内容在他们的头脑中形成一个认知结构，从而达到巩固与提高的目的。与此同时，也可以让学生写一些学习心得，或阐明自己的见解，或把内容引申拓宽，或寻求新的结论和方法，也可以让学生写一些研究性的小论文。这种教学方法有利于培养学生的自学能力，有利于学生系统地掌握知识，发展智力，但要求教师有较高的水平和优良的素质。

如：用计数器探究课

课件出现 111111111 × 111111111 = ？请同学们用计算器完成这道题。

师：有的计算器无法显示结果了；有的计算器显示的结果也不知道是否正确。想想看，有办法解决 9 个 1 乘 9 个 1 这个问题吗？

情况一：学生知道结果，这时让学生说出思考过程。教师设问：你是怎样知道的？让学生说一说。

师：看样子同学们有想法了，把你们的想法先在小组内商量商量行吗？请看合作要求：

①先商量解决问题的办法，再用手中的学具合作完成，并把思

考过程记录在纸上；②分工明确：有操作、有记录、有检查；③注意：声音小、效率高、并养成合作完快速坐好的好习惯。

学生合作。

情况二：学生不知道结果，教师设问：孩子们想一想：计算器这么大的数是算不了了，咱们先想小点儿行吗？再想一想如果计算器帮不上忙，应用我们以前学过的知识能不能解决呢？（让学生思考）

师：看样子同学们有想法了，把你们的想法先在小组内商量商量行吗？

学生汇报方法。教师反馈（哪些小组采用的是这种方法）还有其他方法吗？

学生汇报，教师板书相应的思路。

思路一：$1\times1=1$

$11\times11=121$

$111\times111=12321$

$1111\times1111=1234321$

$111111111\times111111111=12345678987654321$

思路二：$111111111\times111111111=$

$11111111\times11111111=$

$1111111\times1111111=$

$111111\times111111=12345654321$

$11111\times11111=123454321$

$1111\times1111=1234321$

$111\times111=12321$

$11\times11=121$

$1\times1=1$

师：观察以上的算式的结果有什么特点？再观察结果与算式有什么关系？

生：答案好似对称型，因数是几个1相乘，乘积中最大的数字就是几，再返回到开始的数字。

师评价：同学们观察得很仔细，这种方法是遇到复杂的问题时，我们或者先一步步地退下去，或者退到最简单的地方，再一步步进，循着简单发现其中的奥秘，从而解决了复杂问题。（哪几个组采用的是这种方法）

师：再看竖式的方法：同学们用我们熟悉的竖式计算方法也可以解决这个问题，虽然麻烦一点儿，可是大家知道吗？从这个算式中我们也能发现一些小秘密。请大家结合竖式想一想：算式结果中最大的数字为什么是9？

$$\begin{array}{r} 11 \\ \times\ 11 \\ \hline 11 \\ +\ 11\phantom{1} \\ \hline 121 \end{array} \qquad \begin{array}{r} 111 \\ \times\ 111 \\ \hline 111 \\ 111\phantom{1} \\ +\ 111\phantom{11} \\ \hline 12321 \end{array} \qquad \begin{array}{r} 1111 \\ \times\ 1111 \\ \hline 1111 \\ 1111\phantom{1} \\ 1111\phantom{11} \\ +\ 1111\phantom{111} \\ \hline 1234321 \end{array}$$

生解答：教师课件演示。教师追问：如果是5个1乘5个1结果是多少？中间最大的数字为什么是5？

师评价：这种方法让大家看到了得到这个复杂结果的全过程，使我们做到了知其然更知其所以然。

总之，学生是学习的主体，教师要发挥主导作用，不再是向学生传授知识，而是为提高学生认识活动的积极性创造条件，培养学生独立的工作能力。具体地说，就是教师要着重创设问题情境，组织学习过程，掌握学习方向，帮助学生探究。要做到这几点，就要慎重地选择并制定满足学生不同需要的教学方法。

## （五）关注“学困生”，确保“达标”

新课程的改革同样为数学课堂的教学注入了活力。自主探究、合作学习、动手操作为学生提供了广阔的学习空间，尊重差异，满足学生的需要，为学生提供了展示的舞台，使学生的个性得到了张扬……然而，透过这精彩的课堂，我们也看到，在活跃的数学学习中有一些学生难以深入其中，小组合作更多的时候是以思维活跃的学生为中心，而个别反应较慢的学生，一直充当忠实的观众，有的陷入困顿的状态，甚至游离学习之外，还有的无所适从，影响课堂的组织纪律。像这样的“学困生”，在数学的学习中更需要教师的关注，更需要教师和同伴的具体指导与帮助。

**1. 对“学困生”形成的分析**

造成学生学习困难的原因是多方面的。有其个体内部的因素，也有家庭因素、社会因素、学校因素、教材因素、教学因素等。准确找到“学困生”形成的因素，有利于教师因材施教，有利于教师和学生对“学困生”的具体指导，即切合实际的帮助。

（1）“学困生”生理和心理因素的分析

学生在生理心理上客观存在差异，他们的智力水平及智力发展不一样。这就使得学习同样的内容时，有些学生学起来得心应手，而“学困生”却步履维艰，特别是对那些抽象的难理解的内容，他们的困难就更大。有些学生虽然智力水平并不低，但其中枢神经功能系统失常，造成上课注意力不集中，学得慢等问题。

语言失调是导致学习困难的一个重要因素。语言迟滞的学生，在获得基本学习技能以及对指导性语言理解上发生困难，导致独立阅读、合作交流、获得数学技能上的困难。

有限的记忆广度、注意时间短，即注意转移能力差。在理解对象间相互关系中，对信息进行分类，理解事件间联系和形成概念等方面的障碍，也是导致学习困难的原因。

另外，内心的焦虑、紧张、抑郁、寡欢、急躁等心理因素，也会影响学生的学习，导致学习困难。

（2）“学困生”性格、能力等因素的分析

在一个班级中，学生的学习动机是各种各样的。有的学生希望自己是一个出类拔萃的学生，能受到教师和学生的好评；有的学生想取得优异成绩，报答父母养育之恩；有的学生有远大理想，长大后报效祖国；有的学生希望自己考上一个好大学，以后有个好工作；有的学生没有学习动机，无明确的学习目标，学习不努力，没兴趣，学习上投入的时间、精力少，学习时不认真，没有学好最基础的知识，没有掌握最基本的学习方法，知识技能缺漏很多，客观上他们在学习时已不和其他同学在一条起跑线上，与其他同学的差距越来越大。我们分析“学困生”的学习动机，基本属于后一种。

“学困生”在班上的表现为：学习自主性、积极性差；反思自身学习的特点、纠正错误、自我控制能力薄弱；沉默寡言、不善与同学交流；自卑、情绪不稳、易躁动、自暴自弃。

（3）教学方面因素的分析

教学要满足不同学生的学习需要。常可见到，由于教学目标、教学内容、教学方法、评价标准、奖惩等方面的失当，给学生带来学习困难。

只强调了“学”而忽略了“教”。“学”让优秀的学生感受数学发现的乐趣，充分发挥自身的潜能，形成应用意识和创新意识，而忽略了“教”对于数学思维不很强的“学困生”来说，面对的是一节节赶不上学习节奏的课，一节节不能很好地领悟知识、消化知识的课；他们是多么需要老师和同学给自己一点建议和帮助呀！

用同样的学习要求，同样的监测标准去衡量水平参差不齐的学生。优秀的学生固然能从中品味到成功的愉悦，而那些“学困生”有的只是无尽的烦恼、羞愧、害怕，积极的学习也就失去了意义。

(4) 社会环境方面因素的分析

不良的社会环境，特别是不良的家庭学习环境，如家长对子女教育期望过高或过低，家庭教育方法、态度失当，缺少必要的文化氛围和学习条件等，都会影响学生的学习，导致学习的困难。又如感觉统合失调（感觉统合是指进入大脑的感觉刺激信息在中枢神经形成有效率的组合）是造成学习困难的重要原因之一。再有不良的师生关系、生生关系会造成不良的学习环境，从而给学生增添学习的困难。

**2. 对“学困生”的教学策略**

教师要尊重学生，热爱学生，关心学生，了解并理解他们，鼓励他们勤奋学习弥补其学习的不足，帮助他们取得成功。

(1) 了解“学困生”的认知特点

认知心理学的兴起，使人的高级心理活动过程，特别是思维与问题解决过程得到了深入研究。学习是一个建构过程，学生在这个建构过程中将学习内容或教师传授的知识转变为有用的技能，如解决问题的技能等。因此，在知识的获得、组织、编码方式上的差异以及问题解决技能获得上的差异，便成为优生与“学困生”学习成绩差异的重要原因。

在解决问题的过程中，优生能够唤起大量的相关知识，并能有效利用，而“学困生”不仅唤起的知识量少，也不能有效利用。“学困生”不能唤起知识，是因为不能激活解决问题相关的知识；或者“学困生”唤起了相关的知识，却不能有效地应用它，“学困生”掌握的知识是零散的。正像教育家乌申斯基所说，学生头脑里的知识如果像个乱七八糟的大仓库，主人在那里是什么东西也找不出来的。

成功的问题解决与高水平的加工活动紧密相连。优生在解决问题特别是较困难的问题时，会产生很多的加工活动；而“学困生”缺乏假设演绎的态度和能力，往往需做种种尝试。

学习并不仅仅是对所学材料的识别、加工和理解的认知过程，同时，也是对该过程进行积极监控、调节的元认知过程。在基础水平相同、学习能力不同的两类学生之间造成了学习能力差异的原因，是其元认知水平的不一致。

在关于认知的知识上，“学困生”有关问题解决技能的知识的精确性较差；在认知调节方面，“学困生”不能积极、准确地监控其问题解决活动。

（2）对“学困生”教学对策

针对“学困生”解决问题能力差，推理能力差，可采取以下对策：

给他们提供知识信息时，应及时给予知识建构的支架；

帮助他们把握知识的内在联系，应作练习的及时跟进；

指导他们掌握概念、原理的本质，应给予他们“形象”原型的支撑；

指导他们掌握学习策略和解题策略，及时地帮助学生归纳整理；

指导他们学会反思、监控自己的学习、思考过程，实行有效监控，必须落实到位；

综上所述，教学中加强对学生形象思维训练与逻辑思维训练应并重而行，借助形象材料，促进逻辑思维发展，使“学困生”看到自己的进步，树立自信。

为提高“学困生”的学习效果可采用以下教学策略：

使用“注意听”“看我”的话语，使学生保持注意力；提供重复练习的机会，并提高学生反应速度；加强刺激类化的学习；提供示范教学；配合手势的运用；利用增强原理，为学生的正确反应提供立即回馈；提供学生参与学习活动的机会，包括实际操作或口头反应；提供成功体验；重视学生的错误反应，直到完全正确为止，根据学生的精神状况和意愿，决定立即、改时或改日重教；实施精确教学，以精确的图表或记录，表示学生学习的进步，并作为评价的参考。

**3. 对“学困生”的教学原则**

尽管“学困生”千差万别，困难各不相同，但从对他们教学的角度，也有共同的一般原则可循。教学的实践证明，如果我们遵循这些原则进行教学，相信会使“学困生”有长足的学习进步。

(1) 引领发展原则

教师在课堂教学时除了面向全体学生以外，还要特别关注“学困生”，“学困生”的共同特征是学习成绩低下。针对他们学习的低水平，教师应遵循差异性教学原则，应为他们制定适度的挑战性教学目标，学习目标应处于每个“学困生”的最近发展区。当然各个学生的最近发展趋势不一样的，每个学生要实现自己的目标都不是轻而易举的，但也不是高不可攀的。按照引导发展原则，对“学困生”，既要教学具体内容，也要教学有一定思维难度的抽象内容；教学速度要因人而异、因内容而异。

小数乘法练习课——让学生进入思考的课堂

一、计算过后，你有什么思考——对全班学生的要求；计算每组题，看看积有什么变化——对“学困生”的要求描述。（有提示的意思）

2.8 × 1.2　　　2.8 × 0.9

2.6 × 3　　　2.6 × 0.1

4.8 × 0.7　　　4.8 × 1.6

积的变化：一个数乘大于1的数，积大于这个数；一个数乘小于1的数，积小于这个数。思考后给学生留下的不仅是积的变化，更重要的是小数乘法的一种估算的方法。

二、括号，看谁填得又对又多。（每个学生都有的可填）

(1) × (24) =24　　　(10) × (2.4) =24

(2) × (12) =24　　　(0.2) × (120) =24

( 3 ) × ( 8 ) =24　　( 0.03 ) × (800 ) =24

( 4 ) × ( 6 ) =24　　( 400 ) × (0.06 ) =24

……“学困生”可以填出因数是整数的乘法，全班可以填出因数是小数的乘法。通过横纵观察，大家都可以说出积不变的规律——一个因数扩大几倍，另一个因数就缩小几倍。(0 除外)

三、你能用几种方法计算 3.12 × 2.5 (“学困生”至少可以用竖式)

3.12 ×25
=3.12 × (10 ÷4)
=3.12 ÷4
=7.8

3.12 ×25
= (3.12 ÷4) × (2.5 ×4)
=0.78 ×10
=7.8

3.12 ×25
=4 ×0.78 ×2.5
=7.8

3.12 ×2.5
=3.12 ×2 +3.12 ×0.5
=6.24 +1.56
=7.8

3.12 ×2.5
=3 ×2.5 +0.1 ×2.5 +0.02 ×2.5
=7.5 +0.25 +0.05
=7.8

```
   3.12
 ×  2.5
 ------
   560
  624
 ------
  7.800
```

……

不同的计算方法汇集，勾起了学生对知识的回忆——乘法分配律、乘法结合律、积不变规律等，特别是对“学困生”的学习起到了帮助和促进的作用。

四、拓展练习，自主选择（尊重学生差异，满足每个学生的需求）

1. 97.5 ×2.4 +9.75 ×76

2. 72 ×2.09 −1.8 ×73.6

3. 45 ×2.08 +1.5 ×37.6

4. 34.5 ×76.5 −345 ×6.42 −123 ×1.45

5. 2.8 ×23.4 +11.1 ×57.6 +6.54 ×28

事实上，许多“学困生”还是有潜力的。按照布鲁姆的研究，除少数智力落后的学生外，95% 的学生学习差异均在行为习惯上，只要改善学习行为，应该有 95% 以上的学生成绩是优秀的和良好的。如果对“学困生”采取较慢的教学速度，只提供直观具体的教学内容，不提供抽象的教学资料，大多停留在识记、了解、领会的层次。这样的教学是不能促进“学困生”的学习发展。只有引导“学困生”不断地进行数学思考，才能保证“学困生”的充分发展。

（2）知情并重原则

学生在学习新内容时，不仅认知方面存在差异，通常在情感意志等方面也有不同。特别是“学困生”，学习的失败使他们对学习失去信心，对学习没有兴趣，甚至害怕和讨厌学习，缺少学习积极性。所以，教师在传授知识的同时，要用自己的激情去点燃学生学习的热情。让每一个学生都感到自己是被重视的、被关注的，使他们投入到主动学习的活动中来。哪怕是一次小小的成功，教师都要给他们极大的表扬，心理学家认为；人的行为都是强化的结果，成功地奖赏会使“学困生”产生喜悦的情绪，这种成功的喜悦又会转化为进一步学习的强大动力，激发他们强烈的求知欲望。

《约分》教学片断：“一直除到除不了为止”——刘争自信地说。

师：请同学们说出与$\frac{24}{48}$相等的分数。（生说师板书）

生 1：$\frac{5}{10}$，$\frac{8}{16}$，$\frac{50}{100}$，$\frac{48}{96}$，

生 2：$\frac{12}{24}$，$\frac{10}{20}$，$\frac{40}{80}$，$\frac{4}{8}$，

生 3：$\frac{3}{6}$，$\frac{2}{4}$，$\frac{1}{2}$，$\frac{35}{70}$，……学生还在争先恐后地说着。

板书：$\frac{1}{2}$，$\frac{2}{4}$，$\frac{3}{6}$，$\frac{4}{8}$，$\frac{5}{10}$，$\frac{8}{16}$，$\frac{10}{20}$，$\frac{12}{24}$，$\frac{35}{70}$，$\frac{40}{80}$，$\frac{48}{96}$，

$\frac{50}{100}$……

师：$\frac{1}{2}$前面你还能说出分子和分母都是自然数的分数吗？$\frac{1}{2}$后面你为什么能说出那么多个分子和分母都是自然数的分数呢？看到这一列分数你又知道了什么？

学生迅速地讨论开了，你一言我一语说得可热烈了。

生1：从左向右看分子分母都在扩大，从右向左看分子分母都在缩小。

生2：从左向右看分子乘几，分母就乘几，从右向左看分子除以几，分母就除以几。

生3：老师我补充，0必须除外；0与任何数相乘都得0，0作分母没意义。

听着同学的发言，有的点头表示同意；有的急忙说着："对、对""是、是"；还有的说："没错，没错"。

这时刘争急忙站起来说，"$\frac{1}{2}$的分子和分母没法再除了，所以它的前面没有分子和分母都是自然数的分数了。"同学们将掌声送给了他。"不简单呀，刘争！"，老师微笑着也向他竖起了大拇指。

师：又可以称之为什么分数呢——最简分数，学生异口同声地说。如何把一个分数化为最简分数？教师追问道。

刘争在座位上迅速把话接过来，"一直除到除不了为止"——刘争自信地说。

师：让我们的掌声更热烈些，再一次送给她。

刘争，一个班上的"学困生"，它的发言虽不够严谨，但要表达的意思基本正确，全班同学将这普通得再也没法普通的话记住了，这本身就是对刘争的最高奖赏。

师：请依据你们的发现，再想一想刘争说的话，将$\frac{92}{138}$化成最简分数。

生：$\frac{92}{138}=\frac{46}{69}=\frac{2}{3}$，全体学生都简化到$\frac{2}{3}$。

我们不难看出，每一个学生都需要教师的关怀，特别是“学困生”更需要老师和同学给他们的心理壮胆，给他们的精神“加钙”，给他们的意志添力，给他们的求索助威，给他们的努力呐喊，给他们的成功喝彩……让“学困生”的进步、提高与发展在春风化雨的鼓励、关注和赏识中实现，让“学困生”的进步、提高与发展在信心百倍的努力中实现。

（3）授之以法原则

教师在每一节课的教学过程中，应认真了解“学困生”的思考情况，了解他们学习困难所在，指导他们学会自我控制，集中注意力。由于“学困生”没有掌握好的知识较多，他们虽然在课上狠下工夫，但对每一节课的知识点理解和掌握起来也有一定的难度。因为，他们对学习的加工处于浅表层次，不能准确把握解决问题技能的知识，也不能及时调控并随之调节自己的认知加工过程。所以，教师不仅要引导“学困生”主动参与教学活动，更需要的是给予指导，授之以法。

《循环小数》教学片断：一句很有风趣的问话，将学生的思维活动再次推向高潮。

师：你知道循环小数是怎样产生的吗？它的家在哪里？想知道吗？

生：（异口同声）“想！”

师：出示：$2\div9=$　$3\div11=$　$5\div12=$　$1\div7=$

生：分组练习并写出竖式，发现特征——余数与循环节的关系。

学生一次又一次计算，当他们经过第三次第四次计算后，就不往下算了，他们发现了这种有趣的计算现象，并归纳成规律，每个人都露出自信的样子。

2 ÷ 9 = 0. 2；3 ÷ 11 = 0. 27；5 ÷ 12 = 0. 416；1 ÷ 7 = 0. 142857；

看着他们洋洋得意的样子，我追问道：知道了 2 ÷ 9 = 0. 2；想不想知道 1 ÷ 9 = 3 ÷ 9 = ……，知道了 3 ÷ 11 = 0. 27；想不想知道 1 ÷ 11 = 2 ÷ 11 = ……？

学生齐答。想。

学生又进入快速计算中，沙沙写字声传出来了，“老师我知道了”，4 ÷ 9 = 04 5 ÷ 9 = 05……“老师我也知道了”……

在与数学亲密的交流中，学生们时而惊讶，时而高喊，时而向往，时而赞叹。这难道不是一种快乐吗？对于学生来说，这是道亮丽的“风景线”。

1 ÷ 9 = 0. 1；2 ÷ 9 = 0. 2；3 ÷ 9 = 0. 3；4 ÷ 9 = 0. 4；5 ÷ 9 = 0. 5；6 ÷ 9 = 0. 6；7 ÷ 9 = 0. 7；8 ÷ 9 = 0. 8

1 ÷ 11 = 0. 09；2 ÷ 11 = 0. 18；3 ÷ 11 = 0. 27；4 ÷ 11 = 0. 36；5 ÷ 11 = 0. 45；6 ÷ 11 = 0. 54

7 ÷ 11 = 0. 63；8 ÷ 11 = 0. 72；9 ÷ 11 = 0. 81；10 ÷ 11 = 0. 90

这不仅仅是一种美，更为重要的是学生有了对数学学习的一份向往与热情。

“是不是所有除法算式都可以产生循环小数，请举例说明”。老师再次追问。

学生举例说明，教师板书。

- 小数
  - 有限小数
  - 无限小数
    - 无限不循环小数
    - 无限循环小数
      - 纯循环小数
      - 混循环小数

循环小数的认知结构，随着教学的进程在学生的心中建立起来。

（4）养成有效预习

预习是提高学习效率的重要一环，预习可以使学生有精力去考虑更深层次的问题。预习是课堂教学的前奏。

一是让学生初步了解教材内容，以便在上课时对教师教的内容有思想上的准备；

二是运用已有的知识技能，解决一些教材中能够独自解决的问题，同时又起到巩固旧知识的作用；

三是教材中自己不能解决的问题，带着问题听课，增强求知欲，激发学习兴趣。总之，预习是提高“学困生”学习效率的一个好办法。

通过预习，学生不仅能对要学的内容有一个总体的了解，初步把握教材的结构和线索，教师也可以掌握学生的实际，特别是“学困生”的学习状况。上课时就能做到因人而异，有的放矢的给予指导。

(5) 让“学困生”展示自己

教材中某些内容学生已掌握，这些内容，教师就可大胆放手，让“学困生”当小老师给同学们讲课。当“学困生”的角色发生变化时，他们常会因新鲜感而对学习产生极大的兴趣；还可以将一些问题的解决交给“学困生”。每个学生都希望展示自己，当他们走到教室前、站在讲台上时，当他们受到全班同学的关注时，主动学习也就成为必然。

如：《异分母分数加减法》教学片断：

师：看表格，你肯定能列出用加、减法解决问题的算式。（两数相加学生已掌握，两数相减要先对两个分数比大小，方可进行。这个问题，有意识的交给“学困生”完成）

| 迎迎 | 妮妮 | 欢欢 | 晶晶 | 贝贝 |
|---|---|---|---|---|
| $\frac{1}{4}$ | $\frac{1}{20}$ | $\frac{2}{5}$ | $\frac{1}{6}$ | $\frac{2}{15}$ |

生1：$\frac{1}{4}+\frac{1}{20}$　$\frac{1}{4}+\frac{2}{5}$　$\frac{1}{4}+\frac{1}{6}$　$\frac{1}{4}+\frac{2}{15}$

生2：$\frac{1}{20}+\frac{2}{5}$　$\frac{1}{20}+\frac{1}{6}$　$\frac{1}{20}+\frac{2}{15}$

生3：$\frac{2}{5}+\frac{1}{6}$　$\frac{2}{5}+\frac{2}{15}$　$\frac{1}{6}+\frac{2}{15}$

生4：$\frac{1}{4}+\frac{1}{20}+\frac{2}{5}$　$\frac{1}{4}+\frac{1}{20}+\frac{2}{5}+\frac{1}{6}$　$\frac{1}{20}+\frac{2}{5}+\frac{1}{6}+\frac{2}{15}$

……

师：生4用加法所解决的三个问题，你能换个角度来思考吗？（教师的提醒激活了学生的思维）

生5：$1-\frac{1}{6}-\frac{2}{15}$

生6：$1-\frac{2}{15}$　$1-\frac{1}{4}$

师：还能解决两数相差关系的问题吗？请同学们写在自己作业本上，然后两人再作交流。（这里两个分数的比大小是基础）

生反馈：$\frac{1}{4}-\frac{1}{20}$　$\frac{1}{4}-\frac{1}{6}$　$\frac{1}{4}-\frac{2}{15}$　$\frac{1}{6}-\frac{1}{20}$　$\frac{1}{6}-\frac{2}{15}$　$\frac{2}{5}-\frac{1}{4}$　$\frac{2}{5}-\frac{1}{6}$　$\frac{2}{5}-\frac{2}{15}$　$\frac{2}{5}-\frac{1}{20}$……

师：看着表格，你们写出了30多道分数加、减法的式题，也成了本节数学课的练习资源。你们不仅展示了自己，也帮助了老师。同学们高兴地计算着自己所提出的分数加、减法式题！

总之，改善“学困生”学习的状况，就要从细微处着手，帮助学生养成良好的学习习惯。教学中，教师要善于给“学困生”创造能解决问题的条件，适时引导。“学困生”变化，会使我们的课堂教学更生动、更精彩。

（6）强化数学思维

从数学语言的角度看，不同的表征方式表达了不同的数学语言。在数学学科中，文字语言、图形语言和符号语言三者相辅相成，它们既是数学知识的载体，也是数学思维的形式。尤其在儿童数学教育的启蒙阶段，创设多元的表征环境，帮助儿童从形象思维过渡到数学的抽象逻辑思维，不同的数学语言表达形式都是举足轻重、不可替代的。如在表达倍数关系时，可以用如下的三种语言表达：

文字语言：“鸭的只数是猴的 2 倍。”

图形语言（△代表猴，○代表鸭）： △△△

○○○ ○○○

符号语言：“$6 \div 3 = 2$”

由此可见，描述数学概念或关系时，图形语言的描述为文字语言或符号语言的描述提供了直观表象，是对现实世界或数量关系的一次抽象；符号语言是借助图形语言的直观对现实世界数量关系的再一次抽象；而文字语言能够明确界定图形语言或符号语言所描述的数学对象的意义与内涵，只有三者融会贯通，才能达到对数学概念的深入理解。而这一点在我引导学生深入理解分数的整个过程中体现得尤为明显。例如在理解分数的意义时，采用多元的表征方式，如正方形、线段等，引导学生用图形、语言与符号三种不同的数学语言来理解与表示分数，如：

文字语言：“我国陆地面积占世界陆地总面积的$\frac{1}{5}$”

图形语言：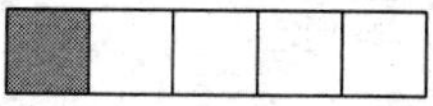（阴影部分）

符号语言：“$\frac{1}{5}$”

可以看出，在本节分数再认识的课堂教学过程中，我将图形语言作为发展学生抽象思维、理解和把握符号语言的扶梯；而符号语言同时也向学生展现了数学语言的简洁性。在这些不同数学语言的联系中，既加深学生对分数概念的深入理解，又潜在地向学生传达了数学语言表达的丰富性与简洁性，同时也为学生架起了从直观到抽象的桥梁。

在数学课堂的教学中对“学困生”的关注，对“学困生”的具体指导和帮助，还有待进一步探索与总结，我们应一同为此而继续努力。

## （六）多元差异评价，是学生发展的动力

教学评价，是课堂教学的重要组成部分，从某种程度上说，它影响着一堂课的教学效果。成功的课堂评价，关注的是学生的学习过程，关注的是学生学习情感中的喜怒哀乐，它发挥其特有的导向作用和激励功能；成功的课堂评价，能让学生在认识自我、完善自我的同时，积极接纳他人、学习他人，分享合作的快乐；成功的课堂评价，会促进学生潜能、个性、创造性地发挥，使每一个学生具有自信心和持续的发展能力。

**1. 多元差异评价的必然**

教育评价是根据教育目标及其有关标准，对教育活动进行系统的调查，确定其价值和优缺点并据此予以调整的过程。教学评价是依据一定的教学目标和标准，对学生的学和教师的教进行系统的调查，并评定其价值的优缺点以求改进的过程。

教学评价可分为：诊断性评价、形成性评价、终结性评价、相对性评价、绝对性评价等等。

教学评价可以为学生提供有益的反馈，只有将评价与反馈结合起来，才能更有效地识别学生的强项和弱项，达到提高教学效果的目的。有益的教师反馈应该是具体的、具有描述性的，更要及时。要告诉学生，他们对问题的看法为什么是正确的或者为什么是错误的，他们的优势所在，教会学生如何学习，如何思考，如何尽可能地在更多方面展现自己的才智。

学生的智能是多元差异的，对学生的评价自然也应该是多元差异的，采用多元差异的评价方式，能够体现出评价的激励功能和反

馈功能，有利于学生的发展。每位学生都是独一无二的，教学和测验必须个别化和多元化。

**2. 多元差异评价的内容**

社会的发展需要的是知识、能力、情感、心理素质等多方面全面发展的学生，我们必须改变单一评价学生学习结果的现状，努力拓宽评价的内容，既要关注学生知识技能的理解和掌握，又要重视对学生发现问题和解决问题能力的评价，还要关注他们的情感与态度、价值观的形成和发展，实现评价内容多元化。

（1）对学生知识技能的差异评价

在课堂教学中，由于学生的个体差异，在质疑问题、探索发现、合作交流时，对事实、技能和概念的把握不尽相同。语言表述时，有的同学恰到好处，我会及时表扬；有的同学思路不够清晰，我会及时鼓励，为其树立自信；有的回答错误，我会送去“失败是成功之母”祝福，合乎学生积极参与的精神；还有的不发言，我也总能送给他们鼓励的目光和语言，增强他们的信心，消除他们的畏惧心理，并且创造机会让他们发言。

如：教学《循环小数》片断

师：孩子们，请你们认真观察，你会发掘更多有趣的知识。

老师激情的语言，将孩子们的思维又一次推向深入，学生默默地思考，教室里一片安静。

师：“$0.\dot{1}\dot{8}$ 的第 100 位的数字是几，第 1001 位呢？”一句话打破了教室的安静。

生 1：第 100 位是 8，第 1001 位是 1。

师：你的答案非常正确，将你的思考方法大声地介绍给同学，同学们都在等待着你精彩的发言。

生 2：只要是偶数位上的数字都是 8，奇数位上的数字都是 1。

师：“多么有水平的概括”让同学易记，让大家惊喜。

师：前100位数字之和呢？

学生：脱口而出：（1+8）×（100÷2）=450

师：会观察加会思考就等于智慧。请带着你们的智慧走进0.142857。

师：$0.\dot{1}4285\dot{7}$ 第100位是几？前100位数字和是几？这两个问题抛给了学生。

这时我发现了一只高高举起的手，这只手是我在课上叫了三次都没发言的学生，而此时他主动地高高举起手，他用了最简便的方法得出结论：100÷6=16…4；$0.\dot{1}4285\dot{7}$ 的第100位是8。“看来你是个追求完美的孩子，有了把握才肯说，我要向你学习，”他高兴地笑着，全班也响起了热烈的掌声。

课后，这个学生在日记中写道：“我爱数学，因为他能使我的大脑变得更加灵活，我爱数学，因为它给我带来无穷的乐趣！”

在教学过程中，在师生交往、生生交流中，学生对现有基础知识的理解以及思维过程都会有一个真实的自然流露，这是全面反映学生学习情况的最好机会，这时的评价真实有效。教师可对这个过程中学生各方面的表现作出适合每个人的评价，该表扬的及时给予表扬，同时注意对“学困生”的学习过程评价要重在鼓励。

（2）对学生学习过程能力的差异评价

能力评价是指对学生学习过程中所表现出来的运算能力、空间想象能力、操作能力、推理能力、提出问题、分析和解决问题等能力的评价。教师要明确的是：不能让评价成为对学生的甄别过程，而是将评价与课程、教学相结合，成为促进学生发展的教育手段。要能通过评价为学生提供有益的反馈，提醒学生了解自己的长项和弱项，有意识地弥补不足。使学生的能力或多或少地得到提高。学生是不断发展、不断进步的个体，教师在与学生交流的过程中，要善于捕捉学生思维的闪光点，适时地对其能力做出评价。

教师评价时要注意把握尺度，不能要求每一个学生在学完某一单元或某一内容后立即达到目标与技能的积累，要逐步达到目标。这样，才是尊重了学生的个性差异，保护学生的自尊心和自信心。如："你观察得真仔细"，"你的手真巧"，"你的思考越来越深刻"，"你做对了3道题，老师也很满意。"……

改进对学生作业的评价。学生即便认认真真地写作业，也难免会发生一些错误。口头作业的错误，让学生间互相纠正；笔答作业的错误，要求学生及时改正，不打"×"，大力表扬第一遍做对的学生，鼓励及时改错的学生，帮助辅导学困生。

学生的能力有高低之分，而对学生的评价没有高低之分。

（3）对学生情感态度的差异评价

在教学中，我们要特别注重学生在学习过程中，有没有积极主动地投入到学习活动中，是否乐意与小伙伴合作，参与活动的态度是否认真、积极、主动，我会积极及时给予鼓励性的评价。

如：教学《周长计算》

我把印有12个平面图形的练习发给了4人结合的每一个小组，用计时的手段，开展看哪一个组平面图形的周长算得又多又快的比赛活动。我对学生所使用的简洁方法、技巧方法、分类计算的方法以及同学间的思维互助作为标准，来衡量学生"作品"的质量。学生在计算的过程中认真努力，不断完善自己的作品，反复同组员进行探讨，那么他将得到"加分"鼓励——送上一个组合图形的周长。不以作品论作品，而是注重学生多方面的表现，根据作品把学生的操作过程、解决问题的思路及通过作品反映出来的学生的思维品质、个性及潜在的能力作出全面评价，赏识学生体现出的优秀品质——让学生在被教师赏识中、在不断获取的成功中养成自信。

（4）对学生非智力因素的差异评价

非智力心理因素的评价是指对学习过程中学生所表现出来的对数学学习的兴趣、情感、意志、动机、习惯等各种因素的评价。非智力心理因素对个体学习起动力、定向、引导、维持、调节、强化等作用。在学习过程中，教师必须对学生的非智力因素进行适当评价，以此调动学生的认识活动和思维活动的积极性。

如：某学生歌唱得好，我会在上课之前让他给学生唱一支歌。

某学生古诗背得好，我会在上课之前让他给学生背首古诗。

某学生口算特别好，我会在上课之前让他与同学进行比赛。

某学生有进步，我会让他做数学课代表。

有时我也会说："你的歌唱得好，你的数学学习也一定会好，努力吧！"

调动学生的非智力因素，意在找到每一个学生自己的"长板"，用他的"长板"补他的"短板"，教学实践证明，学生的认识活动和思维活动的积极性非常高。

**3. 多元差异评价的形式**

（1）教师评价学生

教师评价学生，可包含评价学生的学习方法，评价学生的个性特点。通过老师的评价，为学生评出学习的动力，评出学习的积极性。在课上我经常这样评价学生："你说得非常好""你的想法很独特""你的解法与众不同""你回答得很正确，如果声音能再大一点就更好了""不要怕，大胆地说，把你的想法说出来"……老师说的每一句话都是真诚的，是以鼓励为主的，学生在老师的真诚鼓励下，学习动机大大增强。

（2）学生评价老师

对小学生来说，要对教师进行评价，不仅需要扎实的数学基础知识，而且需要极大的勇气。诚然，这种评价能充分体现学生的能力，更是学生思维的一次飞跃，值得倡导。如求图中阴影部分的面积。

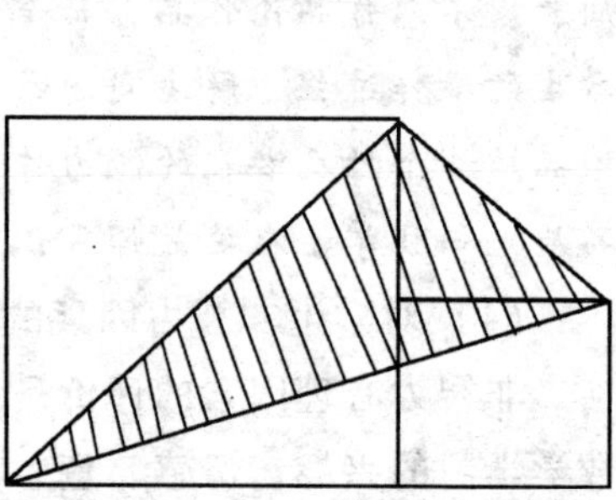

学生出现如下几种方法：

8×8+4×4+4×（8-4）÷2-8×8÷2-（8+4）×4÷2=32（平方厘米）

8×8÷2+（4+8）×4÷2-（8+4）×4÷2=32（平方厘米）

（8+4）×8-8×8÷2-（4+8）×4÷2-4×4÷2=32（平方厘米）

（4+8+4）×8÷2-（4+8）×4÷2-4×4÷2=32（平方厘米）

待学生分别解释了自己的算法后，我在黑板上写了一种算法：

8×8÷2=32（平方厘米）并请学生对此种方法进行评价，“你们觉得老师这种方法怎样？”

学生纷纷发表意见：

有的说：“老师解法简洁”；

有的说：“这种解法的数据巧合”；

有的说：“老师的解法没有依据”；

还有的对老师的解法做出分析，指着图说，“下面空白部分三角形面积与右边大梯形面积相等，而右下小梯形面积是两图形的公共部分，所以剩下的面积相等，阴影部分的面积就是大正方形面积的一半，即：8×8÷2=32（平方厘米）。”

听着学生的分析，我投去赞美的目光。

通过学生对教师解法的评价，学生的思维得到发展，胆量得到锻炼，能力得到提升。

（3）学生评价学生

学生评价学生，是学生之间的互评。为同学评出优点，评出希望，指出建议。在应用题的一题多解，计算题的一题多算时，要不失时机地引导学生互评。如：教学《相遇问题》我出示了一道题：

客车和货车同时从甲、乙两地相向开出，客车每小时行 60 千米，货车每小时行 50 千米，4 小时后两车相距 40 千米。甲、乙两地的路程是多少千米？

生①：$60\times4+50\times4+40=480$（千米）

生②：$(60+50)\times4+40=480$（千米）

生③：$(60+50)\times4-40=400$（千米）

面对学生的不同解法，我及时引导学生互评。同学们对前两种解法没有意见，而对第三位同学的解法产生了争议：

有的说这种解法是错误的；

有的说这种解法有道理，“如果两车经过 4 小时行驶已相遇且又多行 40 千米，那么两地路程就应该是两车 4 小时行的路程减去 40 千米。”

经过同学们的互评，学生审题更认真了，考虑问题更全面了，思维也更开放了。一道很普通的行程问题，经过同学们的思考变成了一道别有一番含义的开放题。

（4）自己评价自己

在课堂上，当学生有了独特的思维、有了创新的解法，我常常引导学生自己评价自己，为自己评出不足，评出能力，评出自信。

如：教学《平行四边形的面积》

在归纳平行四边形面积的计算时：

有的学生说，“我猜测用剪、拼的方法可以找到平行四边形面积的计算方法，结果我真的找到了，我特别高兴。”

有的学生说，“我认为把长方形变成平行四边形，这时的平行四边形面积一定比原长方形的面积小，通过验证，我的猜测是正确的，我觉得我还行。”

有的说：“剪、拼必须沿高剪开，否则，就不能拼成长方形。我们小组第一次剪时没有沿高剪，结果没有拼出长方形，我们就没有找到计算平行四边形面积的计算方法，我们迅速改正，沿高再剪，成功了。我们想，一次失败不可怕，要及时改正，就能找到计算平行四边形面积的计算方法。”

有的说：“我虽然通过看书知道了平行四边形的面积计算是用‘底×高’，但我对为什么这样算并不明白，通过同学们的解释我清楚了。”

多好的想法！我想，课堂上做到适时地引导学生自己评价自己，发现自己的优点与不足，对激发学生的探究欲望、思维能力的培养以及个性的发展是大有益处的。

**4. 多元差异评价的方法**

差异评价是为教学服务的。如何使评价成为学生发展的动力，只有掌握更多实用的评价方法，才能全面了解学生；只有用最自然的方式让学生学到知识，才能促进学生的进步。

（1）教师评价与生生评价的结合

教师评价是一种最经常、最普遍的评价方式，即在学生发表了见解之后，教师对观点给予直接评价，以促进他们进一步的思考。这种评价过程体现了教师的主导作用，能够帮助学生很快地领悟问题的实质，抓住问题的关键。学生评价表达的是同伴的观点，更能引起每个学生的注意，当赞赏某一个学生的思维火花时，就点燃了自己与其他学生的思维火炬，因为每一个学生都有表现的欲望，成功的欲望以及被欣赏的需求。所以说，教师与生生的真诚评价能引起学生心灵的震撼，更能激起学生思维的活力，使学生在课堂教学中不断调整自己的学习状态，有意识地改正不足，发扬长处，树立自信，最终建立自信——我能行。

如：教学《加法交换律、结合律》

检查读书自学——感悟发现规律。

（大胆地让学生运用自己的知识与技能，读书自学。这是将学生推到主动自学探究知识的主体地位，着意于培养学生的尝试精神和自学能力。）

师说：“你们用自己的心默默地与书进行对话，用自己手中的笔与每道习题进行交流，通过对话与交流，我相信你们会读懂很多很多……”

生1：我知道了加法交换律。

生2：我知道了加法结合律。

生3：我知道了交换律可以用 a + b = b + a 表示

生4：迫不及待地站起来，老师，我知道加法结合律。用（a + b） + c = a + （b + c）表示（他轻松而自信的回答）。

师：你们太会读书了。读书使你们会了那么多的知识，我真佩服你们呀！读书时，谁还有哪些不明白、不清楚的问题？

生：320 + （28 + 43）可不可以这样计算①（320 + 28） + 43 ②300 + 20 + 20 + 40 + 8 + 3

师：请你问问旁边的同学，走下座位再问问其他组的同学，（老师用疑惑的目光看着同学说）行吗？

生1答：行。

生2、生3……齐答：通过计算结果一样，说明可以。

这时有问题的学生已点头微笑了。

（2）认知评价与情感评价的结合

课堂学习中不管哪方面的提高都离不开知识体系，缺少“知识”这个载体，其他方面的能力也就无从谈起。因此课堂评价，要做到知识评价不放松，情感态度要跟进，更多的是鼓励学生在学习过程中表现出来的努力程度。拿出自老师肺腑的鼓励的话，沟通了师生之间的理解与情感。学生把老师的鼓励化作学习的行动，师生双方都乐于接受对方的信息，师生之间情感相互促进。这样，学生在课堂上得到的不仅仅是知识，而是人际交往、协调合作的个性品质的培养。

如：教学《加法交换律、结合律》

师问：谁特别想举例表示加法交换律呢？

生1：1 + 2 = 2 + 1

生 2：35 + 45 = 45 + 35

生 3：105 + 251 = 251 + 105

生 4：1000 + 2000 = 2000 + 1000

师说：这四个等式的和不一样，但有一个共同的地方，快看，谁发现了？两个人先说说。

生 1：两个加数交换位置，得数一样。“对吗”，学生点头。

生 2：两个数相加，交换加数的位置，它们的和不变。用字母表示：a + b = b + a

师：“太精彩了，你表述得真准确”，学生非常得意。

师走到学生中，“像这样的等式，谁还能说？”学生一个一个地说下去，“快说，加快速度地说，一共可以说出多少个这样的等式。”同学们异口同声笑着说“无数个”。

师：“对于具有这样普遍性的特点，又可以写出这样无数个等式，你能不能用一个既概括又简洁的方式表示。”——等待、思考。

学生们交头接耳，生 1、生 2、生 3……：“a + b = b + a ”

在他们说完字母所表示的公式后，大部分学生都纷纷举手表示赞成，显然该表示方法是正确的。我在肯定了他们用字母表示的方法和他们积极发言善于思考问题的同时，带头鼓起了掌，教室里也顿时想起了一阵热烈的掌声。这节课之后，我发现该学生的学习更积极、更自信，成绩也在逐渐提高，班里不少学生在考虑问题时也比较深入和全面了。

（3）及时评价和延时评价的结合

（4）过程评价与结果评价相结合

在教学中，我坚持在每节课结束之前要求学生对本节课学习的效果和学习过程中的表现进行自评和互评。评价主要从以下四个方面进行：

课堂练习的正确率；

解题的方法、思路与速度；

参与教学活动的情况——能否认真听讲，能否积极举手发言，能否积极与同学合作、共同探究新知识，是否敢于提出问题、发表见解等。

学习数学的情感——是否有浓厚的学习数学的兴趣，能否保持良好的学习状态等。

通过对学生学习过程和结果的评价，逐步培养学生学习数学的情感和习惯，提高学生学习数学的能力和信心，促进学生的主动发展。

总之，多元差异评价是一门复杂的课堂教学艺术，需要我们在树立正确的评价观的基础上，根据具体的情况和教学的具体需要，辩证地制定差异评价策略，灵活地运用差异评价方法，不断地进行优化，才能更好地实现促进学生的全面发展。

## （七）精心编制充满智慧的数学习题

数学作业是数学学习的重要组成部分，是学生进一步理解数学知识、形成技能技巧、培养积极的情感和态度、获得深层次发展的有效途径。同时也是学生彰显个性的舞台、师生沟通的桥梁。

数学学习的内容是现实的，是有意义和富有挑战性的，数学作业作为数学教学的拓展和延伸，也应充满智慧和挑战。要想做到这一点，教师就要深入钻研教材，挖掘隐藏在教学内容中的数学思想，精心设计数学作业，力求突出“六性”和“六渗透”。

**1. 数学作业，力求突出“六性”**

**（1）现实性**

作业要力求贴近生活，这样有利于激发学生已有的生活经验，让学生在作业中体验数学自身的魅力，从而减轻学生学习的枯燥心理，培养学生对数学的情感和应用数学的能力。

教五年级学生对分数再认识时，考虑到小学阶段学生思维能力还处在具体思维阶段，他们对于分数这样抽象的概念，即使学过，概念也不是那么清楚，因此我在进行作业设计时，结合现实生活中分数概念无处不在的实际，采取了还原生活场景的方法，并作适当延伸，让学生在熟悉的生活中再认识分数的相关概念。如题：

1. 又到课外活动的时间了，看同学们玩得多开心，跑步的占全班的$\frac{1}{4}$，跳绳的占全班的$\frac{2}{8}$，踢球的占全班的$\frac{3}{12}$，跳高的占全班的$\frac{4}{16}$。

（1）说一说各分数的含义。

（2）想一想，会发现什么？

2. 小刚、小明和小林跑同样长的一条路，他们分别跑完全程的$\frac{1}{3}$、$\frac{2}{3}$和$\frac{5}{6}$，你能在直线上表示出来吗？

起点 ———————————————— 终点

3. 老师把12根条绳平均分给了跳绳的两个小组，每个小组分到的跳绳是跳绳总数的几分之几，其中一根跳绳是跳绳总数的几分之几？

4. 老师将4块蛋糕平均分给了3个人，每个人分到了多少块呢？

题目设计贴近现实，熟悉的生活场景，使学生很容易找到做题的突破点，轻松地掌握分数的相关概念，加深对分数的再认识。

**（2）趣味性**

小学生的好奇心比较强，他们对枯燥的计算和纯文字的应用题兴趣不大。要想让学生对数学产生兴趣，数学题目必须新鲜、好玩、有趣，学生才愿意动脑筋。

四年级小数比大小一课，我在编排作业时，尽可能地提供内容有趣的题目，打破常规的两个数比大小的枯燥形式，设计了有趣的扑克牌游戏。

如题扑克牌游戏。（深入理解并熟练掌握小数大小的比较方法）

每张扑克牌背后是 1 ~9 当中的一个，现在这些扑克牌组成的两个数谁大谁小呢？

如果让小数点参加进来又会怎样呢？

右边数的小数点由你支配，两个数的大小出现什么情况呢？

这个游戏，全体学生都喜欢参与，每一个学生积极思考，个个争着发言，气氛十分活跃。学生在玩中不仅进行了小数的比大小，而且还复习了整数的比大小，学生真是乐此不疲。

**（3）差异性**

由于每个学生的知识水平不同，对同一问题的理解和把握也不相同，教师编制作业时，要兼顾学生间存在的差异，允许学生自主选择题目，满足多样化的学习需求。

**（4）探究性**

以灵活的方式编制题型，让学生独立探索，多向思考。这种题型的设计，为学生提供了充分施展才华的机会，不仅培养了学生的自主探究的能力，还提高了学生的数学语言表达能力。

在四年级数的运算找规律中，我力求帮助学生养成认真思考的好习惯，让学生学会探究的方法，并能总结规律。学生经过自己的探索后，不仅“知其然”，而且“知其所以然”。对于算式规律的探索，我做了如下这样的设计。

①算一算

$1+121\times 9$　　$2+232\times 9$　　$3+343\times 9$　　$4+454\times 9$

我发现了什么____________________

| | |
|---|---|
| ②37×3=111 | 13×7=91 |
| 37×6=222 | 13×14=182 |
| 37×9=333 | 13×28=（　　） |
| 37×（　　）=444 | 13×35=（　　） |
| 37×（　　）=555 | 13×42=（　　） |
| 37×（　　）=666 | 13×49=（　　） |
| 37×（　　）=777 | |
| 37×（　　）=（　　） | 13×（　　）=（　　） |

③拓展延伸，发现和、积、差的不变性

商的不变性：$a \div b$

$= (a \div n) \div (b \div n)$

$= (a \times n) \div (b \times n)$

| 积不变 | 和不变 | 差不变 |
|---|---|---|
| 6×8=48 | 7+8=15 | 15-5=10 |
| 3×16=48 | 1+14=15 | 14-4+10 |
| 2×24=48 | 2+13=15 | 12-2=10 |

用字母表示积、和、差的不变性

这样的习题练习，是学生在计算中，认识到数学的规律美，体会其中蕴含的数学推理。他们个个主动学习，兴趣盎然，开拓了算法多样化的途径。

**（5）开放型**

数学作业要有开放性，教师应挖掘数学思想方法，引进一些具有现实意义、思考价值的开放题——条件开放题、问题开放题、结论开放题及一题多解。允许学生根据自己的认知水平和生活经验作出不同的解答，给学生的创新思维创设一个更广泛的空间。

如在教学“单式折线统计图”时，我让学生课前读图解意，获取信息，概括特点。阅读折线统计图是学生自主获取知识的一种学习过程，它不仅是读的过程，而且是动口、动手、动脑有机结合、统一协调的过程。在这个过程中，教师把学习的主动权交给学生，放手让学生去读、去发现、去交流，给予了学生思考的空间。学生借助已有的条形统计图的知识和经验，将折线统计图的新知识纳入原有的知识体系，完成了折线统计图作用及特点的构建。

① 读图解意。引导学生能对教师（教材）提供的信息做出分析，理解把生活化问题转化成数学问题的过程，形成初步的信息认读能力、分析能力与处理信息合理预测的能力。

② 获取信息。引领学生应用一定的决策解决一些简单实际问题，形成初步的策略意识（如根据数据变化的趋势才能做出科学、合理、符合实际的预测等）。

学生的学习方式：

对于图 1，学生经过独立看图，搜集相关信息后进行组内交流，得出进一步的全面认识，最终以组为单位进行汇报。

对于图 2，在学生有了阅读图 1 的经验之后，让学生采取独立读图，并简答，然后汇报的方式。

③ 概括特点。在学生完成对两幅图的理解后，教师对学生进行引导：你们是不是对折线统计图又有了进一步的认识？能说说它有什么特点吗？(图略)

（根据学生理解的情况决定是否需要安排小组互相说说）

a. 看图，说说小玲每隔（　　　）小时测量一次气温？

b. 这一天从 8：00 时到 16：00 时的气温从总体上说是如何变化的？

c. 你还能提出什么问题？

d. 小玲锻炼中哪一阶段成绩提高最快？哪一阶段成绩提高比较缓慢？分析其原因。

e. 估计小玲第 8 天的成绩约是多少，达到每分 135 个大约是在第几天？

教师把思维时空留给了学生，学生展开思维的翅膀尽情地想

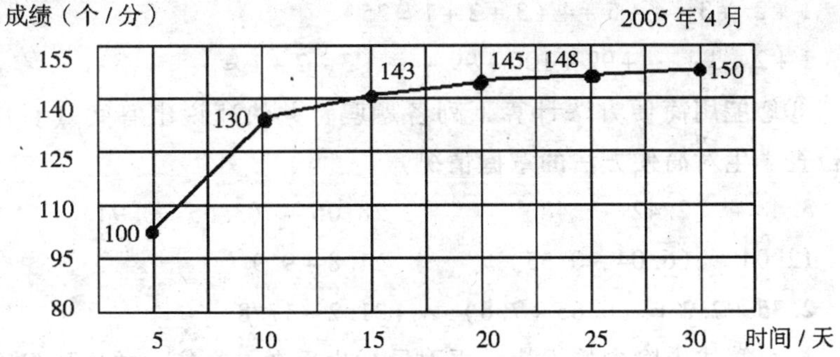


图2　小玲跳绳锻炼成绩统计图

象，形成了数学的思想，掌握了数学方法，扩宽了解题策略。经过训练，学生遇到这样的题就能从不同的角度思考，形成数学思考的好习惯。

**（6）提升性**

促进学生情感、态度、价值观的不断升华，是数学所追求的目标。要达到这种多维目标，就需要使学生在获取数学知识的同时能够增长见识，满足成长的多方面需要。

**2. 数学思想做到“六渗透”**

**（1）渗透化归思想**

化归思想是指把要解决的数学问题转化成已经解决或容易解决的问题的思维方式，根据已有的知识、经验，通过观察、比较沟通新旧知识间的联系，达到化新为旧、化难为易，从而解决问题。

①用多种方法计算，感悟计算方法之美。

$1+3+5+7+9+11+13+15+17+19=$

$2+4+6+8+10+12+14+16+18+20=$

②发现新规律运用新规律（感悟数学计算之妙）。

$1+2+1=4$

$1+2+3+2+1=9$

$1+2+3+4+3+2+1=16$

1 +2 +3 +4 +5 +4 +3 +2 +1 =25

1 +2 +3 + … +99 +100 +99 + … +3 +2 +1 =

③您能用简便方法计算下列各题吗？并快速说出答案（目前是检查学生对简便方法的掌握情况）。

3.48 + （2.42 -1.48）　　28.06 - （3.65 -0.94）

12.04 - （6.04 -0.55）　　11.8 +9.9

2.35 +2.2 + （0.65 +7.8）　　31.2 -17.8

探究算式中隐含的规律，再引导学生思考与交流，并应用发现的算式规律，使学生感受数学规律的应用价值。

**（2）渗透数形结合思想**

数形结合思想就是沟通（数量关系）与形（空间图形）的联系来形成数学概念或寻找解决问题途径的思维方式。通过数形结合达到解决问题的策略。

在教学分数的意义时，我力求用数与形的结合，让学生去发现问题、解决问题，从而认识分数意义。

如题：每人1块糖，够不够？

糖分别装在4个不同的口袋里，每个口袋里的糖的数量都不一样，袋子上贴有不同的图形，图形里藏着问题，如果想知道里面装有多少块糖，必须先要回答对这个问题。老师请上4位同学代表，分别拿着4个口袋上讲台。老师对第一个学生说：请你拿出跟红色部分所表示的数字同样多的糖。老师悄悄告诉他：请你拿出3块。然后依次让后面的3个同学分别拿出与涂色部分所表示的数字同样多的糖，老师悄悄地告诉他们：请你们每人也拿出3块。

老师没有直接告诉他们3块糖所对应的分数是几，而是需要学生从图中先读出分数，这时老师指着第一个袋子可以这样问学生：谁知道他拿的糖是这个袋子的几分之几？依次问完其他三个袋子上的分数。这种数与图形的结合，直观形象，有利于照顾全体，让每一层次的学生都有所发展，特别是让那些理解能力差的学生思维上够得着，不至于看热闹。

比如有的同学可能会这样算：$\frac{1}{2}$是3块，图形里有2个$\frac{1}{2}$，就是6块，所以第一个袋子里有6块糖。依此类推。

而有的学生可能这样算：$\frac{1}{2}$占图形中两份中的1份，1份是3块，2分就是6块，依此类推。

最后学生通过计算，得出每人1块够不够的结论。

让三年级的学生借助直观图形深化对分数意义的理解，进一步体会数与图形结合的思想。

**（3）渗透符号化思想**

符号化思想是用数字、字母、图形等数学符号来表示数量关系的思维方式。

学生数感的建立不是一蹴而就的，是在学习过程中逐步体验而建立起来的。在五年级用字母表示数教学时，我十分注意渗透符号化思想培养学生的符号感。提供让学生经历“具体事物—符号化表示—数学的表示”这一逐步符号化、形式化的过程。如下题：

| 小明年龄（岁） | 10 | 11 | 12 | 15 | 20 | … | |
|---|---|---|---|---|---|---|---|
| 妈妈年龄（岁） | 38 | | | | | … | |

| 图形 | △ | □ | ⬠ | ⬡ | … | N边形 |
|---|---|---|---|---|---|---|
| 内角和 | 180° | | | | … | |

你能用字母表示下面图形阴影的面积吗？

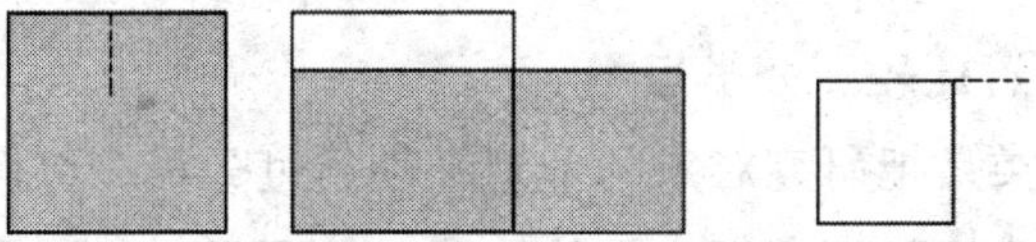

通过上述练习，学生从具体的情景中抽象出数量关系和变化规

律，体验符号化的优越性，同时也深入理解了数量之间的关系。

**（4）渗透等量代换的思想**

等量代换的思想是用一个等量代替与它相等等量的思维方式，它是基本的数学思想方法之一，也是代数思想的基础。

理解数量之间的等量关系，用方程的方法解决实际问题，学生会觉得方便易行。在教学完方程后，我通常让学生用代数的方法解题。

用 X 表示要求的数，解答下面各题。

1. 果园里梨树的棵数是苹果树的 2 倍，有梨树 56 棵，有苹果树多少棵？

$2x=56$

2. 一块正方形草地，周长是 64 米，它的边长是多少米？

$4a=64$

3. 电视机厂去年生产彩色电视机 7580 台，比前年多生产 1950 台，前年生产多少台？

$X+1950=7580$

4. 某市今年植树 220 万株，是前年的 2 倍，前年植树多少万株？

$2x=220$

5. $(11+12+13)\times(19+23+14)-(12+13)\times(11+19+23+24)$

这些习题向学生渗透了数学中的代数思想，帮助学生理清了数量之间的关系，练习的设计也是由浅入深，循序渐进，学生做得轻松，学得愉快。

**（5）渗透比较、分类思想**

比较分类是把研究对象的个别属性通过分析、综合、抽象和概括等思维方式来确定它们之间的异同，从而得到一定规律的数学思想。通过比较、分类，要善于发现新的问题，善于开发思考的新角度，善于寻找新的联系，比出新意，分出能力。

按要求填数——关注学生的差异，设计有层次的练习。

1. 624 ÷ 6，先说出商是（　　）位数。

2. □24 ÷ 6，当商是三位数时，□里可填（　　），当商是两位数时，□里可填（　　）。

3. 70□ ÷ 5 = 14□，如果商末尾是 0，没有余数，被除数中□可以填（　　）。

如果商末尾不是 0，被除数中□可以填（　　），那么商的个位是（　　）。

1. 设 $A=\frac{39}{70}$，$B=\frac{393837}{707172}$，比较大小。（让学生充分体会还是不通分为好）

2. $\frac{10}{100}+\frac{10}{101}+\frac{10}{102}+\frac{10}{103}+\cdots+\frac{10}{110}=\frac{\square}{\square}$的整数部分是几？——拓展延伸学生所学的知识。

缩小：$\frac{10}{110}+\frac{10}{110}+\frac{10}{110}+\frac{10}{110}+\cdots+\frac{10}{110}=1$（11 个）

放大：$\frac{10}{100}+\frac{10}{100}+\frac{10}{100}+\frac{10}{100}+\cdots+\frac{10}{100}=\frac{11}{10}$（11 个）

**（6）渗透集合思想**

集合是数学的基础知识，集合思想是数学学习的很好工具，用集合思想解决问题可以直观、简单和明了。

五年级的数的整除，学生在计算的基础上体验了什么是整除，什么是除尽，什么是除不尽。但集合思想可以使学生更清楚、更直观地了解整除、除尽和除不尽之间的关系。所以教学后，我设计了用集合圈的练习形式，总结、概括数的整除这部分知识。

根据所学知识，按照“除尽”、“除不尽”和“整除”给下面除法算式分分类。（填在下面圆圈里）

① 12 ÷ 2 =　　　　　　　　② 6.6 ÷ 2.2 =

③ $9 \div 4 =$　　　　⑥ $15.5 \div 5 =$

④ $1 \div 3 =$　　　　⑦ $273 \div 3 =$

⑤ $32 \div 8 =$　　　　⑧ $2.4 \div 6 =$

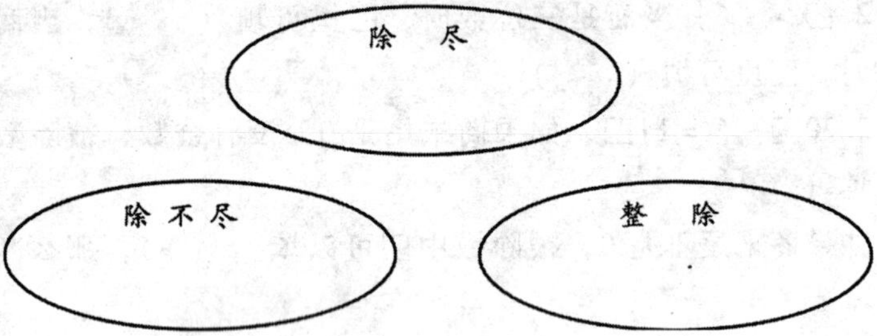


**3. 培养学生写数学日记**

学生通过写数学日记，收获着自己学习的收获，快乐着自己学习的快乐，反思着自己学习中的不足。可谓是自得其乐！

**学生数学日记五则**

**3 厘米、3 厘米、6 厘米的三条线段能拼成三角形吗？**

3 厘米、3 厘米、6 厘米的三条线段能拼成三角形吗？我们争论起来，有人说“能。”有人说“不能。”我也认为不能，因为如果航天飞机要是差那么 0.000……1 都会失败，拼三角形也该是如此吧？

老师便让我们量一量。有人画出来了。我去量了量，还差 1 毫米。我就说：“少了 1 毫米！”他说：“1 毫米有什么关系？画出来就行了。”我们争论了一节课。说能的还是说能，说不能的还是说不能。争来争去，各方还是坚持自己的意见，“叮铃铃……”下课的铃声响了，这节课过得可真快啊！像溪水一样快。

到了中午吃完饭后，田老师把那些说“能”的同学们叫在一起，举例说明。因为 $3+3=6$，6 厘米和 6 厘米是一样的，这样就重叠了。最后，老师公布了答案，不能。我高兴得跳了起来，我真是太高兴了。但老师也让我们以掌声感谢那些说能的同学。因为他们的坚持使我们引起了一场争论。对三角形三边关系也有了更加清楚的认识。

数学课的这场争论真有意思！

寄宿部四年级三班 张婉璐 2006年3月

## 勇于与那些我不懂的题挑战

星期四下午的第一节课。

田老师让我们解有关方程的题，当解完最后一道题时，田老师让我在黑板上把过程写出来，那时我心里非常紧张，走到讲台上的时候，还思考着我的答案是否正确，我写完之后，心里还扑通扑通地跳呢，如果写错了多不好意思。接着，老师让一位同学给我评判，结果我真的做对了，我紧张的心情一下子变得轻松了，心里非常高兴。

我明白了以后不要胆小，怕自己做错，应该相信自己，如果做错了的话，也不要害怕，应该及时改正过来，我会表现得更出色。

相信自己，勇于与那些我不懂的题挑战，一定把它学会。

寄宿部四年级三班 王雪源 2006年3月

## 有趣的解方程

今天数学课上，田老师给我们讲了有关一元一次方程、二元一次方程等有关知识，但最令我难忘的还是一元一次方程。

当田老师刚开始讲题时候，我还没有一点头绪，于是田老师又讲了几遍，我一下子豁然开朗，自言自语道："原来是这样做啊！真简单！"说着我便认认真真地写完了老师留的几道解方程的题。做着做着，我突然发现有两道题我不会做，怎么也想不出来。刚开始我问了问小田老师，可小田老师却说让我好好想想，我想了又想觉得可以用一种方法试一试，于是我写了一下看看，竟然成功了。我不禁一喜，原来解方程这么有趣！

它不仅让我懂得了解方程的方法，还让我明白了做题要仔细想一想，这样才能做好每一道题。

寄宿部四年级三班 林诗桐 2006 年 4 月

## 一节“争吵”的数学课

五年级第一学期的一个星期，我们中关村一小寄宿五（3）班的同学上了一节非常有趣的数学课。这节课，虽然是在“吵架”中度过的，但是同学们都认为这是一节生动有趣、收获颇丰的课。我们的数学老师也认为这是一节成功的课。

这节课的课题是“约分”。刚上课不久，我们班的刘征同学就先拔头筹，拿到了一颗智慧星。因为刘征同学平时的学习成绩不是很好，今天他对“约分”简单理解为“没法再除了”，让田老师非常感动，当即给他发出了这节课的第一颗智慧星。同学们看到刘征拿到第一颗智慧星，也都不甘示弱，争先恐后地举手回答老师提出的问题，热情逐渐高涨。有的同学为了让老师叫到自己，起身举手。大家争着、叫着发表自己的见解，我也没有落后。一节课下来，我共得了三颗智慧星，同学们都满载而归。

这节课是在“喧闹”中度过的。下课铃响了，可是大家仍然沉浸在这堂数学课热烈的气氛中，继续讨论课上同学们的表现。

这节课，我们得到了一个数学结论：把一个分数变成最简分数的过程叫做约分。

这节课太有趣了！

寄宿部五年级三班 娄佳煜 2006 年 9 月

## 神奇的数学

学习数学已过四年了，今年是第五年。学习数学是一件很让人兴奋的事情，因为数学是那么神奇，那么奇妙。

最近，我学习数学注意了在计算中发现，在举例中验证，真的很有意思。比如12、28、34、20、6、80、52、16，这些数都是偶数，而12+18=30，18+34=52，34+20=54，我们从中发现了偶数+偶数=偶数。那么奇数+奇数是不是也等于奇数呢？11、49、21、25、37这些数都是奇数，算一算，11+49=60，49+21=70，25+37=62，我们从中又发现了奇数+奇数=偶数。

其实在我们的现实生活中，计算与发现，举例与验证也是非常重要的。我爸爸是一个无线电爱好者，他每次做天线之前，都要在纸上画着、算着。我问他："这是在做什么？"他告诉我，"要达到最好的效果，就必须有精密的计算，从计算中发现规律，然后再反复验证，才能做出高质量的天线。"

数学在我们生活中随处可见，数学在生活中的应用也是非常广泛的。所以，我要好好学习数学，将来才能很好地应用数学。

寄宿部五年级三班 宋子晔 2006年9月

总之，精心编制习题，精心设计作业，满足全体学生的需求是我们一如既往的教学追求。我们要为之不断地努力，让数学作业永远充满智慧。

# 四、教师评价

## 她在用生命历程实现着责任和信念

海淀区小学数学教研室 汤涛

田立莉热爱自己所从事的教育事业，有抱负有毅力，勤奋好学。经过百折不回的多年努力，终于从一个普通的教师成长为教学骨干，又从一个数学的学科带头人成长为教学管理干部，现在已是一个有着成功教学经验的数学特级教师。她现在所达到的理论高度和实践创新确实令人称道。

小学低中高年级的多轮次的教学教改实践，使她对教材内容、结构和体系有着深透的理解和研究；更为可贵的是通过朴实的农村教学和丰富的城市教学参半的教学实践，使得她的教学状态更加适应各类不同的教育对象。不论是在农村还是城市，都会使学生获得优异的学习成绩和良好的发展。在新课程改革中她身先士卒、勇于探索，在教学改革中大显身手，成功的课堂教学常常以崭新的面貌在各地展现。

她的优异教学成绩和教改业绩，源于现代的教学理念。而现代教学理念的形成正是她持久地研究理论的结果。早期她风雨无阻地参加区教研组的教学研究活动，20 世纪 90 年代又积极参与区教研室组织的《课堂教学与学生发展》课题组的活动。她在课题组的研究中，能够深入学习和理解现代教学理论，研究了课堂教学中学生发展的所有因素，使研究具有一定的深度和广度。不仅研究教学理念、内容及方法，还研究与之相关的教学民主、教学卫生、教学反思和教学整合等。随后在市、区的各种培训班里，又使教学理论研究得到丰富和发展，形成了自己的教学理念和教学风格。她的上课、导课和评课常常获得好评。教学理念决定教学的高度，在她的教学与教改实践中已成为不争的事实。

“问渠哪得清如水，为有源头活水来。”她身为一名教师，能如此坚韧不跛地努力教学，不断探索，源于她已经把热爱党的教育事业转化成一种信念、一种责任感。正如她的座右铭那样“学生是民族的未来，教师一定要对学生的一生负责，一定要对民族的未来负责。”由于这种责任感和信念的驱动，使得她从成功走向成功。

综观她的成长历程，她是在用生命历程实现着自己应有的责任和信念。

请听来自部分老师的声音：

**永远的温暖与自豪**——初次认识田老师，是在 1989 年 7 月 14 日，那时，三十出头的她已经是海淀区屯佃小学的校长了，而我，是刚刚到校报到的毕业生，从那天起，便揭开了我们 5 年的师徒情谊。

提起我的这位师傅，首先想到的是她泼辣的工作作风，敢想敢做的拼搏精神。1989 年的屯佃小学，是建在田地中的一所农村小学，校址虽然是新的，但整个校园杂草丛生，教学区、操场没有一块平地，教学设施设备更是少得可怜，教师队伍由正式教师、代课教师和临时工构成。初次领略田老师的泼辣作风，就是从建校劳动开始的。七、八月份的北京，骄阳似火，地表温度超过 40 度，在这样的天气里，田老师带领我们开始了“自己动手、美化校园”的建校劳动。除草、平整土地、用砖头砌甬路、铺花坛绿地……那场面，让我想起了课本上描写的南泥湾大生产。整个劳动过程，田老师想在前面、冲在前面、干在前面，在她的带领下，用了不到一个月的时间，我们这些“杂牌军”硬是凭着双手和简陋的工具，将杂草丛生的校园变成了整齐、干净、美观的校园，我们付出的代价，除了每人双手的水泡、老茧外，就是每个人都晒黑了一圈。

与作风泼辣截然不同的是，田老师在育徒方面耐心细致、不急不恼，简直判若两人。我参加工作时，担任五年级班主任，教语数双科，还要带一部分其他学科课程，周课时达到 27 节（那时还是每周工作 6 天），每天从早到晚疲于应付。身为校长的田老师及时找到我，指出：工作不是被动应付，作为青年人，要抓紧业务学习，尽快成长起来。于是，田老师理所当然地成了我的师傅。有了师傅的日子快乐多了，师傅不仅教如何备课、上课、驾驭课堂，还教如何搞活动、开班会、管理班级；有师傅的日子吃苦也多了，因为白天时间紧，多数的学习时间都在晚上，累了一天，再学习业务，而且这个师傅又认真得出奇，从手把手教你分析理解教材，到一份完整课堂设计完成，每个环节都要认真琢磨、反复推敲，想偷懒，门也没有！一年四季，多数日子都是披星戴月地上班，披星戴月地回家。功夫不负有心人，在师傅的指导下，我的教学水平迅速提高，1990 年，参加工作不足两年的我在区级评优课上获二等奖，这是我校、也是我学区当时最好的成绩。在以后的几年，在师傅的教导下，我的教学水平逐年提高，而且逐渐成熟，有了自己独到的见解与思路，并多次在区级评优课上分获一、二等奖。1993 年，工作仅四年的我被破格晋升为小学高级教师，也就是这一年，因为工作需要，我的师傅离开了我。

提到田老师，不能不提的是她精湛的业务。田老师精湛的业务，一直令同事们有口皆碑，特级教师的光环，正是对其业务精湛的肯定。而她对自己要求之严格，是一般人不知道的。记得在 1990 年，当时田老师正在为六年级的一个班代课，因为板书中的一个字令她自己不满意，她竟反复擦写了五次，直到满意为止。正是这种执著与不服输的精神支持了她、成就了她，我想，有了这种精神，田老师取得今天的成就就不足为奇了。

如今，我和田老师分开已经 14 年了，不同的环境、不同的岗位，咫尺天涯却又天各一方。但是，每每听到她的名字，我的心中就会有一种温暖与自豪，因为，她是我的师傅。

——百望学区梁永利

**教学的引路人**——在我们的教育当中经常说“亲其师，信其道”，我想在这里我想起这句话主要想表达这样一个意思——当我们喜欢上一个事业，原因有可能是出于个人的兴趣，使自己不受控制地投身于此；另外还有一种情况是因为别人，是某个人在此方面深刻影响了你，你在追逐他的某些魅力时把自己融入了这个事业。我想，我应该就是后面一种吧！

在我的数学教学之路上我一直觉得很庆幸，在我茫然摸索于教学工作之中，甚至怀疑自己选错了职业时，我结识了田立莉老师并成为她的徒弟，这也许是很多人所羡慕的。在那之后，我不断地得到田老师的细心指导，对我从不同方面加以熏陶。我从一个教学方面不能自理的稚嫩教师，开始变得越发自信；从一个惧怕上课的小伙子，变得开始喜欢在课上施展自己在教学中的点滴新鲜想法；从总觉得学生在与我为敌，变得时常陶醉于学生与我那轻松和谐的关系中……“笑看自己拔节高，深感恩师引路人！”除用这句话表达自己的心情外，我将继续用心体会田老师在教育教学中所表现出的执著、睿智，大气。

田老师给我的第一种感觉就是执著。说起来我们已经认识近十年了，第一次见面她是我敬而远之的数学教学主任。她穿着得体，举止、言谈干练，雅气中透出一股向上的职业感。我有幸经常在师傅的指导下进行备课，在一次又一次的探讨当中，你能感觉到，当她谈起课来总是两眼有神，思绪不断，滔滔不绝。看得出她酷爱聊数学，大到知识间的联系、整体的设计思路、结构，小到每个环节的教学方式、过度语、评价语，她就是这样毫无保留地与你分享。在交流时，她自己总是保持着思维上的亢奋。点拨给你新的思路，肯定你提出的好的想法，并顺势加上她的进一步思考。

田老师给我的第二种感觉就是在教学中的睿智。一个人的聪明可以表现在不同方面，田老师在教学中的睿智使我印象很深。她好像时刻都做好了准备，当你随时问到教学中的问题，她都能自信地从不同角度阐述出自己独到的看法，而且她的看法往往让你觉得很实用，因为你能感觉到她的想法和学生更近，可操作性强；而且我发现当你在为教学设计虽符合学生认知，但却不能充分调动学生的积极性时，她的想法经常使你眼前一亮，同样是教学同一内容，你认为没有什么可教的，她却能让学生学得津津有味。在我这么多年的成长过程中，田老师指导我的《小数大小的比较》深刻影响着我。

为加快年轻教师的成长，田老师不断为我们创造条件、机会。从中心评优到区级研究，之后我迎来了富有挑战的市级研究课。从选择《小数大小的比较》一开始，我就觉得大多数学生应该不用学习，没什么好讲的。可当我们用很常规的思路完成教学之后，第一，感觉是没有力度，学生不是很兴奋，就像我们的预设，学生觉得很简单；第二，参与这次上课的班级课后作业却问题很多。他们到底会不会，看来一些表象掩盖了真相。了解了这些情况，我没有想到，田老师经过思考，竟然把我认为是练习当中的一道题目调整为课始的教学活动。情境是这样的：出示信息：一张跳远成绩记录单，很遗憾，有些残缺。三名选手的成绩；A：3.84 米；B：4.01 米；C：3.9 米。之后便引出学生一系列关于 C 是第几名的讨论。思维量这么大，完全像个提高题，学生能扎实地学会吗？我们试着去实践了，出乎我的意料，学生兴趣很浓，居然在热烈的讨论中，不知不觉把小数大小比较的方法清楚地梳理了出来，课后学生的习题也正确率很高。每次上课她总是鼓励我说：“好好上，没问题！”从她那里，我更加明白了，一节课如何才叫了解学生的起点，尊重学生的认知水平；如何才叫相信学生，为学生创造思维的空间；如何才叫教学环节有实效，活中有得。从那以后，我又带着这节课与田老师走访了一些地方，每一次上这节课，我都带着新的认识。从这一节课中我真可谓受益匪浅！我想，这节课当中的想法，只是田老师教学当中的点滴体现。我在思考，她的灵感都来自于哪里……

田老师给我的第三感觉是教学上的一种大气。师从授业恩师这么多年，我变化很大，令身边的一些同事、朋友刮目相看。我成长着，我在成长中感觉到了在我的思考中学生意识越来越强。每当我为我的一个想法欣喜时，是因为我感觉到了学生的共鸣；每当我在课堂上自由挥洒时，是因为学生给了我充分的支持；每当别人问起我为什么这样设计时，我总想试试学生的反应……我就是这样变化的，在我发生变化的同时，我对师傅的认识也在增强着。师傅的执著源于她对课堂的喜欢，而对课堂的喜欢、对教学的不断灵感又来源于哪呢？——学生。师傅在教学岗位上这么多年，她熟悉了教学内容、教学方法，更主要的是她熟悉了学生。她了解学生的起点，了解学生的兴趣，了解与学生交流的技巧……在我看来，师傅留给学生的是一种大气。她的教学设计总为学生留有尽可能大的思维空间，让学生在课堂中充分享受思考带来的乐趣；她的课堂总强调自然，精心的过渡语、评价语设计点燃了学生对学习的渴望。她对学生是这样的，对我们这些青年教师也是这样的。与她交流时，她总让你说说自己的想法，在肯定鼓励你的同时，你总能听到一些忠告或建议。不管你怎么犹豫，她总会告诉你："大胆上，没问题！"课后，她总是成为你成功的赞美者，你问题的处理者。

我更加理解，为什么她总能那么自信、快乐地走在教学之路上。一个人撑起了很多人的成功，还有什么能胜过这种快乐呢？

——中关村一小陈千举

**一个有独特魅力的人**——在我的印象中，田立莉开朗乐观，豁达大度，认真直率，她性格上的这些特点很是吸引她周围的人，她有许多好朋友，这是因为她独特的人格魅力。工作中，她坚定执著，她生活中的大部分时间给了她热爱的教育事业，跟她聊天，不出三句话，准是听她念她的教学经，她对数学教学的热爱到了痴迷的程度，因此她对数学教学有着独特的理解和感悟，也正因为她迷她的工作，她所思所想的是她的课堂，她的教学设计紧紧抓住了学生的心，因此她的课堂对学生有着很大的吸引力，学生爱她们的田老师。她是一名数学特级教师，有着与众不同的智慧，在我眼里，她是一个有独特魅力的人。

她是一个工作忘我的人。我曾经跟田老师在一起工作过一年，她虽然已是一名特级教师了，但是她还教着一个班的数学课，非常难得。学校里有很多的教学比赛，全校数学比赛的课都是田老师把关，老师们信任她，敬佩她，有多少老师在田老师的帮助下，取得了成绩，提高了教学能力，没有人算得过来。有时因为找田老师的人太多，甚至说课备课要弄到后半夜，年轻老师都熬不住了，再看田老师还是那么精神十足。为了老师们提高上课的水平，她们要一次次地试讲，有时试讲就被安排到了晚上（因为有在校住宿的学生），即使是经过了一天的劳累，田老师也还是热情地帮助他们听试讲，教案要一句句地揣摩，细致入微，一丝不苟。在我看来，她就是这样一个工作狂人，一个永远精力十足的人，一个为了工作而忘我的人。

她是一个有语言魅力的人。语言丰富，有感染力，是我听田老师讲课最大的感受。她站在学生面前，面带微笑，眼睛看着每一个学生的表现，当她发现一个小姑娘眼中流露出想说的愿望而又怯怯地不敢举手的时候，她走到这个学生面前，俯下身来，对孩子说："我觉得你好像有话想说，没关系，就请你来说说吧。"孩子慢慢地站起来，说出了自己的想法。这样的场面在田老师的课堂上会经常见到，不管是什么样的学生一开始上课的时候可能还有些怯场，但是到了二十分钟的时候，你会发现课堂上学生活跃了，大家你争我抢地想发言，是什么让孩子们个性如此张扬？无疑老师的语言魅力感染了他们，老师的鼓励和信任是他们最大的支持，因此我说，田老师是一个有语言魅力的人，她使孩子们喜欢上她的课，是田老师让他们喜欢上了数学。

她是一个懂教学的专家。在和田老师一起工作的一年里，我有幸参加了一次全国的说课比赛，在备赛的过程中，经常和田老师一起交流，一起切磋。我说课的内容是《认识几分之一》，在这之前，我曾经多次研究过这个教学内容，也做过公开的研究课，按我自己来理解，已经没有什么可研究的了，我已经研究得很透彻了，可是我错了，田老师把她自己的想法一说，我顿时醒悟，我研究了这么多年的一节课，到头来，还是像井底之蛙，跳不出来，所以也就看不到另一番景象。她说：学生对于$\frac{1}{2}$是有生活经验的，你就从对$\frac{1}{2}$的理解入手，然后在学生理解的基础上，进一步问学生$\frac{1}{2}$与$\frac{1}{2}$个一样吗？从而突破教学的难点。通过这次研究，使我想起自己在平时工作中发生的一件事，在教学之后，我问学生：$\frac{1}{2}$是数吗？一个好学生不敢肯定地告诉我说，好像不是吧。我一下懵了，我原以为自己精心研究过的内容是无懈可击的，但是我错了，一句话，田老师让我觉得，教学研究无止境，田老师是我学习的榜样。

她是一个热爱生活、永远有追求的人。田老师在生活中是一个非常讲究的人，她注意生活的品位，注意自己的外在形象和内在品质，因此她对学习充满了热情，时时刻刻在丰富着自己的内涵，一个有极高修养的人，她给别人的外在形象不仅美丽，而且高雅。因此，我欣赏田老师一言一行表现出来的与众不同，她与学生在一起的时候，非常具有亲和力，孩子们喜欢和田老师在一起，因为她爱孩子，爱生活中的一切美好事物，虽然她已是一名特级教师，但是工作热情不减，学习热情不减，还是像以前一样地学习工作和生活，只是比以前更忙了。

写到这里，好像也不能完全读明白田老师，她是我们教师的榜样，学生爱她，是因为学生喜欢上她的课；朋友爱她，是因为她是个快乐的人，她时时刻刻能给别人带来快乐。她就是我眼中的一个具有独特魅力的人。

——翠微小学李嘉

**教学因细腻而精彩**——1994年我毕业于怀柔师范学校，至今已经15个年头了。我教过语文、数学，也当过班主任，但是我最钟爱的还是数学学科。在课程改革的新时期我越来越感觉到：我每天忙碌于备课、上课、批改作业，自己感觉很疲惫，回头看看我的学生，一副应试教育的面孔，没有什么快乐，更谈不上聪明了。我真的感受到：学生很苦，教师很累。带着这么多的困惑，我走近了平易但不平凡的我的师傅——田立莉老师。

第一次见到田老师除了感觉她很平易近人外，更多的是被她饱满的精神状态所感染。我想：一定是她的教育教学使她青春永驻！我很庆幸我见到了我想见到的人。

我的主要任务是跟随田老师一起听课学习。学期初我们共同制定了本学期的目标以及每个月的具体计划。课余时间，我参与了田老师任教的四（3）班学生作业的批阅。我本着态度认真，力争不批阅错的原则，认真地对待每一本作业。几本作业批阅完，田老师微笑着对我说："老师的对勾不要太大或太小，占两个格的位置比较合适，另外对勾尽量不要压住学生的字迹，横、竖都要对齐。"几句朴实的话，给了我很深的印象。以往我只关注了学生的书写，要求学生的字迹要工整、美观，而对自己的要求只是做到不错判，不漏判就行了。田老师却把自己对学生的严格要求首先落实在自己身上，她不仅达到最基本的要求，还力求给学生带来一种美的享受，一种认真的学习和生活态度。我想：我们教师的字迹印在学生的作业本上不会太多，当每一名学生看到自己尊敬的老师漂亮的字体，认真的工作态度，无一不会被她的行为和精神所感染，最终他们会把这种崇敬之情落实在自己的学习和生活中。

一个小小的对勾体现了田老师严谨的治学态度，而课堂效率的提高，学生数学综合素质的提高在田老师的课堂上更得到充分的体现：

上课铃声响了，田老师出现在教室门口，“我准备好了，你们准备好了吗?”简单的开场白，为学生指明了方向——做好准备开始上课。田老师拿来练习册：看来要进行口算了，可是练习册还没有发下来。我想：发练习册肯定会耽误时间。只见田老师不慌不忙地说：“我请4名同学帮我发练习册，其他同学心算11×2……×9　12×2……×9　……18×2……×9”“噢，学生不是静等发练习册而是练习心算。”“懒学生肯定会偷懒不算的，反正也是心算。”我心里想。田老师巡视学生的时候问“你算到哪了?”“16×4=　17×4=　”她在检查学生心算的情况，最后让全班学生说16×5=　17×3=　等。从学生的表现中我看出了，老师没有给学生开小差的时间，短短的两分钟教学环节就安排得这样紧凑。

我想：我们每节课都是40分钟，有20个两分钟，如果每个两分钟我们都按田老师这样自然而严谨地组织有效的教学，那么我们的课还怕没有实效性，还怕质量不会提高吗?田老师说过：“上课要真实、扎实、大气、灵气”。要做到这样不是一日之功，但这确实是我们追求的目标，我为这精彩的两分钟而喝彩！

田老师说过：“工作中无论是多小的细节之处，我都不能怠慢且随意。因为我知道，课堂40分钟的教学时间是有限的，合理的利用，科学的分配固然重要，但有效的组织更为重要。教学活动一定要面向班上的每一个学生，使每一分钟都有内容，都有思考”。教师要小心走进自己的课堂，像居家过日子一样，关注教育活动的过程、评价、环境、管理等内在的教育的一切方面。一点一点进行教学加工，关注每一个教育个体的千丝万缕的联系。赋予自己一个研究型教师的新含义——细节研究。把细节研究作为一种路径，在具体的教育情景中，通过教师的教学行为加以体现。只有这样研究的教师才是高明的。因此，细节研究是我们一线教师专业成长的方向。从这一角度出发，就能够对课堂进行规律性的把握，创造性驾驭，深刻洞悉，形成敏锐反应以及灵活机智应对的综合能力。由此，慢慢地，一点一点地在长期的实践、感悟、反思中，教师的理念，知识学识、情感与价值观、教育风格也就逐渐养成了。

正像田老师对课堂教学中预设与生成的理解：教师在课前解读课程标准，钻研教材，并依据学生的情况来设计预案，这是教师所特有的工作，正如杜威所说，每一位老师带着自己的哲学思想走向课堂，越是优秀的教师，设计教案的水平与质量越高，预设一个高质量的教案，既是教师经验的积累，也是教学机智的展现，其间蕴含着教师的教育教学智慧。

正如一句话说的：播下一种思想，收获一种行为；播下一种行为，收获一种习惯；播下一种习惯，收获一种性格；播下一种性格，收获一种命运。

田老师的课堂是真实的，是扎实的，更是精彩的。有的数学计算课她可以带领学生做三、四十道题；有的数学概念课她让学生紧紧围绕一个问题展开讨论；她敢于打破数学书中知识的编排体系，整合教学内容。今年她所教的四年级，提前 2 个月完成教学内容，剩下的时间对学生进行专题训练，到现在这些四年级的学生已经对小学阶段的解方程和 11 类应用题等内容完全掌握了。在“挑战极限，超越自我”口算比赛中，有的学生在 3 分钟口算出 70 道题。这个速度恐怕我们有的教师也比不上；在我看来学生需要 40 分钟做完的一张试卷，田老师要求学生 15 分钟做完，而且正确率很高；有的学生认为应用题是最难的，田老师的学生在应用题上却很少出错。学生这些能力的培养是在田老师基本上不留家庭作业的基础上获得的。她经常阅读中学乃至高中的数学课本，以专题研究引领课堂教学，正是田老师对数学知识体系正确全面的把握，才使得她的学生始终把学习当成是一件快乐的事。正如一名学生在数学日记中写到的：我们和田老师一起走过了四年级的这一个学年。在这一年的生活中发生过许许多多的事情，我们一起学习，一起讨论，一起享受考试成功后的快乐。田老师告诉我们：学有思想、玩有智慧、上课专注。这十二个字融入了田老师对我们的爱。

“走在街上，能看出我是一名教师；走进学校，能看出我是一名数学教师；走进课堂，我就是数学。”这是田老师对数学教师的定位。由此可以看出作为一名数学教师除了具有其他教师所具备的素质外，数学教师还要有自己的特点：有思维。都说数学是思维的体操，一个有独道思维的教师定能使他的学生思维活跃而新奇，也就是说教师思维的程度直接影响到学生。

田老师的课应该说是为享受而上课，享受课堂中的分分秒秒，享受课堂人生的全部过程，这中间她没有放过生命的一分一秒，每一刻都活在真实之中。

——四季青中心小学田桂梅

**激情加真诚。**——每一位听过田立莉老师的课的老师都会被她精湛的教学水平所折服，每一位接受过田老师指导和帮助过的老师都会被她的激情与真诚所打动。可以说，在她平时的工作中，时时都洋溢着激情。我脑中总是在想，田老师哪来那么旺盛的精力呢？用她自己的话说是对教育的热爱与执著。

最难忘的是每次准备公开课时，田老师和我一起备课说课时的场景。在和她一起研究数学课堂教学时，我的全部身心时时被田老师对教育教学的激情感染着，同时更加钦佩她精湛的教学艺术。看到我一次次失败的试讲后，没有责备，没有埋怨，只有鼓励和信任。她会手把手地教我怎样上课，从整体上一节课教学理念的把握，到每个教学环节的设计，甚至小到一个设问，一句评价的话语，都得到了她的悉心帮助。田老师经常给我们说课评课到很晚，让我常常有“如果课没上好，就对不起田老师的付出”的感觉。

当我取得成功时，她会和我一起高兴，一起兴奋。经过田老师一次次的指导，我逐渐明白了：教学的含义是多元的，它既是科学，也是哲学；既是技术，也是艺术。

其实接受田老师帮助的青年教师远不止我一人，她对待青年教师严格但不严厉，和她在一起没有压力只有动力。她优雅的风度、活泼开朗的性格、平和宽容的态度使她像一个强大的气场吸引着周围的每一个老师。她所创造的生动、活泼、有趣、民主、高效的数学课堂更是对她的学生产生了巨大的教师魅力。

田老师虽然一直在领导岗位工作，但是对教育的激情和执著使田老师一直都没有离开过她热爱的学生和课堂。和她在一起聊天时，她谈的最多的是学生和数学课。记得有一次她和我们青年教师谈起数学课堂教学时，她兴奋地谈起她刚上完的一节计算课。虽然只是一节常态课，没有人听她的课，但是田老师很为自己对这节课的设计而得意，很为学生们在数学课堂上的积极参与而回味不已。看得出来，田老师已经深深地沉醉在自己的教学中了。凡是听过田老师讲课的学生，都会对她有深刻的印象。

田老师的课堂时时处处体现着对学生的尊重，充满人文性，总是关注着每一个学生在学习中的具体变化，并且总是“关注举手的，也找不举手的学生回答问题。”力求面面俱到，让每个学生都有发言的机会。如在《分数的再认识》一课中，当捐款的钱数发生变化时“小芳共有 12 角，捐出四分之一；小琳共有 4 角，捐出四分之三，她们各捐了多少钱?”这时，田老师在巡视过程中一边提着举手的，一边却请了全班最不爱发言的同学回答问题，当这位小姑娘说出“3 角”时，田老师引导全班学生：“她回答的怎么样?（对!）那你们该怎么表示呢?”学生热烈鼓掌。但田老师并没有满足这一小小的回答，进而问“为什么是 3 角?”小姑娘声音很小地说：“把 12 平均分 4 份，一份就是 3 角。把 4 角平均分 4 份，取 3 份就是 3 角。”在她回答问题的整个过程中，田老师一直用鼓励、欣赏的眼光注视着她，这个镜头曾经给听课的老师留下很深的印象。其实田老师留下的不仅仅是欣赏，更多的是思考！试想：这个小女孩在这六年的学习中，回答问题的机会可能是少之又少，对于学习她能有多大的自信？可是从现在开始，她的内心会多么激动，喜悦之情溢于言表！对于她来说，这位陌生而又熟悉的老师打破了她的常规，给她的童年留下一段美好的回忆。也可能这仅仅只是一个美丽的开始！所以田老师留给我们更多的是对弱势群体的思考与关注。

如果说田老师精湛的教学水平，深厚的教学功底让我敬佩，那么对青年教师在工作上的鼓励更让我感动。

2004 年 7 月，我休完产假后重新回到工作岗位，这时的我面对着幼小的孩子需要照顾，身心疲惫不已。虽然由于之前的奋斗和努力，我取得了一些成绩，但是从怀孕到产假结束已经整整两年没有进行教学工作了，重回工作岗位，有那么多的不适应。学校安排我参加了两次评优课，都以失败而告终。我开始怀疑自己的教学能力，也开始迷茫了，我不知道自己到底要追求什么，以前的激情和勤奋没有了，甚至产生了明显的工作倦怠感。这时田老师已经是学校的教导主任了，但是在分校工作，和我很少有机会见面。在一次学校组织的集体活动中，田老师看到了我。她见到我的第一句话居然是："小井，虽然我们不在一起工作，但是我一直关注着你，你要调整好自己，振作起来，重新找回原来的你。"一句话说完，我已经是泪流满面，埋在心底的委屈和茫然也一并迸发出来向她倾诉。原以为自己把心事埋藏得很深，没想到却有这样的一个领导在默默地关心着自己，真让我感激不已。

在你失意时，给你以鼓励；在你得意时，给你以提醒；在你懒惰时，给你以鞭策。这就是我所敬爱的田老师，一个永远知道你在什么时候最需要什么的朋友！

——中关村一小井兰娟

**大智方能大进。**活动过去好几天了，但学到的东西真的挺多的。第一次与数学泰斗级别的人物这么近距离地交流，这么近地对话如此细致入微的讲解。使我收获的又何止是这些记录的文字呢。

初为人师的那段日子，自己听课就是看热闹，被许多外在的东西所吸引。直到今天我才渐渐感悟到那一丝丝的真谛。一堂好课是什么？什么才是真正的数学课堂？什么才是为了学生？我就像一个初窥数学教学殿堂大门的孩童，心里有无限的喜悦。然而要去“证道”却还需大的毅力和长的时间。

初见北京特级教师田立莉老师，感到和我们一样啊。直到田老师上完了与我们同课异构的课我还是有些许失望，自己觉得没有什么特殊之处。但是细细品味田老师的课堂，我感到就是我再教20年，没有人指点，也不及田老师的一丝一毫啊。一些自己教学的困惑也在这里得到相应的答案。

（一）对课堂的把握，对知识的理解。通常我读过教学目标，只注重了知识目标的传递，从而忽视了目标是三维的。只是在力有余的时候贯通一下其他的教学目标。与其这样说，只有自己清楚，只是没有那份把握的能力罢了。

田老师给我的感觉，就是润物细无声。那种思维无声的向前推进。一开始孩子从不敢说，慢慢的到举手能表达出自己的想法，面对那么多老师，面对一个陌生的环境，不能不承认田老师已经不是单纯的教学，而是一种交流，课堂不是老师表演的场所，而是交流得到真理的场所。“学生是欣赏出来的”“我们所做的是支持他，与他交流”。在课堂上体现得淋漓尽致。

（二）课堂之上，如何把握。有时候自己感觉驾驭不了课堂，学生听讲不好，没有按照自己的想法来。

田老师的讲解给了我明确的指示。

要学会调整自己的节奏。当你判断他说的合理的时候你要跟着学生的节奏走，当他漫无边际的时候要让她跟着你走。一堂课的节奏不能一样，要张弛有度。

做到有备而来。这里的有备而来是作好几手准备，就像一棵大树一样，不管从哪个叶子进入都能汇聚到躯干中。根据不同的学生，给出不同的途径。（这也是外出赛课的一个技巧）

为什么课堂会乱？答案是没有任务才乱。你提的问题、你布置的任务要有弹性。让学生跳跳才能够到。避免不同层次的学生出现脱节。既要有相对稳定性，也要有挑战性。

（三）关于备课，两个字——“起点”。从学习的需求分析，了解教学中存在的问题，学生的实际情况与期望水平之间的差距，解决“学什么”“教什么”的问题。

有时候觉得自己的设计没有得到同学们的响应，肯定就是没有充分了解学生需要的是什么。确定教学前测，考虑实现学习目标的途径，解决“怎么学”和“怎么教”的问题。科学地分配教学实践，实现教学实践的有效利用。

田老师的话，字字珠玑。就是把平常最普通的东西真实地展现在我们的面前，胜过一切金玉其外的东西，数学很简单。“数是数出来的、量是量出来的、分数是分出来的、平均数是匀和出来的。有思、有想、才有智慧。”里面蕴含了多大的智慧。我就像吃了一剂补药，但要实践的水慢慢地溶化，才能真正进入四肢百骸，使课堂成为学生心灵的牧场、收获的草原。

——来自河南的老师王俊

**久久不能忘怀。**——沐浴着和煦的暖阳，迎着微微的春风，我们河南省、甘肃省、江西省、陕西省的一百名农村希望小学教师从不同的方位齐聚古都西安，在这座有着丰厚的历史和文化积淀的古城里，我们这一百名教师共同参加了第140期希望工程全国教师培训班暨第25期通用电器（GE）班的培训学习。

在这短短的15天里，我们聆听了专家教授的精彩演讲。观摩了特级教师洋溢着独特艺术风格的公开课，参观学习了先进学校的管理，在这短短的15天里，我们与专家教授直接交流，我们与特级教师面对面讨论，不同省市不同思想的学院交互碰撞，使我们感触万千，思绪绵绵、收获多多！

而让我久久不能忘怀的是北京著名数学特级教师田立莉上的《百分数》一课。

下面是这一课的精彩片断：

课前活动①：

师：中央电视台李咏主持的是什么节目？

生：非常6+1

教师用手势解释6+1（非常的功用）

课前活动②

师：你喜欢吃吗？

生：（齐声）喜欢。

师：你们喜欢吃什么？

生：巧克力、火龙果、肉、西餐……（不同类型的答案）

师：我喜欢吃水果罐头。

师：下面是北京市食品安全检查的结果，你能推荐给老师我该买哪种吗？

板书：

| | 橘子 | 苹果 |
|---|---|---|
| 合　格 | 31 | 33 |
| 总箱数 | 50 | 50 |

生：苹果罐头。

师：为什么？你能说说你是怎么想的吗？

生1：因为33>31

生2：抽查的总箱数一样，而合格的苹果罐头大于橘子罐头，所以选苹果罐头。

师：如果还抽查了桃子和梨的罐头，结果如下，要你买，你买什么吃？

板书：

| | 橘子 | 苹果 | 桃 | 梨 |
|---|---|---|---|---|
| 合　格 | 31 | 33 | 19 | 15 |
| 总箱数 | 50 | 50 | 25 | 20 |

师：请学生把自己的方法在黑板上写出来。

生1：$62/100 < 66/100 < 25/100 < 26/100$

所以答案是桃子。

师：你是用什么方法得到的这个结果？

生1：$\frac{31}{50} = 31 \times 2/50 \times 2 = 62/100$，$33/50 = 33 \times 2/50 \times 2 = 66/100$

$62/100 < 66/100 < 75/100 < 76/100$

生2：$31 \div 50 = 0.62$　$33 \div 50 = 0.66$　$19 \div 25 = 0.76$　$15 \div 20 = 0.75$

$0.62 < 0.66 < 0.75 < 0.76$

答：买橘子。

……

师：你看到这三个数据，你想说点什么？

板书：

中国筷子出口日本　　　中国绿化率16.5%

占日本用筷子的14%　　日本绿化率65%

生1：中国绿化率低，日本绿化率高。

生2：我们的树木砍伐了，绿化率会更低了，我们不应该给他们筷子。

生3：日本人都知道保护环境，我们绿化率低，更应该保护环境，少砍伐树木。

以上是4月5日北京著名数学特级教师田立莉在执教《百分

数》一课中的精彩片断。

在听的过程中，我不断被打动着，我被老师那精彩的课堂艺术打动着，同时又被学生的精彩回答打动着。教师和学生对生活的理解是那么准确，对生活的认识是那么丰富，而运用数学方法解决生活问题又那么恰当、贴切。

我在思索着，在本节课中教师和学生在解决书本问题时非常流畅，但是我们自己在解决一些生活中的实际问题时，包括书本知识时，就束手无策了，原因在哪呢？

我想到了《数学新课程标准》中的两句话，“重视从学生的生活经验和已有的知识中学数学和理解数学”。“教师应该充分利用学生已有的生活经验，引导学生把新学的数学知识应用到现实中去，以体会数学在现实生活中的应用价值”。

回头想想，《百分数》一课的数学，田老师从生活中的“吃”说起，说到了吃水果，选水果吃，这不都是学生已有的生活体验吗？又讲到“绿化率”的问题，这不是把已有的数学知识又用到生活中吗？这不正是数学在现实生活中的应用价值吗？

是啊！生活是一个大课堂，我们若不能够擅长用数学的眼光从数学的角度去观察生活，体验生活，那么我们又何来让孩子们对自然、对生活和社会现象产生浓厚的数学兴趣，来激发孩子的好奇心，求知欲呢？

《数学课程标准》总目标中指出：让学生初步学会运用数学的思维方式观察“分析现实社会，去解决日常生活中和其他学科学习中的问题，增强数学应用意识”。田立莉老师不正是这样做的吗？试想，田老师为了让学生的思维转入数学思维不正用了李咏的“非常 6 + 1”吗？这不就是让学生用数学的思维模式去观察、分析生活中的问题吗？

我又想到了田老师的课，用数学的思维方式引导学生观察分析生活，又用学生已有知识去引导学生解决生活问题，然后又用生活中的“实际问题”为练习目标向学生强化记忆，最后又让生活成为学生展示知识、展示自我的舞台！

这一切不都是从生活中发掘到的吗？这一切不都是数学的思维分析所得吗？

所以，数学教学只有贴近生活，注重生活创新，才能得到发展。生活永远是数学的出发点和归宿点。离开了生活，创新就没有了生命，学习便失去本应有的乐趣与生趣。

——河南省桐柏县香港科大工程希望小学王全民

# 五、数学课堂差异教学案例

## （一）融洽的师生关系，使每一个学生在课上动起来

### ——加法运算定律教学的实录与体会

执教者：田立莉

教学内容：北京教育科学研究院基础教育教学研究中心

九年义务教育六年制小学教科书第七册，第98页

加法运算定律

教学理念：

**1. 联系学生已有知识和生活经验，灵活地处理教材**

认知心理学和建构主义认为，当学生的学习材料是学生熟悉和感兴趣时，他会主动与它接近，并运用已有的知识、经验和认知方法，对其进行再创造。加法运算定律所涉及的相关知识，是学生非常熟悉的，因此，我让学生从已有的知识和经验出发，激发他们看书、自学，再次获得亲身的体验。

**2. 引导学生经历加法运算定律的形成与发展过程**

数学教学要让学生经历知识形成的过程，这是《数学课程标准》中倡导的重要改革理念之一，要“经历”就必须有一个现实的活动情境，让学生在熟悉的情境中联系自己身边的具体事物，通过观察、例举、验证、解决问题等丰富的活动，感受加法交换律和结合律的含义，体会其在计算中的作用。教学中我设计了“举出

日常生活的加法应用题”，设计了发现规律、算式验证以及进一步探索如何灵活应用规律的活动，使学生对加法交换律、结合律的理解层层推进，规律也由逐步感悟，提升到自然运用，继而发展到拓宽应用，并向新的加法规律的未知知识领域迈进。

**3. 关注学生的学习方式**

动手实践，自主探索，合作交流是小学生学习数学的重要方式。学生有丰富的生活经验与知识的积累，有一定的认知水平，特别是运用数学解决问题的策略。因此，这节课，我着力为学生营造融洽民主的学习氛围，引导学生积极参与数学活动，让学生自主发现、讨论、验证加法交换律和结合律，用自己喜欢的表达方式再现规律以及探索如何灵活应用规律，并及时给予肯定和评价，使学生充分体验到成功的快乐。

总之，在课堂上，我努力地开发和利用学生资源，使课堂成为一个资源生成和动态生成的过程，成为促进师生生命共同发展的场所。

教学目标：

（1）以人为本，培养学生的自学能力和尝试、探究、发现归纳的数学思想。

（2）使学生深刻理解加法交换律、结合律的具体含义及用字母表示的公式。

（3）灵活运用加法交换律及加法结合律，解决实际问题。

教学重点：运用加法交换律及加法结合律，解决实际问题

教学难点：规范加法交换律、结合律其含义的语言表述

教学过程：

（1）检查读书自学——感悟发现规律——大胆地让学生运用

自己的知识与技能，读书自学。这是将学生推到主动自学探究知识的主体地位，着意于培养学生的尝试精神和自学能力。

（老师问："你读懂了什么？还有哪些不明白、不清楚的问题？"生答：略）

（2）课堂互动，理解和概括规律——师生共同试算、试例、试说，再次尝试，再次理解，再次发现。将学生感知规律的形成过程落在实处。真正使"突出知识的形成过程"达到名副其实。

①试例加法交换规律：（例略）

两个数相加，交换加数的位置，它们的和不变。

用字母表示：$a+b=b+a$

②试例加法结合律：（例略）

三个数相加。先把前两个数相加，再加上第三个数；或者先把后两个数相加再和第一个数相加，它们的和不变。

用字母表示：$(a+b)+c=a+(b+c)$

③体会规律

（3）说算实践，运用规律——师生共同练习，突出重点知识的训练及判断、巧用运算定律等技能的培养

①$360+140=150+350$

$45+b=b+45$

$(3+2)+8=8+(3+2)$

②$64+(36+47)=(64+36)+47$

$(50+40)+60=50+(30+70)$

$(\square+b)+c=\square+(b+c)$

③$34+19+81=$

$12+(88+56)=$

42 + 21 + 15 =

1 + 22 + 333 + 4444 + 5555 + 666 + 77 + 8 =

④看书

（4）精练、巧练，拓宽加法规律——运用已学知识，再次挑战自我，向加法未知领域迈进。着意培养学生敢于探索、求新立异的精神，提高学生爱数学，用数学的意识

①抢答踏石过河（巩固新的知识，强化练习）

54 + 148 + 152 = 354

85 + 127 + 15 = 227

32 + 24 + 41 = 97

25 + 25 + 25 + 24 = 99

56 + 74 + 126 = 256

31 + 32 + 33 + 34 = 130

48 + 45 + 52 + 55 = 200

32 + 68 + 73 + 27 = 200

369 + 218 + 631 + 782 = 2000

361 + 972 + 639 + 28 = 2000

②选择路线（用多种方法计算，感悟计算方法之美）

1 + 3 + 5 + 7 + 9 + 11 + 13 + 15 + 17 + 19 =

2 + 4 + 6 + 8 + 10 + 12 + 14 + 16 + 18 + 20 =

③发现新规律，运用新规律（感悟数学计算之妙）

1 + 2 + 1 = 4

1 + 2 + 3 + 2 + 1 = 9

1 + 2 + 3 + 4 + 3 + 2 + 1 = 16

1 + 2 + 3 + 4 + 5 + 4 + 3 + 2 + 1 = 25

1 +2 +3 +—— +99 +100 +99 +—— +3 +2 +1 =

（5）感慨数学

教学回顾：

## 用“心”沟通

——激励、唤醒、鼓舞

有人说，一个教师在教学上的成功，只有15%是靠他的专业知识，85%是靠他的沟通技能。学生，尤其是小学生，首先是通过与教师的人际关系的感受，来决定是否喜欢这个教师所教的学科，是否喜欢学习和参与这个教师所提供的各种活动。小学数学教师在进行数学教学的时候，除了使用精炼、准确、科学的数学语言外，还必须随时随处了解学生的心理变化，及时用激励、唤醒、鼓舞性的沟通技巧语言，这样往往能达到神奇的效果。

我努力在数学课堂教学中，给人的感觉是朴实无华、自然流畅，然而却极具魅力。在与学生沟通时，我充满了感情，充满了对学生的厚望，力求将自己的一个表情、一个手势都应对学生数学的学习起到激励、诱导的作用。

**内容：加法运算定律片断**

1. 检查读书自学——感悟发现规律。大胆地让学生运用自己的知识与技能，读书自学。这是将学生推到主动自学探究知识的主体地位，着意于培养学生的尝试精神和自学能力。

师说：你们用自己的心默默地与书进行对话，用自己手中的笔与每道习题进行交流，通过对话与交流，我相信你们会读懂了很多很多……

生：（轻松而自信地回答）

生1：我知道了加法交换律。

生2：我知道了加法结合律。

生3：我知道了交换律可以用a+b=b+a表示。

生4：(迫不及待地急忙站起来)，老师，老师我知道加法结合律。用 (a+b) +c=a+ (b+c) 表示。

师：你们太会读书了。读书使你们会了那么多的知识，我真佩服你们呀！读书时，谁还有哪些不明白、不清楚的问题？

生：320+ (28+43) 可不可这样计算：

① (320+28) +43 ②300+20+20+40+8+3

师：(问问旁边的同学，走下座位再问问其他同学，老师用疑惑的目光看着同学) 行吗？

生1答：行。

生2、生3……齐答：通过计算结果一样，说明可以。这时有问题的学生已点头微笑了。

2. 课堂互动，理解和概括规律——师生共同试算、试例、试说，再次尝试，再次理解，再次发现。将学生感知规律的形成过程落在实处。真正使“突出知识的形成过程”达到名副其实。

师问：谁特想举例表示加法交换律呢？

生1：1+2=2+1

生2：35+45=45+35

生3：105+251=251+105

生4：1000+2000=2000+1000

师说：这四个等式的和不一样，但有一个共同的地方一样，快看，谁发现了？两个人先说说。

生1：两个加数交换位置，得数一样。(师问“对吗?”学生点

头）

生2：两个数相加，交换加数的位置，它们的和不变。用字母表示：a+b=b+a

师："太精彩了，你表述得真准确"，学生非常得意。师走到学生中，"像这样的等式，谁还能说?"学生一个一个地说下去，"快说，加快速度地说，一共可以说出多少个这样的等式?"同学们异口同声笑着说"无数个。""对于具有这样普遍性的特点，又可以写出这样无数个的等式，你能不能用一个既概括又简洁的方式表示?"——等待、思考：学生们交头接耳："a+b=b+a"。

试例加法结合律（略）：三个数相加。先把前两个数相加，再加上第三个数；

或者先把后两个数相加再和第一个数相加，它们的和不变——用字母表示：(a+b) +c=a+ (b+c)

学生在不知不觉中，在轻松快乐中运用自己已有的知识感悟了规律，发现了规律，概括了规律。

女生齐读加法交换律，并用手势表示交换。男生齐读加法结合律，并说出"或者"是什么意思。

生1："或者"的意思是，不是这样，就是那样。

生2："可以，也可以。"

……

3. 说算实践，运用规律——师生共同练习，突出重点知识的训练及判断、巧用运算定律等技能的培养。

师说：女生将"交换"表示得非常形象。男生把"或者"的意思说得特准确。

你们想想，我出下面两组算式，目的是什么?

学生几乎齐答：让我们判断哪个等式是交换律，哪个等式是结合律？同学们，你们都长着一双双慧眼，实在是了不起！猜到我心里了。我愿意听你们说说，哪个等式是交换律，哪个等式是结合律。并说出为什么？

大家畅所欲言，整个课堂沸腾起来。

（1）360 + 140 = 150 + 350

45 + b = b + 45

（3 + 2） + 8 = 8 + （3 + 2）

（2）64 + （36 + 47） = （64 + 36） + 47

（50 + 40） + 60 = 50 + （30 + 70）

（□ + b） + c = □ + （b + c）

师：加法交换律、结合律你们说得清楚、表达得明白，什么时候用啊？

生：计算。

生说下列算式的计算过程。

34 + 19 + 81 = 34 + （19 + 81） = 134“你真行。”

12 + （88 + 56） = （12 + 88） + 56 = 156“你算得很棒。”

42 + 21 + 15 = 40 + 20 + 10 + 2 + 1 + 5 = 78 具体式题具体分析，算得灵活。

1 + 22 + 333 + 4444 + 5555 + 666 + 77 + 8

= （4444 + 5555 + 1） + （333 + 666 + 1） + （22 + 77 + 1） + 6

= 11106“有智慧，真聪明。”

……

4. 精练、巧练，拓宽加法规律——运用已学知识，再次挑战自我，向加法未知领域迈进。着意培养学生敢于探索、求新立异的精神，提高学生爱数学、用数学的意识。

（1）抢答踏石过河（巩固新的知识，强化练习）

54 + 148 + 152 = 354

85 + 127 + 15 = 227

32 + 24 + 41 = 97

25 + 25 + 25 + 24 = 99

56 + 74 + 126 = 256

31 + 32 + 33 + 34 = 130

48 + 45 + 52 + 55 = 200

32 + 68 + 73 + 27 = 200

369 + 218 + 631 + 782 = 2000

361 + 972 + 639 + 28 = 2000

（2）选择路线（用多种方法计算，感悟计算方法之美）

1 + 3 + 5 + 7 + 9 + 11 + 13 + 15 + 17 + 19 =

2 + 4 + 6 + 8 + 10 + 12 + 14 + 16 + 18 + 20 =

（3）发现新规律运用新规律（感悟数学计算之妙）

1 + 2 + 1 = 4

1 + 2 + 3 + 2 + 1 = 9

1 + 2 + 3 + 4 + 3 + 2 + 1 = 16

1 + 2 + 3 + 4 + 5 + 4 + 3 + 2 + 1 = 25

1 + 2 + 3 + —— + 99 + 100 + 99 + —— + 3 + 2 + 1 =

5. 感慨数学：

“面对加法，你是否有些感慨，你特想说的一句话是什么?”我说。“加法太有意思了”“加法有趣”“加法太奇妙了”“加法太神奇了”“加法太美了”“加法太好玩了”……学生的感慨，令我心动不已。

加法运算定律这普普通通的数学课，甚至令许多学生、教师觉得枯燥的计算课，教学过程也没特别的装饰，但我可以让每一个学生动起来，秘密究竟在哪里？

（1）真情的流露

在课上我常使用“很好”“说得挺清楚的”“太棒了”“真精彩”“实在了不起”“我喜欢听你说”“有思维”“有智慧”“正因为你这个问题的出现，给我和同学以启发，谢谢你”……我欣赏每个同学的发言，并及时予以肯定鼓励或赞同微笑，情出自心，表现于诚。

当看见注意力不集中的学生时，我会指向另一个学生“瞧！他坐得多好呀，特别会倾听同学的发言”有时也会期待地看着他，等他恢复常态。

真诚的希望，并愿看到学生进步的教师，不能求学生十全十美，而要相信“滴水成大海”，教师要像一个好猎手，不但要时时刻刻捕捉学生的问题与不足，更重要的是要捕捉学生的“闪光点”，并及时加以宣扬，课堂中的真情流露，体现出老师对学生的自然而和谐的期待。

（2）平等的沟通

新课程追求民主、平等、和谐的师生关系，教学中，我走近学生，走进学生，走到学生中和学生做朋友，以学生喜欢的方式和他们交流，用朋友式的语言与他们沟通。正是在教学中跟学生如此亲切、如此接近，学生才愿意把心里的话跟我说，才愈发喜欢我上的数学课。

沟通是双向，是发自内心的，只有教师真心地、平等地与学生沟通，学生才能无拘无束地参与到学习活动中来，也只有这时学习才能成为一种需要。

（3）激励与诱导

加法运算定律这节课并不复杂，没有华丽的辞藻，没有妙趣横生的故事，而只是投入具有启发性、诱导性和激励性的“看”“怎么了”“发现什么了”“快找”“闭上眼睛想想”“一双慧眼”“答案在哪里”“第一个发言”“说呀，加快速度说……一共可以说出多少个”“照这样写下去，结果怎样”等话语。数学的奥秘吸引着他们。加法交换律、结合律说了一遍又一遍，读了一遍又一遍，直到学生注意了重点地方才行，这些“枯燥乏味”的定律，也由于他们音乐般的语调和轻重音的交替变化，变得生动有趣了，难怪有些学生围着我说：“老师，怎么这么快就下课了”“老师，我感觉这节课过得太快了”。

（4）体态语言的运用

小学生课上回答问题特别有积极性，但是老师不可能每个人都叫到，于是有的同学急着要回答问题就可能会在底下喊：“老师，老师”，而对这种情况，我没有不耐烦的时候，而是用一种儿童的方式来解决。“压低声音”“我知道了”“你是最棒的”或者把手放到嘴边：“嘘！”再指指自己的耳朵，一方面给了其他同学机会，一方面又保护了这个同学的自尊心。

当学生表现积极的时候，老师决不能吝啬自己对学生鼓励、欣赏的眼神，如果学生需要帮助时，应亲切地看着学生，像在询问“需要帮助吗？”

（5）数学好玩，数学课好玩——教学中的快乐

“面对加法，你是否有些感慨，你特别想说的一句话是什么？”

我说。“加法太有意思了”，“加法有趣”“加法太奇妙了”“加法太神奇了”“加法太美了”“加法太好玩了”……学生的感慨，令我心动不已。

的确，数学是宝藏，它有无限的财富；数学是艺术，它方法美、对称美、简洁美……数学是故事，它有高斯，阿基米德……陈景润；数学是历史，它有祖冲之的《九章算术》……

(6) 承认自己有错

谁都有做错事的时候，老师也是人，虽然如此，关键是做错了的时候，应该如何处理。课上我将加数 12 错写成 2，学生当即纠正，我迅速改过来，并走到这个同学身边与他握手，“感谢你帮助我改正错误。谢谢，太谢谢啦!” 此时我看到这个学生那高兴劲——正是他课上第一次发言时，还紧紧张张，之后，一节课下来他真的做到了每问必举，解答问题的积极性可高了。

一个教师接受了自己的不完美，他就可以接受学生的错误、无知和不完美，只有这样，才能在与学生沟通时流露出发自内心深处的真实，也就越有人情味，越能对学生产生感染力。

近年来，人们对大脑构造的研究发现，思维中枢是在情感中枢之上发展而来的，也就是说先有情感中枢，再有思维中枢。因此，情绪对思维有着强大的干扰作用。表现在教学活动中就是学生只有对教师产生尊敬、好感、信任等正面情绪时，才能接受教师所传递的影响，所以教师需要用各种沟通的技巧唤起学生的情感，再进行数学层面的教学时，才会使学生产生相应的思维热情。

加法运算定律这节课，正是灵活地应用了激励、唤醒、鼓舞的沟通技巧，才建立了课上融洽的师生关系，才使每一个人在课上都动了起来。

带着这节课，2007 年 6 月 26 日，我走进了四川孩子们的中间。在那里我又感受到融洽的师生关系，使每一个学生在课上动起来的幸福感觉。

## （二）让学生高兴地走进分数

### ——执教《分数再认识》

执教者：田立莉

前测对象：五年级 3 班的学生。

前测内容及形式：复习与观察

上课第一教学活动（全班所有学生）：

**学习目标**

1. 进一步认识分数，理解“1”的意义；

2. 创设问题情境，让学生带着问题主动去独立思考、自主探究、深刻理解“部分”与“整体”的关系；

3. 渗透数形结合的思想，培养科学的研究问题的态度和反思意识；

4. 培养学生用分数解读生活的态度。

**学习重点**

1. 深刻理解“部分”与“整体”的关系；

2. 培养学生用分数解读生活的态度。

学习难点：理解“部分”与“整体”的关系。

**教学活动**

第一课时：

| 估计时间 | 教师授课行为 | 学生学习行为 | 教学策略 | 辅助手段 |
|---|---|---|---|---|
| 6分 | 一、寻找身边的分数，把握分数的内涵——认识什么是整体，什么是部分，什么是部分和整体的关系。<br>1. 师生问好，说分数。<br>2. 图形中部分和整体的关系<br>3. “1”与自然数中的1一样吗？ | 学生根据已有的知识和经验用自己的语言描述 | 从学生已有的知识基础出发，通过师生对话，生生交流，学生不仅勾起对分数的回忆，而且使学生认识了什么是部分，什么是整体，什么是部分与整体的关系。为学生深刻理解部分与整体的关系做了很好的铺垫，同时让学生感到身边的分数很多，很多 | |
| 20分 | 二、品读文字中的分数，确定整体——深入理解部分和整体的关系。<br>1. 整体不同，相同的分数，部分也会随着整体的变化而变化<br>板书：王芳同学捐了自己零用钱的$\frac{1}{2}$。赵林同学也捐了自己零用钱的$\frac{1}{2}$。<br>2. 掌握部分与整体的关系，从不同的角度解决数学问题。<br>两人捐的钱数实际上是多少呢？师：板书6角，2角。看到这两个钱数，你一下能猜到什么？<br>3. 分数也是一个数量，也可以计算 | 1. 学生独立思考<br>2. 举例说理<br>3. 应用假设<br>$6\times2$　　$2\times2$<br>王芳同学捐了自己零用钱的$\frac{1}{2}$，就是有2个6。<br>赵林同学也捐了自己零用钱的$\frac{1}{2}$，就是2个2<br>$12\div4=3$角 把12角平均分成4份，捐出其中的1份。<br>$4\div4\times3=3$角 把4角平均分成4份，捐出其中的3份。<br>6角$=0.6$元$=\frac{3}{5}$元<br>2角$=0.2$元$=\frac{2}{10}$元$=\frac{1}{5}$元 | 把教材中的学习内容分解为知识点。首先，对这些知识点进行逻辑分析，从而把课本中的知识结成“点”，连成“线”，织成“面”，以求掌握它们之间的关系。其次，也是给学生再创造的机会。因为，只有通过自己的再创造活动而获得的知识才能真正被掌握和灵活应用。新课程要求教学活动基于学生的直接经验，强调让学生亲身经历、动手计算，使学生在教学活动中获得对于实际的真实感受。这种内心感受是学生形成认识，转化为能力的原动力，也是他们情感、态度、价值观健康发展的基础 | |

（续）

| 估计时间 | 教师授课行为 | 学生学习行为 | 教学策略 | 辅助手段 |
|---|---|---|---|---|
| 14 分 | 三、开发生活中的分数，灵活运用——培养学生善于联想的思考方法。<br>1. 判断：<br>五年级捐书总数的$\frac{1}{2}$与六年级捐书总数的$\frac{1}{3}$相等，五年级捐书总数和六年级捐书总数谁多谁少无法比较。<br>2. 你能用自己的方法表示$\frac{1}{5}$和$\frac{1}{15}$吗？<br>3. 中国人口是世界人口的$\frac{1}{5}$，中国陆地是世界陆地的$\frac{1}{15}$，你能想到什么？你想说什么？<br>数学家华罗庚说“数是数出来的；量是量出来的”。你们也当回数学家。<br>生齐答：分数是(分)出来的。<br>分数就在学生的身边，学生的身边处处有分数 | 1. 以图释解，解释争议。<br>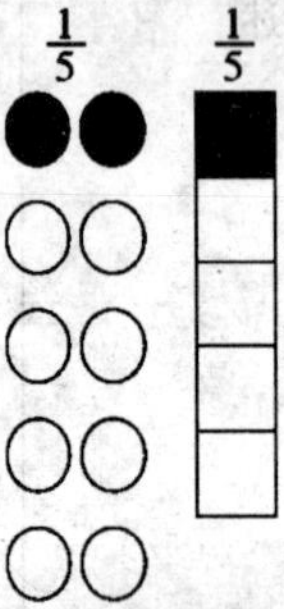<br>2. 用分数解读生活。<br>“中国的陆地面积占世界陆地的面积少，而人口倒多一些，中国还要计划生育。”<br>生：“中国人口多，要提高人的素质，必须好好学习。” | 培养科学的研究态度和习惯<br>变中找不变的直觉思维<br><br>在教学过程中，注重开发生活资源，把生活与教学内容融合起来，让学生认识水平不断提高，知识不断得到深化。<br><br>学生带着对分数的新认识愉快地走出课堂 | PPT<br><br>电子表格 |

**教学后测**

1. 我会用分数表示下面各图中的涂色部分。

(1)

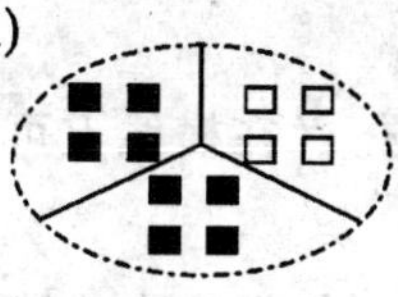

(　　)

(2)

(　　)

(3)

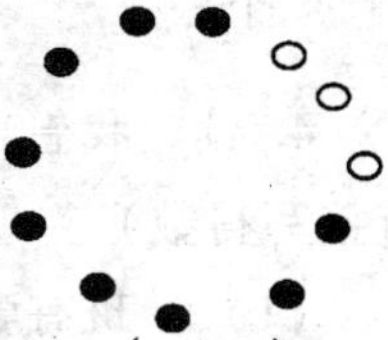

(　　)

2. 我要在正确的答案后面画“√”

（1）一根圆木的$\frac{1}{3}$是

，这根圆木是下面三根中的哪一根？

（2）一个圆的$\frac{1}{4}$是

，这个圆的$\frac{3}{4}$是下面图形中的哪一个？

3. 在□里填上适当的数，并能回答下面的问题。

| | | | | | | | |
|---|---|---|---|---|---|---|---|
| 1 | | | | | | | |
| $\frac{1}{2}$ | $\frac{1}{2}$ | | | | | | |
| $\frac{1}{3}$ | $\frac{1}{3}$ | $\frac{1}{3}$ | | | | | |
| $\frac{1}{4}$ | $\frac{1}{4}$ | $\frac{1}{\square}$ | $\frac{1}{\square}$ | | | | |
| $\frac{1}{5}$ | $\frac{1}{\square}$ | $\frac{1}{\square}$ | $\frac{1}{\square}$ | $\frac{1}{\square}$ | | | |
| $\frac{1}{6}$ | $\frac{1}{\square}$ | $\frac{1}{\square}$ | $\frac{1}{\square}$ | $\frac{1}{\square}$ | $\frac{1}{\square}$ | | |
| $\frac{1}{\square}$ | $\frac{1}{\square}$ | $\frac{1}{\square}$ | $\frac{1}{\square}$ | $\frac{1}{\square}$ | $\frac{1}{\square}$ | $\frac{1}{\square}$ | |
| $\frac{1}{\square}$ | $\frac{1}{\square}$ | $\frac{1}{\square}$ | $\frac{1}{\square}$ | $\frac{1}{\square}$ | $\frac{1}{\square}$ | $\frac{1}{\square}$ | $\frac{1}{\square}$ |

2 个$\frac{1}{2}$是（　），（　）个$\frac{1}{4}$是 1，5 个$\frac{1}{8}$是（　），$\frac{3}{7}$里面有（　）个$\frac{1}{7}$。

4. 读、我想、我能准确解决下列的实际问题。（在横线上可以直接写得数）

（1）一班有学生 45 人，三好学生有 6 人，三好学生占全班学生的几分之几呢？________

（2）我家有一袋大米重 50 千克，吃去了$\frac{4}{5}$，吃了多少千克的大米呢？________

（3）学生植树，已经种了总棵数的$\frac{2}{3}$，种了 60 棵。一共有多少棵树呀？________

5. 读完这句话，我想说……

中国森林面积占中国陆地面积的$\frac{14}{100}$，日本森林面积占日本陆地面积的$\frac{65}{100}$，中国是向日本出口一次性筷子的大国。

中国人口总数占世界人口总数的$\frac{1}{5}$，中国陆地面积占世界陆地面积的$\frac{1}{15}$。

练习（二）

（二）访谈

这节课，你印象最深的是什么？学习了这节课，你还想了解或研究哪些问题？

1. 数太神奇了

2. 分数太有意思了

3. 分数太伟大了

4. 分数的加法和减法

## 我的教后思考

### 让学生高兴地走进分数

——执教《分数再认识》

新课程理念下的课堂教学：

高质量的课堂教学既要关注教师教的质量，又要关注学生学的质量，二者缺一不可。小学数学教学的实效性应该体现在让学生真正经历“数学化”的过程，经历“数学化”是落实课堂教学实效性的重要方面。落实实效性好的课堂必须关注学生的全面发展，必须落实课程目标，而不只是关注学生的数学智慧。数学课要通过课堂教学让学生理解数学内涵，学会用数学眼光观察生活，发现生活中的数学信息，进行数学建模。学生在这个过程中不是单纯地获取知识，而是探究数学知识的同时感受体验数学思想和方法，获得富有生命活力的优质的数学教育。

学生分析及我的思考：

《分数再认识》是北师大版五年级上册第三单元教学内容。学生在三年级时进行了分数的初步认识。他们知道分数的意义，他们可以结合图中阴影部分说出分数，也可以看着分数在图中涂出阴影部分。本课教学在教材原有基础上进行拓展，在保留教材知识框架的同时，结合学生已有知识的特点，设计从身边寻找分数——品读文字中的分数——开发生活中的分数，使学生深刻理解分数中部分与整体的关系，激发了学生的学习热情。突破了过去从“平均分”入手进行学习的课路。教学中还通过启发学生思考、举例、猜测、动手验证、假设等数学方法，对分数进行了再认识。本课突出让学生在数学学习中体会“变”的数学思想的内涵。教师力求活用教材，引领学生体验、探索事物发展变化的过程，体现数学教学的魅力。

教学理念：

新课程观要求“以学定教”，“教”服务于学。实现教师带着学生走向知识，直到学生带着知识走向教师、走向家长、走向社会……从而保证学生在课堂上有充分的时间参与学习，并且尽可能让学生人人动脑思考、人人动口交流、人人动手计算、画图，真正参与实质性的教学活动。

1. 创设问题情境，让学生带着问题主动去独立思考、自主探究、悟出特点、得出结论。

2. 鼓励学生独立思考，敢于和善于质疑问难，自主解答，培养学生的创新精神。

一、寻找身边的分数，把握分数的内涵——认识什么是整体，什么是部分，什么是部分和整体的关系。

分数在我们的学习中、生活中与我们相知，同我们相伴。

1. 师生问好，说分数。

师：找找你们的数学老师在哪儿？

生：（用手指一指自己的数学老师。）

师：你们的数学老师占这一排人数的多少？

生：$\frac{1}{5}$。

师：谁写的字漂亮？请你把$\frac{1}{5}$写到黑板上去。写$\frac{1}{5}$的这位同学占全班人数的多少？

生：$\frac{1}{48}$。

师：如果把$\frac{1}{5}$的5个人看成一个整体，$\frac{1}{48}$的整体是谁？

生：全班同学。

师：如果我们把全班学生看成一个整体的话，你是它的几分之几？

生：$\frac{1}{48}$。

师：你们组呢？

2. 图形中部分和整体的关系

师：从我们的教室中，从我们的班中可以找到不同的整体，从图形中能找到吗？师板书：

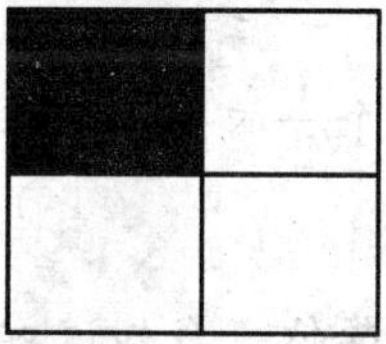

师：涂色部分用哪个分数表示？

生：$\frac{1}{4}$

师：谁是整体？$\frac{1}{4}$是整体的一部分。数学上、教材里有时把这些整体称为“单位1”，这个“1”与自然数中的“1”一样吗？两个人先说说自己的看法。

生：(说自己的看法)。

两个不同的“1”在学生心中区别开来。

从学生已有的知识基础出发，通过师生对话，生生交流，学生不仅勾起对分数的回忆，而且使学生认识了什么是部分，什么是整体，什么是部分与整体的关系。为学生深刻理解部分与整体的关系做了很好的铺垫，同时让学生感到身边的分数很多，很多。

二、品读文字中的分数，确定整体——深入理解部分和整体的关系。

在对教材内容进行系统分析的基础上，结合《数学课程标准》的要求，对教材内容的选择进行了优化设计。我选择了贴近学生现实生活的题材——捐资助学活动。从关注学生的不同需求，依据学生的原有知识水平，从充分发挥学生的主观能动性出发，创造性地对教材进行了“二度”整合。

1. 整体不同，相同的分数，部分也会随着整体的变化而变化

师：文字中是否可以找到整体？

板书：王芳同学捐了自己零用钱的$\frac{1}{2}$。赵林同学也捐了自己零用钱的$\frac{1}{2}$。

快速读一读，指出两个$\frac{1}{2}$的整体是谁？小组交流。

生：小组讨论。

师：随着谈论声音的降低，我知道讨论得差不多了。读了这两句话，你还能知道什么？

生：知道第一个$\frac{1}{2}$的整体是王芳捐的全部零用钱，捐了全部零用钱的$\frac{1}{2}$；第2个$\frac{1}{2}$的整体是赵林的全部零用钱，捐了全部零用钱的$\frac{1}{2}$。

(1) 师：根据两个人都捐出自己零用钱的$\frac{1}{2}$，他们两个捐的钱数肯定一样多。(引发思考，引起争论)

生1：反对。

生2：不一定。

生3：无法确定。

师：敢于向老师说“不是”，高高举起手，表明自己的观点，正是你们自信的表现，这也是你们主动思考的结果。如果总数知道，捐出的钱数会有几种可能呢？

生：3种。

师：哪3种？数学是需要讲理的，举例说明让人心服口服。近距离的两个同学说一说，说清楚了就主动坐好。

生1：如果王芳同学有10元钱，捐出了自己零用钱的$\frac{1}{2}$，应是5元钱；赵林有4元钱，捐出了自己零用钱的$\frac{1}{2}$，应是2元钱；他们捐的钱数不一样多。

生2：如果王芳同学有6元钱，捐出了自己零用钱的$\frac{1}{2}$，应是3元钱；赵林有8元钱，捐出了自己零用钱的$\frac{1}{2}$，应是4元钱；他们捐的钱数也不一样多。

生3：如果王芳同学有20元钱，捐出了自己零用钱的$\frac{1}{2}$，应是10元钱；赵林也有20元钱，捐出了自己零用钱的$\frac{1}{2}$，也应是10元钱；他们捐的钱数一样多。（学生积极踊跃地发言）

师：真了不起，不仅知其然，还知其所以然，让我心服口服。（学生在充分举例的基础上进行验证得出正确的结论，是数学的基本方法。）

（2）运用“假设”，深入理解

师：如果两人所捐出钱数的关系分别由$\frac{1}{2}$变成了$\frac{1}{4}$和$\frac{3}{4}$。还会有这三种情况吗？

生：有。

师：为什么？

生：因为总数不知道。

师：正像你们说的那样：像这样的问题无论分数相等，还是不相等，只要总数不知道都不可以比出捐钱的多少。

2. 掌握部分与整体的关系，从不同的角度解决数学问题。

（1）师：两人捐的钱数实际上是多少呢？

师：板书6角，2角。看到这两个钱数，你一下能猜到什么？先独立思考，然后再两个人互相说说。

生：总钱数。

生：王芳捐 12 角

生：赵林捐 4 角

师：12 角和 4 角是怎么得到的？

生：$6\times2$　　$2\times2$

师：为什么乘 2？

生：王芳同学捐了自己零用钱的$\frac{1}{2}$，就是有 2 个 6。

生：赵林同学也捐了自己零用钱的$\frac{1}{2}$，就是 2 个 2。

……

（2）师：如果按老师刚才假设的关系捐钱，应该捐出多少钱呢？

学生独立列出算式，然后前后四人交流为什么这样列式。

生：$12\div4=3$ 角 把 12 角平均分成 4 份，捐出其中的 1 份。

生：$4\div4\times3=3$ 角 把 4 角平均分成 4 份，捐出其中的 3 份。

（3）指出王芳在捐资助学活动中整体、部分，部分与整体的关系。（略）

指出赵林在捐资助学活动中整体、部分，部分与整体的关系。（略）

师：大家你一言我一语的这种有理有据的分析，又能从不同的角度解决了实际问题，已充分说明你对分数意义又有了深刻认识。（让学生充分感知部分与整体的关系，适时引导学生观察、讨论、计算、交流，深刻理解部分与整体的关系，这样做既符合学生的认知发展规律，又适合学生共同认识部分与整体的关系。培养了学生探究、实践的能力。）

3. 分数也是一个数量，也可以计算。

师：6 角用元怎样表示？2 角呢？

生：6 角 $=0.6$ 元 $=\frac{3}{5}$元

2 角 $=0.2$ 元 $=\frac{2}{10}$元 $=\frac{1}{5}$元

师：$\frac{3}{5}$元，$\frac{1}{5}$元这些是什么数？

生：分数。

师：看来分数不仅能表示整体与部分的关系，还能表示一个数量，很聪明，很会思考。（充分利用学生的知识基础，拓宽分数数域的认识。）

师：$\frac{1}{5}$和$\frac{1}{5}$元都是分数，意义一样吗？

$\frac{1}{5}$表示部分与整体的关系，$\frac{1}{5}$元表示钱的数量。

把教材中的学习内容分解为知识点。首先，对这些知识点进行逻辑分析，从而把课本中的知识结成“点”，连成“线”，织成“面”，以求掌握它们之间的关系。其次，也是给学生再创造的机会。因为，只有通过自己的再创造活动而获得的知识才能真正被掌握和灵活应用。新课程要求教学活动基于学生的直接经验，强调让学生亲身经历、动手计算，使学生在教学活动中获得对于实际的真实感受。这种内心感受是学生形成认识、转化为能力的原动力，也是他们情感、态度、价值观健康发展的基础。教师就是要把学生强烈的表现欲、求知欲激发出来，把学习的主动权真正还给学生。诚心诚意地把学生视为学习的主人——生命鲜活的人。

三、开发生活中的分数，灵活运用——培养学生善于联想的思考方法。

在教学过程中，注重开发生活资源，把生活与教学内容融合起来，让学生认识水平不断提高，知识不断得到深化。

1. 判断：

五年级捐书总数的$\frac{1}{2}$与六年级捐书总数的$\frac{1}{3}$相等，五年级捐书总数和六年级捐书总数谁多谁少无法比较。

（以图释解，解释争议）

2. 师：你能用自己的方法表示$\frac{1}{5}$和$\frac{1}{15}$吗？

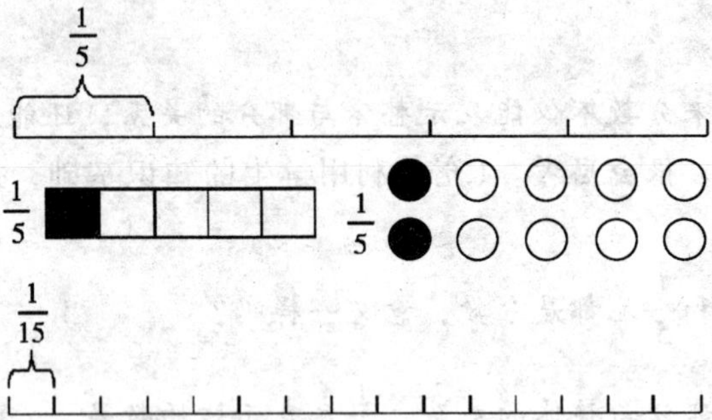


学生用形、用物表示出自己心中的$\frac{1}{5}$和$\frac{1}{15}$。一幅幅简洁而美丽的图折射出全体学生对分数意义的深刻理解，平均分，分数，整体一切尽收眼底，数与形的有效练习促进了学生认知的深入。

师：予图于意，中国人口是世界人口的$\frac{1}{5}$，中国陆地是世界陆地的$\frac{1}{15}$，你能想到什么？你想说什么？

生1：中国的陆地面积占世界陆地的面积少，而人口倒多一些，中国还要计划生育。

生2：中国人口多，要提高人的素质，必须好好学习。

生3：中国人多，地少，要节约能源。

生4：我们要节约用电，节约用水。

……

学生的思维是发散的，针对不同情境，发现数学信息，并用数学的眼光看生活，去解读数学信息背后的奥秘，由此也引发了学生对分数的感慨。“分数太神奇了”，“ 分数太有意思了”，“分数太伟大了”……

师：数学家华罗庚说“数是数出来的；量是量出来的”。你们也当回数学家。

生齐答：分数是（分）出来的。

分数就在学生的身边，学生的身边处处有分数。学生带着对分数的新认识愉快地走出课堂。

**专家及教师评课**

## 生活化与数学化的和谐统一

——评田立莉老师《分数的再认识》一课

北京师范大学教育学院 李琼

儿童心理学研究表明，儿童在学习数和数的运算时，其心智活动离不开对具体事物的支持。依赖具体事物，从具体事物入手，再逐渐过渡到逻辑思维。从具体到抽象、从生活（现实）世界到数学（理念）世界，这是数学学习过程中不可或缺的两个基点。这正如新课程标准所强调的：“数学课程应当从学生已有的生活经验出发，让学生亲身经历将实际问题抽象成数学模型并进行解释与应用的过程。”数学教学应如何既要密切联系学生的现实生活，又要紧扣数学主题，体现数学的本质？

近年来，随着数学课程改革的推进和深化，中小学数学课堂发生了重大变化。具体表现在：教师注意创设一系列与生活相关的问题情境。让学生在拼一拼、做一做、猜一猜的活动中发现数学，学习数学，让数学走进学生的现实生活。但目前数学教学中存在形式化的倾向，即教师在教学中为了“联系生活”而增加许多实际问题背景的内容，冲淡了数学的内涵，存在“去数学化”的现象，影响了教育目标的实现。作为数学教师，如何在课堂教学中达到“数学化”与“生活化”的和谐统一？

对此，田立莉老师在《分数的再认识》一课中，给了我们一个很好的诠释。她通过捕捉现实生活中的数学素材，通过精心的教学设计，既让学生感受到数学与生活的密切联系，对数学产生亲切感，并能用数学的思维思考生活，体味数学的本质，经历数学化的过程。品位田立莉老师的课堂教学，让我们感受到了儿童现实生活与数学理念世界的和谐统一。具体表现在如下几个方面：

**1. 横向联系，深度挖掘，综合渗透数学概念的本质，丰富学生的认知结构**

分数是小学生数概念学习中一个比较难的领域，它是从整数向有理数过渡的一个数量概念。分数概念的引入使数概念从离散量扩展到连续量，这种质的变化容易导致儿童认知上的冲突。例如在原来的整数领域，儿童会认为1与2之间是没有数字的，1后面就是2，而分数概念引入后，1与2之间有了无限个数；另外，分数在本质上是一个相对的量，具有多重意义（例如，分数可以表示部分与整体的意义；可以是数轴上的一个数值；亦可表示两个数相除的结果等），因而具有多种表征方式，需要教师本身对分数概念有比较深的理解。

本节课堂首先利用现成的课堂情境，通过提问“向老师问好的同学占我们这个班级整体的多少”、“$\frac{1}{41}$与$\frac{41}{41}$的整体是谁”，激活学生已有对分数意义的理解。特别是充分回顾不同分数背后的“整体”这个环节，为学生新知识的学习做了铺垫。接着主要以打工子弟学校学生的捐钱为情境，链接学生的生活经验，将诸多细小的认知活动整合在这样一个统一的数学活动中。“王芳捐了自己零用钱数的$\frac{1}{2}$，赵林同学也捐了自己零用钱数的$\frac{1}{2}$。”既然两名同学捐出的都是自己零用钱数的$\frac{1}{2}$（$\frac{1}{2}=\frac{1}{2}$），田老师得出结论：“他们肯定捐了相同的钱数”，故意给学生设置认知上的冲突，引导学生思考与探究这一结论的正确与否；在老师的启发下，学生们独立想出了存在三种可能的情况。如果两个同学捐的钱数占自己总零用钱的分数不一样，如分别是$\frac{1}{4}$与$\frac{3}{4}$，结果又会怎样呢？通过数学问题情境的层层深入，田老师引导学生体会，一个分数所对应的“整体”不同，所表示的具体数量也不同，使学生深入理解分数的意义。在学生对分数的相对性有了充分的认识后，田老师将分数这一概念的理解放在整个数概念的广阔背景中，将分数概念从表示一个相对的量扩展到又可以表示一个数值，即一个绝对的量（数轴上的一个数值），继续引导学生深入理解分数的多种不同意义。如将6角转化以“元”为单位时，用分数来表示$\frac{6}{10}$元，引出分数也可以表示一个数。通过举例$\frac{2}{5}$与$\frac{2}{5}$元，质疑与启发学生思考这两个分数的不同，深化理解分数的多种不同意义，丰富了学生整个数概念的认知结构。

**2. 通过多元的数学表征，展现多样化的数学语言，发展学生的数学思维**

专家教学的研究表明，专家教师能够对概念进行多种不同形式的表征，如图形的、文字的与符号的，并在不同的表征之间做出清晰的联系。从数学语言的角度看，不同的表征方式表达了不同的数学语言。在数学学科中，文字语言、图形语言和符号语言三者相辅相成，它们既是数学知识的载体，也是数学思维的形式。尤其在儿童数学教育的启蒙阶段，创设多元的表征环境，帮助儿童从形象思维过渡到数学的抽象逻辑思维，不同的数学语言表达形式都是举足轻重、不可替代的。如在表达倍数关系时，可以用如下的三种语言表达：

文字语言：“鸭的只数是猴的2倍。”

图形语言（△代表猴，○代表鸭）：
△△△
○○○ ○○○

符号语言：“6÷3=2”

由此可见，描述数学概念或关系时，图形语言的描述为文字语言或符号语言的描述提供了直观表象，是对现实世界或数量关系的一次抽象；符号语言是借助图形语言的直观对现实世界数量关系的再一次抽象；而文字语言能够明确界定图形语言或符号语言所描述的数学对象的意义与内涵，只有三者融会贯通，才能达到对数学概念的深入理解。而这一点在田老师引导学生深入理解分数的整个过程中体现得尤为明显。例如在理解分数的意义时，采用多元的表征方式，如正方形、线段等，引导学生用图形、语言与符号三种不同的数学语言来理解与表示分数，如；

文字语言：“我国陆地面积占世界陆地总面积的$\frac{1}{5}$。”

图形语言：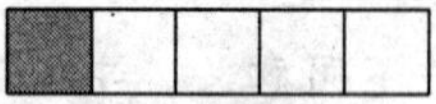（阴影部分）

符号语言：“$\frac{1}{5}$”

可以看出，在此节分数再认识的课堂教学过程中，田老师将图形语言作为发展学生抽象思维、理解和把握符号语言的扶梯；而符号语言同时也向学生展现了数学语言的简洁性。在这些不同数学语言的联系中，既加深学生对分数概念的深入理解，又潜在地向学生传达了数学语言表达的丰富性与简洁性。

**3. 引导学生在现实的生活情境中学习对数学的猜想、论证与交流**

在数学学科领域，一个解答接受为正确，是当共同体中的其他成员不能提出反例或反驳。数学家看一个结论并不是看书上如何说，而是提供数学上的论证，向他人说服自己的结论是如何成立的。猜想、推理与论证是数学活动的重要部分，如何将这些从事数学活动的科学态度引入到小学数学的学习中，让学生经历数学化的过程，是新课程改革中所强调的，也是作为教师在教学中要思考的问题。田立莉老师在《分数的再认识》这节课中恰恰向我们展现了这样一个探讨数学本质的画面。通过设置问题情境，“王芳捐了自己零用钱数的$\frac{1}{2}$，赵林同学也捐了自己零用钱数的$\frac{1}{2}$。则他们肯定捐了相同的钱数”，并适时引导学生回答“为什么”，启发学生去猜想与论证自己的想法。学生们在老师的鼓励下表达了自己的看法，指出老师的说法是错误的，“因为总钱数不一样”。这时田老师不失时机地引导学生理解数学的本质：“数学是讲理的，要拿出证据来论证才能说服老师”，让学生体会学习数学的思想与方法。在独立思考后，经过小组的讨论，学生纷纷阐释与论证自己的不同想法。

在田老师与学生进行互动开放的课堂对话中，小学生如同数学家那样从事数学活动，学会用数学的眼光观察问题，用数学的方法思考问题，使自己成为决定真理的权威。在我们的数学课堂里，也经常会看到，学生知道他们的答案是正确的，通常是因为他们的解答与老师的答案一致或者课本上是这么说的，或者老师这么告诉的。如果以论证作为解答是否为正确的基础，则答案的合理性的权威并不在于教师，而在于自己与同伴的数学论证，这也正是田老师这节课的闪光点之一。学生可以在数学学习中获得一种力量——这种力量给予了孩子能力、自信与乐趣；在日常生活中形成一种科学的态度：学生自我评价自己解决问题的能力——一个独立的学习者，这正是教育所倡导的精神。

**4. 及时、精彩地评价和点拨，增强学生学习数学的兴趣**

教学中，田老师以精炼、精彩的语言不断地鼓励着学生，及时点拨着学生、评价着学生，给学生以更多数学思想和方法上的引领，经历数学化的熏陶和浸润。如：“你刚才用了一个小小的举例，这个思考的方法不错”“数学上单凭说不能让别人信服，得拿出证据来”“她还能用举例的方法，说明她有更深度的数学思考”“自己迅速纠正过来，一时的口误不要紧”“打点磕蹦没关系，别着急，我听清你的意思了”，这提高了学生课堂表现的自信心；

“这一勾表示老师最高的奖赏，这不仅仅是一个勾，这勾出了我对你们的期望，勾出了你们在这节课上的成功”。这样的精彩语言不时地在田老师的课堂上自然地流淌出来。

纵观整节课，田立莉老师通过构建现实的生活情境，引导学生经历了数学思考的过程，让学生体验着数学学习乐趣。通过《分数的再认识》这节课，学生对分数概念的本质有了更深入的理解，不仅学会了用数学解决生活中的问题，又能用数学的方法思考生活，在现实生活情境中经历了数学化的过程，达到了儿童现实生活与数学理念世界的和谐统一。

## 精彩的预设，快乐地生成，轻松地驾驭，情感的交融

——听特级教师田立莉的“分数再认识”有感

胡文莉　中关村一小

金秋十月是收获的季节。有幸聆听田老师的“分数再认识”一节课，更是收获很多，这其中有喜悦、有敬佩、有感慨……一节课中所体现的数学思想与教学艺术的魅力在脑海中久久萦绕，回味无穷。

**1. 在潜心涵涌中解读教材**

走进教材，首先要了解学生要学什么。北师大版教材从三年级学习了分数的初步认识，从五年级开始学习分数再认识。分数再认识可分为：（1）认识分数自身的含义。即：整体和部分的关系。（2）除法和分数的关系。（3）分数的基本性质。学生学习这三个内容是学习分数、百分数应用题的基础。

田老师在潜心研究分数内涵的基础上，理解知识的相关体系，具有深厚的分数百分数应用题的功底，灵活地把握，精心地设计每一个环节，轻松地驾驭课堂。她选择符和孩子认知规律的例题进行分数的再认识。拓宽知识的宽度和深度。师生之间关系和谐的同

时，更是与学生认知规律和谐的体现。田老师用一支粉笔贯穿 40 分钟，没有任何课件的辅助。但课堂上学生参与的积极程度却是百分之百。随着时间一分一秒地推移，学生的兴趣和情感也在不断地升温。伴随着田老师的问题不断地思考，伴随着田老师的目光共同关注……发自内心的笑声徜徉在学生的心田。这种情绪感染着在场的每一个学生，每一位老师，我们共同感受着她的教学魅力。

**2. 在尊重学生差异中品读学生**

（1）根据学生确定教学的起点

田老师去过许多地方上公开课，但很快就能和学生融为一体，就像老朋友。她的秘诀是什么？每次上课她总是随时了解不同学生身边所熟悉的场景，并立刻服务于课堂，既鲜活又生动。例如：和学生共同游戏，聊天……田老师随着学生的节奏走进课堂，这时它既是师长又是朋友。联想到平时年轻老师们的课堂，有时沉闷，有时喧闹，但总是找不到根本原因。听了田老师的课再反思，教师对教材的把握不到位，问题设计不是高于学生思维水平就是低于学生的认知水平，导致课堂情况的千差万别，“乱”不能怪罪于学生，而应从老师自身寻找原因。

（2）准确把握教学目标

分数的再认识，书上教材并不难，练习并不多。而田老师结合教材大胆地思考，合理地整合教材，根据不同地方、不同背景的学生安排合理恰当的进课方式及练习手段。课堂上田老师与学生一起思考，共同跋涉，苦苦追求。当学生经过沉思、探索、发现后，他们更加珍惜来之不易的快乐。

田老师热爱每一个学生，认真倾听他们的发言，给予每一个回答过问题的孩子恰当的评价。课堂上学生们感受到的是一位非常和蔼可亲的老师在和他们一起上课，孩子们没有压力。田老师曾说：“要想把握好孩子，就要读一读他们思维的节奏；要读一读学生思维的火花；要倾听每一个学生的发言；要感受他们的思维反应在什么水平；他们的思维有多少矛盾的地方，有多少顺畅的地方。”她的品读，正是她努力做学生喜欢的老师的具体表现。

“分数的再认识”是在学生知道整体与部分关系的基础上进一步规范学生的认识的教学。田老师从学生生活实际入手，先让学生感知生活中的分数，再一步步从最原始的知识中提取出部分与整体的关系，再过渡到图形，进而走进文字，此时她已把学生领进了课堂，从生活走进了课本，完成了具体到抽象的过程。她的设计是精心的，细致的，更是适合于学生的思维方式——循序渐进。

学生有不同的学习方式，课堂上表现为：有的孩子积极举手，有的孩子默默无闻。但不同的行为并不代表学生们对知识点的掌握到位。作为老师应关注每一个孩子，在田老师的课堂上，她为不善表达的学生留有足够的空间，真诚地鼓励帮助他们，引导全班孩子共同思考，为他加油，给他自信。“你看他虽然没有举手，但也能准确回答。看来你听讲很认真。这次你很勇敢！”“他有困难时谁愿意帮助他?”……当学生们听到她真心的话语，情不自禁地为同伴的进步鼓掌，当掌声一遍又一遍的响起……此时，师生的情感已交融在一起，我们的田老师也露出了会心的微笑。

**3. 在预设的精彩中把握生成**

田老师潜心研究每一个数据，并且通过不同地区、不同班级的学生的表现，及时调整修改数据，使它适合于同一年龄段学生。田老师曾修改了三次数据，先后修改了十一次教案，针对不同地区不同班级的学生制定了五套方案。在为田老师精湛的教学艺术肃然起敬的同时，更为她对教育的执著所感动。田老师把课上的每一个数据作为一个点，再把点穿成线，形成面。当有了面的积累，就会在学生头脑中形成一个知识体。她带着学生共同体验经历数学建模的过程。

例如：在“$\frac{1}{2}$”和“$\frac{3}{4}$”两个分数上无限拓宽，根据学生的具体情况，在“三角”上出现三种不同钱数的情况。即“王芳多赵林少，王芳少赵林多，两人同样多。”学生出现解决问题的不同策略，更增加了练习的开放性和思维力度。田老师的设计是高效的，精彩的。

一堂课只有短短的40分钟，而田老师的课上却包含了太多太多……其中展现了她几十年来的教育教学深厚功底；展现了她对教学的执著；展现了她对学生的热爱……在这收获的金秋，感谢田老师为我带来的启迪，更鞭策我继续前行。

## （三）选择有趣教学内容，体悟字母表示数的作用

### ——用字母表示数的教学实践与思考

课题名称：字母表示数

设计者、执教者：田立莉、井兰娟

教材版本：义务教育课程标准试验教科书（北京师范大学出版社）

教学年级：小学四年级（第八册）

**教材分析**

1.“认识方程”这一单元主要内容及课时分配

| 本单元主要内容 |
|---|
| 用字母表示数 |
| 认识方程，会用方程表示简单的等量关系、等式的性质 |
| 解简单的方程 如：$3x+2=5$，$2x-x=3$ |
| 初步学会用方程解决简单的实际问题 |

↓

| 后续学习的相关内容 |
|---|
| 运用方程解决简单的整数、小数问题 |
| 运用方程解决简单的分数问题 |
| 运用方程解决简单的百分数问题 |

课时分配：本单元建议教学课时数：10 课时

| 内容 | 建议课时数 |
|---|---|
| 字母表示数 | 2 |
| 方程 | |
| 天平游戏（一）等式的性质（一） | 4 |
| 天平游戏（二）等式的性质（二） | |
| 猜数游戏（解方程一） | |
| 邮票的张数（解方程二） | 4 |
| 练习五 | |

2. 教材编写意图

（1）创设丰富的情景，使学生体会字母表示数的意义。

（2）密切方程与现实世界的联系，引导学生认识方程。

（3）利用天平游戏帮助学生理解等式性质。

（4）结合具体情景，学习用方程解决简单问题。

3. 教材内容的数学核心思想：代数思想的初步感知和符号化思想。

4. 我的思考

“字母表示数”思想是数学新课程核心思想之一，在教学中教师应注意培养学生的数学符号感。本节课我旨在以“字母表示数”为载体，让学生初步体会符号、符号思想、符号感，并希望能对学生符号感有所培养。通过对“字母表示数”的学习，帮助学生体会用字母表示数的意义和作用：是把数量关系简明地表达出来，还可以表示运算的结果；用字母能清楚地表示数量关系、运算定律和计算公式。

“字母表示数”是一个比较抽象的知识点，是由常量教学到变量教学的开端，也是从算术到代数的重要转折点。其最主要的特征就是用字母表示任意数以及几何知识的引入。对于仅有三年多学习经验的学生来说，这些知识比较抽象，远不如其他知识那样具体、形象，容易理解。因此，如何使学生尽快入门，如何让学生掌握好这一知识点呢？我将尝试在课堂学习中创设良好的问题情境，引导学生从喜欢的、已知的、熟悉的生活内容入手，让学生在特定的环境下感知用字母可以表示数，再通过一系列活动，体会含有字母的式子既可以表示数量关系，也可以表示数量。

**学生分析**

1. 找到生活中用符号表示的物或事。全班每个学生都找到了这样的例子，例如：见到“KFC”想到肯德基；见到“P”想到停车场；见到“ ”想到一个鞋的牌子；见到“ ”想到奥运会等等。其中有2个学生只找到1个例子，占4.4%，40个学生写出了2个例子，占88.9%，2个学生写了3个例子，占4.4%，1个学生写了4个例子，占2.2%。

2. $35 \times 59 = 59 \times □$，44个学生写出□ = 39，占97.8%，1个学生写成了39，后来经过访谈得知是看错了数，占2.2%；在写原因的过程中，45人都认为是应用了乘法交换律，其中34人直接写原因是：乘法分配律，占75.6%；7人用语言表述了：交换两个因数的位置，积不变，占15.6%；只有4人用字母表达式 $a \times b = b \times a$ 阐述原因，占88.9%。

3. 在让学生体会□不仅仅可以表示一个数，而且可以表示符合条件的若干个数“（　　）÷9 =（　　）……□”中，43人将所有情况即1～8写全，占95.6%；1人只写了一个1，占2.2%；1人错写成2～8和10，占2.2%。

4. 让学生体会含有字母的式子既可以表示数量关系，也可以表示数量“三个连续自然数，中间一个数是 $a$，其他两个数是（　　）和（　　）”中，完全答错的有25人，占55.6%，访谈后得知，这些学生都将三个连续自然数想成了某三个数，填的都是1和3这样的数字。访谈了一个填的是 −1 和 +1 的学生，她认为中间的数是“0”，为什么是“0”她不知道；填写正确的共有18

人，其中写出 $a-1$ 和 $a+1$ 的有 14 人，占 31.1%，访谈 3 人理由都是 $a$ 前面的数比 $a$ 少 1，$a$ 后面的数比 $a$ 大 1。用文字表达的有 3 人正确，1 个学生填出 $a-x$ 和 $a+x$，访谈后，学生不知道为什么这么写，只是想用字母表示，但明确指出在这个题中 $x=1$，可以算作正确。还有两个人没有作答，原因是：完全不明白题的意思。

**附：学生调研方案**

调研形式：调查问卷。

调研对象：中关村一小四年级 5 班的学生，共计 45 人。

调研时间：2006 年 12 月 7 日

调研目的：

●了解学生对字母表示事或物的生活经验；

●了解学生对“不同符号表示数”的理解和已有经验。

●了解学生学习“字母表示数”的困难。

调研内容及形式：

1. 每次见到这个 标志，我就知道这附近一定有“麦当劳”餐厅，请你举出一两个这样的例子。

______________________________________________

______________________________________________

设计意图：找到生活中用符号表示的物或事。

2. 添上适当的数

$35\times59=59\times\square$　　$\square=$ ________ 原因：________________

设计意图：这里用□来代表一个数，并使学生应用乘法交换律，为课上字母可以表示运算定律埋下伏笔。

（　　）$\div9=$（　　）……□，□里可以填哪些数？

设计意图：让学生体会到这里的□不仅仅可以表示一个数，而且可以表示符合条件的若干个数。

3. 三个连续自然数，中间一个数是 a，其他两个数是（　　）和（　）

设计意图：让学生体会含有字母的式子可以表示数量关系，也可以表示数量。

**学习目标**

1. 使学生在活动中理解和掌握用字母表示数的方法，知道可以用字母表示数，含有字母的式子既可以表示数量，又可以表示数量关系。

2. 感受字母表示数的优点，渗透符号思想，培养学生的抽象概括能力。

3. 使学生在探索知识的过程中感受数学的乐趣。

教学重点：探索用字母表示数的过程，发展学生抽象概括能力。

教学难点：在具体情境中理解字母表示数，含有字母的式子既可以表示数量，又可以表示数量关系。

**教学过程**

| 课题 | 字母表示数 | 上课日期 | 2006－12－13 | |
|---|---|---|---|---|
| 教学设计思路 | 1. 通过儿童熟悉的儿歌，引出用字母表示数，在活动中体验符号和字母符号的作用<br>2. 通过练习引出运算定律，进而再认识字母的优点<br>3. 用字母来表示生活中发现的一些规律 | | | |
| 教具 | 幻灯片 PPT　　小卷子 | | | |
| 估计时间 | 教师授课行为 | 学生学习行为 | 设计意图 | 辅助手段 |
| 2 分钟 | 一、在活动中体验符号和字母符号的作用：<br>1. 欣赏数青蛙的儿歌：<br>1 只青蛙 1 张嘴，2 只眼睛 4 条腿；<br>2 只青蛙 2 张嘴，4 只眼睛 8 条腿；<br>3 只青蛙 3 张嘴，6 只眼睛 12 条腿；<br>4 只青蛙 4 张嘴，8 只眼睛 16 条腿；<br>5 只青蛙 5 张嘴，10 只眼睛 20 条腿；<br>……<br>你能继续唱下去吗？ | 学生继续唱下去，越唱越慢，眼睛和腿的数量还容易唱错 | 随着青蛙只数的增加，学生感觉到儿歌继续唱下去很困难 | 投影出示 |

（续）

<table>
<tr><td>课题</td><td>字母表示数</td><td>上课日期</td><td colspan="2">2006 - 12 - 13</td></tr>
<tr><td>3 分钟</td><td>2. 虽然儿歌唱下去遇到了困难，但是你发现了其中的规律了吗？
<table>
<tr><td>青蛙(只)</td><td>嘴(张)</td><td>眼睛(只)</td><td>腿(条)</td></tr>
<tr><td>1</td><td>1</td><td>2</td><td>4</td></tr>
<tr><td>2</td><td>2</td><td>4</td><td>8</td></tr>
<tr><td>3</td><td>3</td><td>6</td><td>12</td></tr>
<tr><td>4</td><td>4</td><td>8</td><td>16</td></tr>
<tr><td>5</td><td>5</td><td>10</td><td>20</td></tr>
<tr><td>…</td><td>…</td><td>…</td><td>…</td></tr>
</table>
出示：
<table>
<tr><td>青蛙(只)</td><td>嘴(张)</td><td>眼睛(只)</td><td>腿(条)</td></tr>
<tr><td>1</td><td>1</td><td>$2\times1$</td><td>$4\times1$</td></tr>
<tr><td>2</td><td>2</td><td>$2\times2$</td><td>$4\times2$</td></tr>
<tr><td>3</td><td>3</td><td>$2\times3$</td><td>$4\times3$</td></tr>
<tr><td>4</td><td>4</td><td>$2\times4$</td><td>$4\times4$</td></tr>
<tr><td>5</td><td>5</td><td>$2\times5$</td><td>$4\times5$</td></tr>
<tr><td>…</td><td>…</td><td>…</td><td>…</td></tr>
</table></td><td>学生观察<br>（青蛙的只数和青蛙嘴的张数相同，眼睛的只数是青蛙只数的 2 倍，腿的条数是青蛙只数的 4 倍）</td><td>让学生从表格中发现规律<br><br>帮助学生明确青蛙的只数、嘴数、眼睛数、腿数四者之间的关系</td><td>投影出示规律</td></tr>
<tr><td>5 分钟</td><td>现在你能把这首儿歌唱完吗？<br>这首数也数不尽，唱也唱不完的儿歌，你能用一句话来概括它吗？<br>（教师巡视并找出有代表性的几种情况）</td><td>能<br>学生独立写能概括儿歌的最后一句话</td><td>培养学生独立思考和概括的能力</td><td></td></tr>
<tr><td>8 分钟</td><td>3. 展示学生写出的儿歌的最后一句，全班学生交流。<br>你认为哪句话概括的是合理的？哪句话概括的有问题，需要改进？<br>最后达成共识：n 只青蛙 n 张嘴，$(2\times n)$只眼睛$(4\times n)$条腿</td><td>学生发表自己的看法。<br>如：生 1：a 只青蛙 a 张嘴 a 只眼睛 a 条腿。<br>生 2：a 只青蛙 b 张嘴 c 只眼睛 d 条腿。<br>生 3：n 只青蛙 n 张嘴 $(2\times n)$只眼睛 $(4\times n)$条腿。<br>生 4：△只青蛙△张嘴$(2\times\triangle)$只眼睛$(4\times\triangle)$条腿<br><br>（学生讨论交流）</td><td>发展抽象思维能力和概括能力，逐步建立符号感。<br>初步感受用字母表示数的概括性与简洁性</td><td>实物投影</td></tr>
</table>

（续）

| 课题 | 字母表示数 | 上课日期 | 2006 - 12 - 13 | |
|---|---|---|---|---|
| 1 分钟 | 4. 2 × n、4 × n 分别表示什么意思？ | （既能表示眼睛的只数和腿的条数，也能看出眼睛的只数和腿的条数与青蛙只数的关系） | 体验数量和数量关系可以用字母表示 | |
| 1 分钟 | 5. 2 × n、4 × n 还可以有更简洁的写法，你知道吗？<br>你对字母符号有了什么新的认识吗？ | （乘号省略，2n、4n）<br>（简洁、方便） | 再次体会用字母表示数的概括性与简洁性 | |
| 8 分钟 | 二、在练习中再认识字母的优点：<br>池塘里有 a 只青蛙，岸上有 b 只，你能知道什么？<br><br>2(a + b) = 2a + 2b；4(a + b) = 4a + 4b 又使你想到了什么数学规律？<br>是啊，运算定律我们也曾用字母表示过，记得吗？还记得哪些地方也用字母表示过？<br><br>用字母表示运算定律和计算公式有什么好处？ | 学生充分说出自己的想法：如一共有(a + b)只青蛙；嘴有(a + b)只；2(a + b)或 2a + 2b 只眼睛；4(a + b)或 4a + 4b 条腿<br><br>（乘法分配律）<br><br>学生举例，如：a × b = b × a (a × b) × c = a × (b × c) 和周长公式等<br>（便于应用、记忆） | 联想到能用含有字母的式子表示以前学过的运算规律和计算公式<br><br>再次体会用字母表示数的概括性与简洁性 | 投影 |

（续）

<table>
<tr><td>课题</td><td>字母表示数</td><td>上课日期</td><td colspan="2">2006－12－13</td></tr>
<tr><td></td><td>三、用字母来表示你发现的规律：<br>1.<br><table><tr><td>小明年龄(岁)</td><td>10</td><td>11</td><td>12</td><td>15</td><td>20</td><td>…</td><td></td></tr><tr><td>妈妈年龄(岁)</td><td>38</td><td>39</td><td>40</td><td>43</td><td>48</td><td>…</td><td></td></tr></table></td><td>学生完成练习<br>a与(a＋28)或(a－28)与a</td><td>用含有字母的式子表示数量以及数量之间的关系</td><td>投影</td></tr>
<tr><td>5分钟</td><td>(a＋28)表示什么意思？</td><td>可以表示妈妈的年龄,也可以表示妈妈的年龄与小明的年龄的关系</td><td></td><td></td></tr>
<tr><td></td><td>小明的年龄是怎样变化的？<br>妈妈的年龄又是怎样随着小明的年龄变化的？</td><td>小明增加几岁妈妈就增加几岁</td><td>体会函数之间的对应关系</td><td></td></tr>
<tr><td>机动<br>5～7<br>分钟</td><td>2. 你能用字母表示下面图形阴影的面积吗？<br>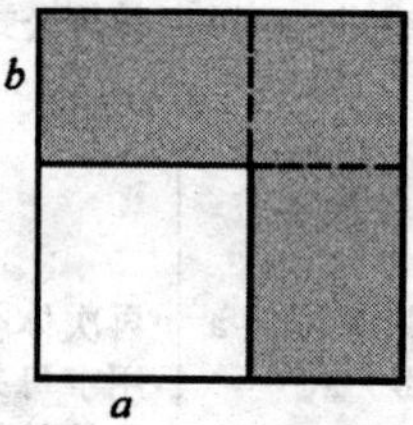<br><br>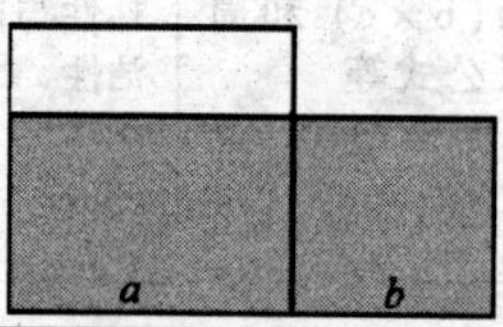<br></td><td></td><td></td><td>投影</td></tr>
<tr><td></td><td>四、小结：今天我们一起学习了用字母表示数,你对字母有了哪些新的认识？</td><td></td><td></td><td></td></tr>
</table>

（续）

| 课题 | 字母表示数 | 上课日期 | 2006－12－13 | |
|---|---|---|---|---|
| | 五、课后延伸<br>调查数学中某些特定字母所表示的意义。例如：我们常常用“C”表示周长 | | | |

**课堂评价设计（一）**

1. 一只鸵鸟的奔跑速度是每小时 70 千米，2 小时奔跑（　　）千米，t 小时奔跑（　　）千米。

2. 中国飞人刘翔以 12.88 秒打破了 110 米栏的世界纪录，第二名比他多用了 t 秒，那么第二名的成绩为（　　）秒。

3. 用字母表示乘法分配律是（　　　　　　　　）

4. 长方形周长的计算公式用字母表示是（　　　　　　　　）

说明：前面两题主要了解学生分析数量关系的能力，后面两题主要了解用字母表示运算定律与公式的能力。

**课堂评价设计（二）**

我读我想我做

注：一、二题必做，三、四、五选一。

1. 填表格

| 鸡的只数 | 兔的只数 | 鸡、兔的总只数 | 鸡、兔的总脚数 |
|---|---|---|---|
| 2 | 3 | 2＋3 | 2×2＋3×4 |
| | | | |
| | | | |
| …… | …… | …… | …… |
| | | | |

2. 猜数

$47+x=47$　　　　$6m=42$　　　　$y-21=14$

$x=$　　　　$m=$　　　　$y=$

$n \div 7 = 12$　　　　$18 - a = 6$　　　　$48 \div x = 12$

$n =$　　　　$a =$　　　　$x =$

3. 计算，并用字母表示其规律

你还能再写两个吗？

$\frac{1}{2} \cdot \frac{2}{3} = \frac{3}{6}$　　　　________________

$\frac{4}{5} \cdot \frac{7}{9} = \frac{11}{45}$　　　　________________

$\frac{5}{6} \cdot \frac{1}{7} = \frac{6}{42}$　　　　字母表示：________________

$\frac{3}{11} \cdot \frac{4}{5} = ?$

4. 平面几何

(1) 等边三角形和正方形组成 $a$ 图，(2) 求阴影部分面积？求它的周长？

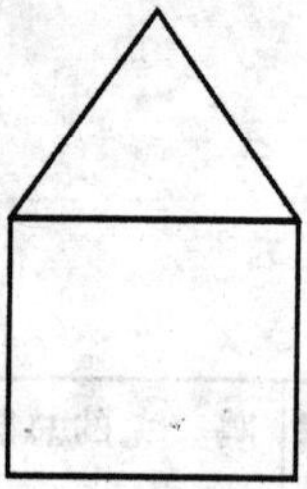

a

b

5. (1 + 12 + 13 + 14) × (12 + 13 + 14 + 15) - (1 + 12 + 13 + 14 + 15) × (12 + 13 + 14)

**课后反思**

## 创设有效的教学情景，提高课堂教学时效性（一）

井兰娟

1. 创设什么样的情境才能体现数学的核心思想？

《数学课程标准（实验稿)》倡导学生“在生动具体的情境中学习数学”（第一学段的教学建议),“在现实情境中体验和理解数学”（第二学段的教学建议），即教师在进行教学设计时，应“充分利用学生的生活经验”,“创设与学生生活环境、知识背景密切相关的，又是学生感兴趣的学习情境”。

但是数学课堂上的情境，不应只指现实的生活情境，也应包括较为抽象的数学情境。对于有些内容，直接从数学情境引入，用数学的内在魅力吸引学生，激发学生的学习兴趣，效果要比创设一些看似热闹活泼却缺乏数学内涵的现实情境好得多。

《用字母表示数》一课关键要让学生理解用字母表示数的思想，理解字母作为一种符号具有简洁化、抽象化、一般化的特点。在教学中教师应注意培养学生的数学符号感。北师大版实验教材从四年级下册正式出现了代数初步知识中的“用字母表示数”一课。这是一个比较抽象的知识点，是由常量教学到变量教学的开端，也是从算术到代数的重要转折点。是学生在学习中感觉困难比较大的一课。

在我以前的教学设计中，是通过交流生活中见到或了解的一些字母及所代表的含义来引入的。如老师先问到：今天我们要上一节与字母有关的数学课，生活中你见到过字母吗？学生们纷纷举例，谈到：KFC，肯德基的标志；GPS，全球定位系统；DNA，人体基因密码；USA，美国的简称……但是我校特级教师田立莉老师和我一起在备教材时，她谈到：“这种方式如果从激发学生学习兴趣来讲，本无可厚非，但是从体现数学的符号化思想来说，就显得比较牵强。实际上，字母作为表示数的一种符号，这种代数思想在以前的学习中是有所渗透的。”所以，在新的设计中，我将这一环节删掉，直接进入“数青蛙”的儿歌情境，让学生在概括儿歌的过程中初步感受到代数初步的思想，初步体会符号、符号思想、符号感，并希望能对学生符号感有所培养。

总之，作为沟通学生的经验世界与数学世界的桥梁，情境，尤其是现实情境，无疑在加强数学与现实的联系方面作出了巨大的贡献，使学生更深刻地理解数学的来龙去脉。但同时我们也应更加明确：情境作为数学知识的载体，是为数学服务的。我们应依据数学知识的线索，努力创设“良好的”、“合适的”情境，并充分挖掘情境背后的数学关系，“数学地”理解情境，让情境多一点“数学味”。

2. 创设什么样的学习情境来提高教学的效率？

新的教学改革需要提高每节课的教学效率和教学质量，所以创设情境需要从趣味性、真实性、效用性和思考性这四个方面来创设有效的情境。只有在有效的情境里面才可能充分地激发学生的学习欲望，才能够激起学生的自主探索的需求，从而才能够实现多维目标，促进课堂教学的顺利进行。

在原有的教学设计中我力图创设了购买“奥运福娃”的情境来学习“用字母表示数”。其目的是想以学生熟悉的生活经历为素材，直接让学生自由选购商品，并列出求总价的式子。想以此情境来激发学生的学习积极性。但是从课堂效果来看，却出现很大反差。用这个情境学习完后，老师就用“数青蛙”的题目进行了测试：

出示数青蛙的儿歌：

1 只青蛙 1 张嘴，2 只眼睛 4 条腿；

2 只青蛙 2 张嘴，4 只眼睛 8 条腿；

3 只青蛙 3 张嘴，6 只眼睛 12 条腿；

……

提问：你能用一句话概括出这首儿歌吗？

检测的结果是：当时全班有45人，在学习了如何用字母表示数后，概括出正确儿歌的学生仅有10人，占全班的22.2%，明显反映出大多数学生没有理解用字母表示数的意义，没有掌握用字母表示数的方法。这节课的教学显然是低效的。究其原因，在很大程度上是由于原有的教学设计中情境的创设缺乏趣味性。看似熟悉的购物情境其实并非学生感兴趣的生活经验，只是教师的一厢情愿，是教师为了情境而虚拟的情境，导致学生学习兴趣不高；缺乏挑战性，导致学生探究的热情不高。课后，田立莉老师建议我把书后练习中数青蛙的儿歌作为这节课的学习情境，因为这首儿歌不仅喜闻乐见，能使学生有效地保持学习的注意力，能够激发学生的学习兴趣，使学生能够加入到思考的行列中去。而且当提出："你能用一句话来概括这首儿歌吗？"这个问题也是非常具有挑战性、具有探究的价值，能够激发起学生解决问题的探究欲望。最后通过课堂实践，确实取得了比较好的教学效果。

所以根据小学生的认知规律、心理特点及教学内容，应该创设良好的学习情境，这样才有助于激发学生学习兴趣，产生对新知探究的需要。因此这个学习情境应该是现实的、有意义的、有价值的、有挑战性的。

3. 有效地利用学生的生成，让课堂神采飞扬

课堂之所以充满生命力，是因为我们面对的是一个个鲜活的个体；课堂的教学价值在于每一节课都不可能复制的生命历程。生成的课堂需要教师应以新课标、新理念作指导，灵活运用课堂上的动态生成资源，并能把握好课堂生成资源，同时给予恰当、充分的肯定，甚至再度发掘利用从而优化课堂效果，提高课堂效率。

在《用字母表示数》新的教学设计中，很多地方都是利用了学生的生成作为学习的资源。比如老师提出问题，让学生用一句话

来概括“数青蛙”的儿歌。当老师提出问题后，我没有急于先让学生小组讨论，而是让学生先独立思考，把自己的想法写下来。这样做，一方面培养学生独立解决问题的能力，避免有的学生人云亦云，依赖他人的学习心理。另一方面，学生们独立想出的办法无论是合理还是不合理的都是课堂上自然生成的学习资源。果然，学生概括出的几种情况有的是在老师预设之中的，有的是在老师意料之外的。然后再组织学生们对几种不同的概括情况进行讨论交流。在新的教学设计中，学生们针对“哪句话概括的合理，哪句话概括的有问题需要改进”这一问题进行讨论时，学生们也是各抒己见，在对比讨论中自然对“字母既可以表示数，又可以表示数量关系”这一特点有了清晰的认识。教学难点自然突破，取得了非常好的教学效果。

所以好的教学情境，能迅速吸引学生的注意，激活学生的思维状态，使他们以饱满的热情投入到探究知识的活动中。因此，在教学实践中，教师应努力摆脱传统的教学模式，创设有效的教学情境，并依托情境，让学生在情境发生、发展过程中学习数学、发展数学、体验数学的价值。

## （四）创造性地分析与选择学习内容——让“教什么”更明确

### ——《小数大小的比较》教学实践

执教：陈千举

导评：田立莉

教材是课堂教学的知识载体，是教师进行教学的基本材料和学生认识世界的媒体，也是师生双边活动的主要依据。现代课程论认为，教师是课程的开发者、决策者和创造者，教师应抓住教材的本质，对教材进行适度开发，进而激发学生的学习兴趣和潜能。

教师对教材进行分析研究，是教师工作科学性的重要体现，是一个认知过程，又是一个创造过程。从认识论的角度来看，理解教材是一个由表及里、由浅入深、由此及彼、由部分到整体、由现象到本质的升华过程。从创造的角度来看，钻研教材也是一个深入研究、多向思维、捕捉灵感、开拓突破的创新过程。

《小数大小的比较》教学实践，陈千举老师就创造性地分析与选择学习内容，给我们留下了思考——让“教什么”更明确。

教学内容

北师大版小学数学四年级下册第 9 ~ 11 页——比大小。

教学目标

1. 在具体的问题情境中，理解并掌握小数大小比较的方法。

2. 通过教与学的互动，帮助学生建立分类、有序的数学思考方法，进一步感受数学与生活之间的密切联系。

3. 在自主与合作探究的学习过程中培养学生认真观察、思考的学习品质及抽象概括总结的能力。

教学资源

PPT 课件

教学理念：

把学生看成发展中的人，看成具有独立意义的人，看成一个个有思想、有情感的鲜活的生命体；所以教学中我注重以生为本，以生为鉴，以生为源，每个教学活动都充盈着对学生以鼓励，教学生以自信，还学生以公正，真正让学生享受课堂教学的“六大解放”。（解放他们的头脑，使他们能想；解放他们的双手，使他们能干；解放他们的眼睛，使他们能看；解放他们的嘴，使他们能谈；解放他们的空间和时间，使他们有足够的时空去探求数学的奥秘。）

教学过程：

**创设情境，引发思考**

师：孩子们，喜欢运动吗？

生：喜欢。

师：说一说你喜欢哪一项运动，为什么？

生1：我喜欢跑步，因为这是我的长项。

师：嗯，没错！往往兴趣和成绩总是分不开的。

生2：我喜欢游泳，游泳在锻炼身体方面作用很大。

师：对，我同意游泳很锻炼人；而且我还知道游泳是一项技术含量很高的运动，因为到现在我都没学会。

（生笑）

生3：我喜欢打乒乓球，因为这是我们的国球。

师：好孩子，你让我们大家感受到了你对我们国家的热爱。还有那么多同学在举手，看来说起运动，太多太多了。你们知道吗？我也喜欢运动，知道为什么吗？

生：不知道。

师：其实有一条你们肯定知道，那就是运动可以强健我们的体魄；而且呀，运动当中还蕴藏着有趣的数学问题，信吗？

生：信。

师：那我们就一起来看看？

生：好。

评析：师生探讨对“运动会”的感受，引出关于一张跳远成绩记录单的争论。

师：（结合投影）一张跳远成绩记录单，很遗憾，有点残缺，但现在你能知道什么？

评析：感知整数部分的比较

A：3.84米；B：4.01米；C：3.□9米。

（生静思半分钟，陆续有人举手）

生1：我知道B跳得最远。

师：你从哪儿看出来的？

生1：因为只有B跳的是4米多，而A和C都是3米多。

师：你们同意他的看法吗？

生：同意。

师：很好，你们从整数部分找到了第一名。那第二名又是谁呢？

评析；学生分类思想的形成

生（有些犹豫）：不一定。

师：那A是第二名？

生：那不一定。

师：那C是第二名？

生：也不一定，C不知道是多少。

师：听你们的意思，决定第二名需要分情况？

生：对。

师：那好，假如C是第二名会怎样？

（生立刻开始小声嘀咕）

生1：那C可能是3.89米。

生：也可能是3.99米。

师：看来还不止一种情况，但其中有可能是3.89米，你们认为3.89要比3.84…

生：大！

师（板书的同时）：那你们有充分的理由说明3.89比3.84大吗？（板书：3.89 3.84）

（生有些不知所措，师给其互相交流的时间）

生1：3.89和3.84的整数部分都是3，十分位都是8，而百分位9比4要大，所以3.89大于3.84。

师：嗯，一位一位地比较出大小关系；有谁和他想的一样？

（大部分同学举手）

生2：3.89表示有389个0.01，而3.84则是有384个0.01；

389 个大于 384 个，所以 3.89 大于 3.84。

师：你们听清他的理由了吗？他是从计数单位个数的角度进行比较的，即学即用——好！

生 3：3.89 表示$\frac{389}{100}$，而 3.84 表示$\frac{384}{100}$；因为$\frac{389}{100}$大于$\frac{384}{100}$，所以 3.89 大于 3.84。

师：合理地利用了小数与分数之间的转化，利用分数比较的方法证明了小数的大小关系，很会思考！

生 4：3.89 米就是 389 厘米，而 3.84 米就是 384 厘米；389 厘米大于 384 厘米，所以 3.89 米大于 3.84 米。

师：我建议听清楚的同学把掌声送给他，合理地进行单位转化，把小数大小的比较转变成了整数比较的知识，思路很巧妙——高！

师（边总结边完善板书）：同学们，你们从不同角度说明了 3.89 与 3.84 的大小关系，理由真的很充分；现在我们更加清楚地认识到 3.89 确实大于 3.84。（板书：>）

师：3.89 好像只是我们说到的其中一种情况，C 如果是第二名，他还有可能是…

生：3.99 米。

师：因为 3.99 也同样大于 3.84（板书：3.99 > 3.84），用我们刚刚的理由是不是同样可以证明？

师：刚刚对于 C 是第二名我们作出了合理的思考，但我们知道 C 完全可能是第三名，对于 C 是第三名，你们又会产生哪些思考呢？

（学生们反应很快！）

生 1：那 C 跳的可能是 3.19 米至 3.79 米。

师：看来你考虑得很全面，说出了一个范围。

生：不对，还有可能是 3.09 米。

师（面向生1）：你听到他们的建议了吗？

生1（会心一笑）：听到了。（点点头）

师：孩子们，一张小小的跳远成绩记录单就引发了你们这么多有价值的思考，而且思考中透视出你们的有序、全面和互相采纳；我建议为我们在本堂课上的第一次成功鼓掌。

评析：学生已有的知识和生活经验全部调动起来，运用于小数的大小比较的过程中，学生的思维全部展现出来。

学生通过对选手跳远米数的讨论，系统感知小数大小比较的方法；这里体现出学生用多元化的解题策略来深刻地理解两个小数大小的比较；同时又培养了学生一种有序、全面思考问题的数学方法。

**抢答激趣，建立方法**

师：你们让老师领略到了你们的善于思考，相信在反应速度上你们一定也很出众，敢不敢接受挑战？

生：敢。

师（结合投影）：有结论时马上就说。

投影：迅速抢答应填“>”，还是“<”？

（投影依次出示：3.2与2.3；1.28与1.2801；0.318与0.35）

（生相应予以抢答并相应简要说明理由）

师：如果说之前你们让我体会到了多种比较小数大小的方法的话，那你们刚才如此快速的比较又是选择了哪种方法呢？

生1：就是一位一位地比就行了。

师：嗯，说得很概括，能再清楚一些吗？

生2：先比较小数点前面的部分，再比较后面的部分。

师：好，清楚一些了；那小数点前面部分叫做什么部分？后面又叫做什么部分？难道所有小数大小比较时两部分都要比吗？

生3：应该先比较小数的整数部分；如果整数部分相同，再比较小数部分的十分位；如果十分位相同，再比较它们的百分位；以此类推……

师：同学们，对于这个回答，你们觉得怎么样？

生：很清楚。

师：正如你们所说的，他回答得非常完整；而且他还很好地用到了一个词……

生：以此类推。

师：你们知道它的意思吗？

生1：就是跟前面的一样比。

生2：就是后面的百分位相同就比千分位，千分位相同就比万分位，一直比到出现大小区别为止。

师：你们的理解和他的一样吗？

生：一样。

师：同学们，你们刚才的回答非常完整、清楚。其实这正是今天我们这节“小数大小的比较”的方法，跟我们的整数大小的比较方法有很大相似。（板书课题：小数大小的比较）

评析：抢答题的安排是为了使学生进一步体验小数大小的比较的最佳方法，同时激发学生的表现欲，享受获取成功的喜悦。然后再引导学生用自己的语言较系统地概括出小数大小比较的方法。

**巩固拓展，提升认识**

师：如果说跳远场地引发了我们对小数大小比较方法的思考，那下面的赛跑场地则会给我们带来更深的启发，我们来看看！

（投影：60米赛跑成绩记录单：A：9.89秒 B：10.08秒 C：10.1秒 D：9.88秒）

师：成绩已经记录下来了，下面该做什么了？

生：排名次。

师：你们能帮他们排名次吗？

生：能。

师：请大家独立为选手排名次，并写在纸上。

（生独立安静地进行，师行间巡视并选有代表性的到黑板进行板示）

师：同学们，他们在黑板完成的时候，你们认真观察：他们的表达使你学到了什么？你们有没有什么问题要问他们？

生1：D＜A＜B＜C

生2：D　A　C　B

9.88秒＜9.89秒＜10.1秒＜10.08秒

第一　第二　第三　第四

生3：C.10.1秒＞B.10.08秒＞A.9.89秒＞D.9.88秒

师：你们三位同学可以互相欣赏一下别人的成果，另外还要听清下面同学对你的评价。

生4：我比较喜欢第2位同学的表达方式，它很完整、很清楚；但我有个问题，C和B哪个大？

生2（皱了皱眉头后笑了）：对不起，我弄错了！（急忙去改）

师：我们下面的同学观察得很仔细，上面的同学也能知错就改，都是好样的！但我有个问题，（对生2）你开始为什么把C和B比错了？

生2：我没注意，想成位数多的数就大了；其实10.1是10.10＞10.08。

生5：我想请问第三位同学，跑步时是时间越长越快，还是越短越快呢？

生3（看着黑板答案犹豫）：应该是时间越短越快，我给弄反了。

师：在同学的提示下，你发现了自己的问题；相信这不是你一个人的问题（环视下面，有一部分学生不好意思地一笑），我们应该感谢帮助我们发现问题的同学，但我们更要为你们下面的及时修改表示祝贺（对生3做出修改示意，对下面的同学做出修改示意）。

生3：C. 10.1 秒 > B. 10.08 秒 > A. 9.89 秒 > D. 9.88 秒

第四　　第三　　第二　　第一

师：嗯，你很聪明，现在我们看出你是从慢到快排的顺序，对吧？

生3（“坏”笑着点头）：对。

生6：我觉得第一个很好，因为它最简单。

生7：但是第一个让我们不能清楚地知道名次的情况，不知道的人还得去猜。

师（对生1）：那你能不能在简洁的基础上让大家看得更清楚呢？

生1（笑着忙改）：1　2　3　4

D <A <B <C

师：（对前面三个同学）我想你们应该感谢下面的同学，是他们帮你们完善了对这个问题的认识。

生1、2、3：谢谢大家！

师：（对下面）我们大家也应该感谢他们三个，是他们给我们带来了很多启发，使我们清楚了对这个问题的认识。

（生鼓掌示意）

师：（请三位同学回到座位）同学们，刚才的思考给了你什么启发？

生3（迅速举手）：跑步和跳远不一样，它是时间越少反而跑得越快；跳远则是数越大成绩越好。

师：从你们的不再举手可以看出你们和他有同样的认识。你们很有心，利用小数大小的比较方法成功为四位选手排了名次，而且还深刻体会到了生活中时间与速度之间的关系。

评析：运用小数大小的比较方法来解决生活中时间和速度的关系问题；这里不仅进一步巩固小数大小比较的方法，而且采取让学生尝试错误，在生生间产生分歧时，通过学生间的互动、辩论中完成对问题的解决。

**寓教于乐，融会贯通**

师：思考了这么多问题，下面我们做个小游戏休息一下。（拿出准备好的扑克牌）认识它吗？

生：扑克牌。

师：这是我特制的扑克牌，每张扑克牌后面都有一个非零的数字；如果我这样（按顺序贴到黑板上）左面的是几位数？右面的呢？

生：四位数；五位数。

师：现在我们能比较它们的大小吗？

生：能，右面的大。

师：能说说理由吗？

生1：因为两个整数进行大小比较，位数越多的数就越大。

师：现在我们有了新朋友，我们请我们的小数点也参加到我们的游戏当中（在旁边放上两个可移动的小数点），你猜这两个数的大小关系会出现怎样的情况呢？下面给你们几分钟的交流时间。

（学生之间进行激烈的小组探讨，师到组间抛砖引玉）

（交流完毕）师：哪个小组愿意将你们小组的想法说给大家听呢？

（学生们有些犹豫）

师：看来这个问题有点复杂，那下面老师先来控制其中一个小数点，我把它放在了这儿；你来控制另一个，他们的大小会出现什么样的情况？

（生举手变得踊跃）

（组1）生1：我放在这儿，左边的数大。

生2：我放在这儿，右边的数大。

生3：我放在这儿，也是右边的数大。

生4：我放在这儿，还是右边的数大。

师（对下面）：你们同意他们所说的吗？

生：同意。（有人在举手）

师：看来你们回答得不错，而且回答时还有分工。我们再看看下面举手的同学有什么想法？

生5：你们为什么有一个地方没有说呢？

组1：因为小数点摆在那它们的大小不能确定。

生5：嗯，这回我明白了，我还以为你们不知道呢！

师：我们的同学很会倾听，现在我们都发现了，如果摆在这里，这两个数的大小就不能确定；那如果想知道它们的大小关系，有没有办法？（请四位同学回到座位）

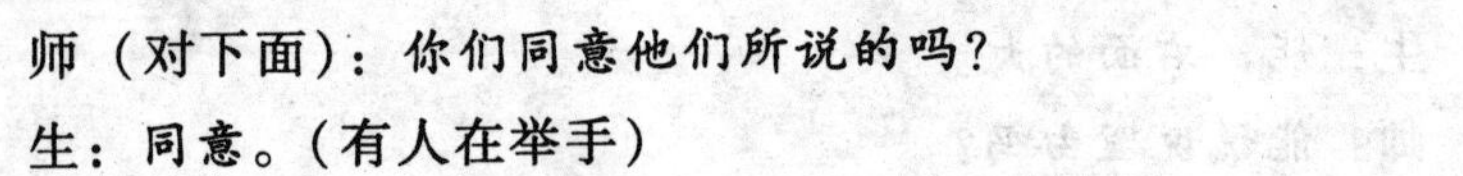

生：翻牌。

师：下面我们再请两位同学到前面来进行翻牌；翻牌前，请问大家，如果想快速知道两个数的大小关系，我们是随便乱翻吗？

生：不是，从前往后翻。

师：（请了两位课堂表达上不太自信的同学）你们每人控制一个数，我们其余的人来提示翻哪张牌，好吗？

生：好。第一张；第二张；第三张；第四张。

（黑板上依次出现：12.35　12.34■）

生：左边的大，大于、大于……

师：还有一张没翻呢？

生：不用了。

师：那张牌有可能很大呦！（边说边翻——9）9也不行吗？

生6：百分位之前都一样，百分位5＞4，已经说明12.35＞12.34■，所以都不用再翻了。

生（七嘴八舌）：对，对。

师：同学们，随着你们对小数点最后一个位置的解决，在这种情况下的两个小数的大小关系已经被你们彻底考虑清楚了；但这只是我对左边数的小数点控制的一种情况而已，当这个小数点在其他位置时，你们是不是已经知道如何去考虑了？

生：知道了。

评析：利用学生喜闻乐见的扑克牌游戏，进一步巩固小数比较大小的方法。玩中有得，玩中有获。

师：我们将带着思考走出我们的课堂，对于本节课，给你留下了什么？你还有什么遗憾的地方？

生1：这节课很有意思。

生2：我觉得这节课怎么这么短？

生3：我很喜欢最后的扑克牌游戏，它很考验人。

生4：我希望数学课活动多一些，问题再难一些。

**总评：**

本节课教师在以下两方面做得比较成功，体现了新课程理念。

1. 改编例题，创造性地使用教材

教师整合和丰富教材，创造性地分析与选择学习内容。即按照能力培养的要求，增加引发学生思维的资料和训练能力的活动。改变教材的呈现顺序，以利学生自主探索。更换内容、例证和练习，以适应学生的能力水平和兴趣爱好。

实践表明，学生的数学学习是其“已有认知结构同化新知识”的过程，能够在学生已有知识经验基础上挖掘新问题，有利于激发学生的兴趣。

“小数大小的比较”是北京版九年义务教育六年制第八册教科书第94~97页的教学内容。原书的例1. 比较3.46元和3.52元的大小。例2. 比较0.09米和0.065米的大小。例3. 把3.34、4.1、3.4、3.339按照从小到大的顺序排列。本节课教师执教的《小数大小比较》一课的第一教学活动没有采取先整数比较，再小数一位一位比较的常规教学模式，而是将一个不完整的跳远成绩单呈现给学生：

A. 3.84米　　B. 4.01米　　C. 3.□9米

看到这个成绩单，“你知道了什么？”“你还能想到什么？”

该情景和问题的创设充分利用学生对整数比大小已有了一定的认识这一优势，改编例题，提出“如果B是第二名或是第三名”这一问题，引起学生对小数比大小的关注，成功地引导出学生从多角度思考小数大小比较的方法，将旧知识迁移到新知识，扩大了学生的思维空间。

2. 建构富有现实意义的数学经验

联系生活的实际，沟通数学与生活之间的联系，找准学习内容与生活的结合点，创设和谐的课堂教学生活情景，调动学生的学习积极性与兴趣，建构富有现实意义的数学经验。

数学学习离不开数学化过程，而数学化的过程需要学生积累丰富的数学经验，才能有效地实现把数学知识应用到生活中去，让学生在更高层次上形成数学经验，这是一条培养学生的良好数学素养的重要途径。

本节课教师在学生认识了小数比较大小的方法后，不忘记让学生结合生活的实际给出“60米赛跑的成绩单”，引发学生对其排名次。不仅巩固深化了小数比较大小的方法，还将有助于学生对速度与时间关系的深刻理解。这种把数学知识与生活联系起来的设计，帮助学生建构起了更富有现实意义的数学经验，这是学生知识内化的过程，是“原有认知结构同化新知识”的真实体现，是一种有效的数学学习。

教师在本教学活动中，注意观察、倾听，随时捕捉教学过程中的各种信息，为我所用，为生所用。

总之，教师在教学中践行“以人为本”的新理念，把握教材编制的命脉，科学、合理地选择学习内容，不仅“教”得明白，而且“学”得清楚。达到了激发学生的学习兴趣和潜能，促使学生在知识、能力、情感态度、价值观等方面全面发展。

## （五）“问题”是学生的好朋友

### ——《组合图形的面积》教学实践与思考

**课题名称：组合图形的面积**

**教学年级：五年级**

**执教者：吕玉娟**

**指导者：田立莉**

**单　位：海淀区巨山小学**

**上课时间：2006 年 12 月 6 日**

**教学内容分析**

**· 单元主要内容及课时分配**

| 内容 | 建议课时 |
| --- | --- |
| 组合图形面积 | 2 |
| 探索活动：成长的脚印 | 2 |

· 教材编写特点和编写意图

1. 组合图形面积

(1) 从多角度思考解决组合图形面积的计算问题

组合图形是由几个简单的图形组成的一种图形，从不同的角度认识，每个图形均可分为相应的几个部分。学生在解答中也将产生不同的思考方法，它们可以根据自己的经验、思考与解答习惯，去思考如何解决问题。在与同学的交流过程中，及时地吸取好的方法，从而形成多角度思考的习惯。

(2) 能根据各种组合图形的条件，有效地选择计算方法并进行正确解答。

2. 成长的脚印

(1) 在估计不规则图形面积的过程中提高学生的空间观念

现实生活中存在着大量的估计与计算不规则图形的面积，学生要解决现实问题必然会接触到，因此借助课堂教学的平台，给学生一些解决类似问题的方法就显得非常重要。对学生来说，会计算图形的面积固然重要，但形成较强的空间观念，更是学生学习的重要方面。

(2) 能用数格子的方法，计算不规则图形的面积

·教材内容的数学核心思想

培养学生独立思考，认真观察。通过对图形的分割、添补培养学生的空间想象力，提高将所学知识进行综合的能力。运用比例尺进行换算。

**组合图形的面积学生调研方案**

调查时间：2006 年 11 月 5 日

调研目的：

1. 了解学生学习“组合图形的面积”这部分内容的有关基础知识。

2. 了解学生与“组合图形的面积”有关的生活经验和学习经验。

3. 了解学生学习“圆的组合图形的面积”这部分内容可能存在的难点。

4. 了解学生学习“组合图形的面积”的兴趣点及喜欢的学习方式。

调研形式：调查问卷。

调研对象：五年级二班的学生。

调研内容及形式：

（一）问卷调查（全班所有学生）：

1. 求出下列图形的面积。（单位：米）

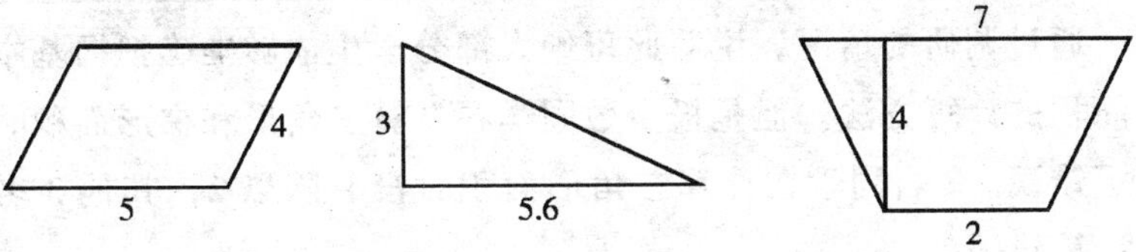


目的：调研学生已有基础知识的掌握情况。（计算基本图形面积的方法）

2. 下面各个图形可以分成哪些已学过的图形，你有几种分法？

目的：调研学生会不会将图形进行分割、添补成以前学过的基本图形。

3. 请你求出这个图形的面积并说说你是怎么做的。

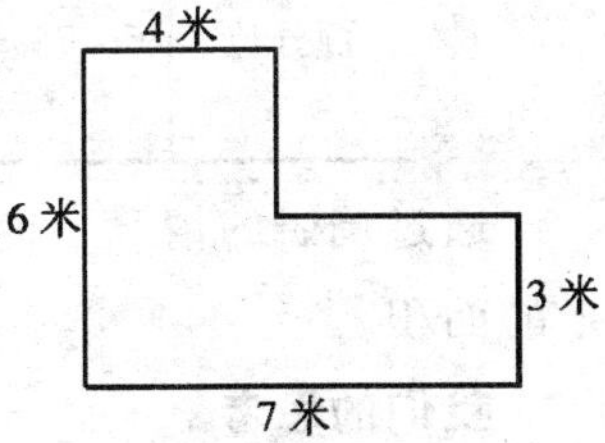


目的：调研多少学生能通过分割或添补把这个组合图形转化为已学过的基本图形，再进行面积计算。

**组合图形的面积学生调研分析**

（一）调查问卷

1.

<table>
<tr><th rowspan="2">回答情况</th><th rowspan="2">正确</th><th colspan="2">错误</th></tr>
<tr><th>三角形面积</th><th>梯形面积</th></tr>
<tr><td rowspan="2">人数</td><td rowspan="2">40</td><td>3</td><td>2</td></tr>
<tr><td colspan="2">5</td></tr>
<tr><td rowspan="2">百分比</td><td rowspan="2">88%</td><td>6.6 %</td><td>5.4%</td></tr>
<tr><td colspan="2">12%</td></tr>
</table>

通过调研的情况，说明此班绝大部分学生能够准确把握基本图形面积的计算方法。但是极少数同学在计算三角形和梯形面积时出现了错误。2 名同学在计算三角形面积时没有除以 2，其他 3 名同学计算错误。

2. 通过调研，所有的学生都能把这些图形分割成已学过的基本图形。

3.

<table>
<tr><th rowspan="2">回答情况</th><th rowspan="2">正确</th><th colspan="2">错误</th></tr>
<tr><th>计算错误</th><th>不会做</th></tr>
<tr><td rowspan="2">人数</td><td rowspan="2">30</td><td>10</td><td>5</td></tr>
<tr><td colspan="2">15</td></tr>
<tr><td rowspan="2">百分比</td><td rowspan="2">66.7%</td><td>22.2 %</td><td>11.1%</td></tr>
<tr><td colspan="2">33.3%</td></tr>
</table>

通过调研的情况，说明学生能用分割或添补的方法计算组合图形的面积。

**我们的思考**

学生已经学习了平行四边形、三角形、梯形这些基本图形的面积计算方法，从整理数据来看，学生对组合图形的分割、添补及面积的计算并没有感到困难。学生只是巩固已学过的基本图形的面积计算方法。为此在保留教材知识框架的同时，进行拓展。打破以往的教学模式，突出计算组合图形面积的方法多样化，进行多种方法的优化；突出分割、添补的有效性；并且在本课设计中增加了估算，而且让学生初步运用比例尺解决问题。以学生非常熟悉的巨山小学学校平面图为切入点来激发学生的兴趣，让学生在独立思考、小组合作、全班交流等多种学习方式的情况下，探讨、研究求组合图形面积的方法。

策略的知识、方法的知识比技能技巧更重要。本节课并不是要教会学生求几个组合图形的面积，而是让学生体会到割补、转化的方法是求未知平面图形面积的重要策略。当学生真正获得了策略的知识、方法的知识的时候，就能举一反三、触类旁通。

**学习目标**

1. 知识与技能

（1）在自主探索的活动中，理解计算组合图形面积的多种方法。

（2）能根据组合图形的条件，有效地选择计算方法并进行正确的解答。

（3）能运用所学的知识，解决生活中组合图形的实际问题。

2. 情感态度

感受数学与生活的密切联系，体会数学学科的魅力。

3. 教学重点、难点

（1）理解计算组合图形面积的多种方法。

（2）有效地选择计算方法并进行正确的解答。灵活运用分割、添补的方法。

（3）运用比例尺进行换算。

## 教学活动

| 估计时间 | 教师授课行为 | 学生学习行为 | 设计意图 | 辅助手段 |
|---|---|---|---|---|
| 10分 | 一、独立计算、集中方法：<br>1. 导入：<br>师：同学们，你们来自祖国各地，能不能向在座的老师介绍一下，你来自哪里？你们从祖国的四面八方来到巨山小学，喜欢这里吗？这就是你们所喜欢的巨山小学的占地面积图。想知道巨山小学的占地面积大约是多少吗？（想）<br>2. 师：数学离不开算，那你们就算算吧！<br>师：抽象成直的。<br>师：给你们数据。这下可以了吧？<br>3. 导：从你们的坐姿和眼神就能看出，你们成功了。比比谁的发言思路清晰，语言简练。<br>师：（板书）你真会听，会从别人的发言中吸取精华。怎么分割的能说具体点吗？<br>还有谁用了不同的分割方法？你把图形分割成了什么和什么？<br>师：除了分割还有什么方法？<br>板书：添补<br>师：你添了一个什么形？补成了什么形。<br>4. 我把你们的方法做成了课件，想不想看看。你们要快速说出用的是分割，还是添补，分割分成了什么和什么？添补添上了什么形，补成了什么形 | 学生根据已有的知识经验回答问题，并计算巨山小学的面积<br>学生计算<br>学生交流<br>生1：我把图形分成了三角形和梯形<br>生2：我把图形分割成了长方形和梯形<br>生3：分割成了大三角形和小三角形。<br>生4：添补。<br>学生根据课件的播放快速说出计算的方法 | 让学生体会从生活中的不规则，抽象成数学中的不规则图形的过程。<br>根据自己已有的知识经验独立计算出巨山小学的占地面积。<br>在交流的过程中，总结计算组合图形面积的多种方法。<br>巩固分割添补的方法 | 课件 |

（续）

| 估计时间 | 教师授课行为 | 学生学习行为 | 设计意图 | 辅助手段 |
|---|---|---|---|---|
| 20分 | 二、两人合作，体现有效分割：<br>1. 师：这是巨山村的占地面积图。巨山小学坐落在巨山村，你能根据巨山小学的占地面积估计出巨山村的面积大约是多少平方米吗？<br>师：那你能口算出大约是多少吗？<br>师：到底谁的估计更接近准确数呢？我们还要动笔算一算。<br>师：这次的数据我可不给了。但相信你们一定能行。怎么办？<br>师：对，借助手中直尺量。请看提示，谁来读一下。<br>几句提示后，你明白了什么？<br>2. 师：看你们讨论得这么热烈，一定有不少方法。我们交流一下。先说你用了什么方法，（分割）分割成了什么和什么？（添补）添上了什么形，补成了什么形？<br>师：谁和他一样用了添补的方法，谁用了分割的方法？<br>师：不管是分割还是添补，都求出了巨山村的占地面积。我们看看谁的估计更接近准确值呢？掌声送给他。<br>3. 有效分割：<br>师：刚才你们计算时，我发现有一个同学是这样分割的。你们看行不行？（教师展示一名学生的分割方法）<br>师：通过讨论，说理，使这个问题更清晰了，分割时不能盲目，要有效，必须分割成已学过的规则图形。<br>你们很会学数学，有方法，有智慧，请你们带着方法和智慧，循着思维的印迹继续向前走，再次展示你们的方法和智慧 | 生1：巨山村大约有20个巨山小学。<br>生2：巨山村里大约有几个巨山小学，然后再乘巨山小学的占地面积，就是巨山村的占地面积。<br>生1：180000平方米<br>生2：200000平方米<br>生3：24万平方米<br>生：没有数据<br>生：用尺子量<br>生：测量完的数据保留整数<br>生：1厘米相当于实际的100米<br>学生合作测量计算巨山村的面积<br>生：我用添补的方法。添上了一个梯形，补成了长方形。结果是420000平方米。<br>指名介绍分割的方法<br>学生观察、思考<br>引起学生的争论<br>生1：行，分割成了一个梯形一个三角形。<br>生2：不行，不是梯形，梯形是一组对边平行的四边形，它分割后的对边不平行 | 培养学生估算的能力<br>在实际应用当中灵活地运用估算<br>巩固分割、添补的方法<br>根据生活经验运用比例尺<br>通过学生的观察、思考、争论，使他们明白一定分割或添补成已学过的基本图形 | 课件 |

（续）

| 估计时间 | 教师授课行为 | 学生学习行为 | 设计意图 | 辅助手段 |
|---|---|---|---|---|
| 8分 | 三、独立计算，体现多种方法。<br>1. 出示要计算面积的图形<br>师：有困惑的同学，可以看黑板上的算式。推测一下他用的什么方法，计算这个图形的面积。<br>2. 交流：<br>师：你找一名同学让他说说，你用的什么方法。<br>师：能把你的方法表示出来吗？可以找一人和你一起折。<br>2. 优化：<br>这么多计算方法，哪个方法更简便呢？<br>总结：你们把分割和添补的方法运用得淋漓尽致，不仅能根据图进行有效分割和添补，而且能根据算式推出方法，是分割还是添补，还能用折、划的方式表示怎样分割，添补 | 学生独立计算。把自己的方法展示在黑板上<br><br>学生上台说自己的方法 | 灵活运用分割、添补，并进行方法的优化 | |
| 2分 | 四、总结：<br>马上要下课了，谁能说说这节课我们做了一件什么事？谁的面积？(怎样计算它的面积呢？)<br>把未知的通过分割，添补转化成已知的，把未知转化成已知是解决问题的一种策略，转化是一种数学法，这种策略和方法不仅能解决数学问题，还能解决生活中的许多问题。希望你们遇到问题的时候，能退回到已有的经验，找到它们之间的联系，再解决问题。 | 生：计算面积<br>生：组合图形、多边形、不规则图形 | | |

**教学后测**

求下列图形的面积（单位：厘米）

1.

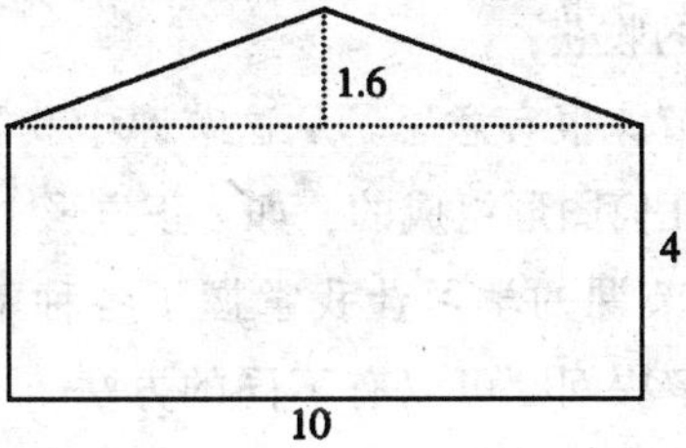


2.

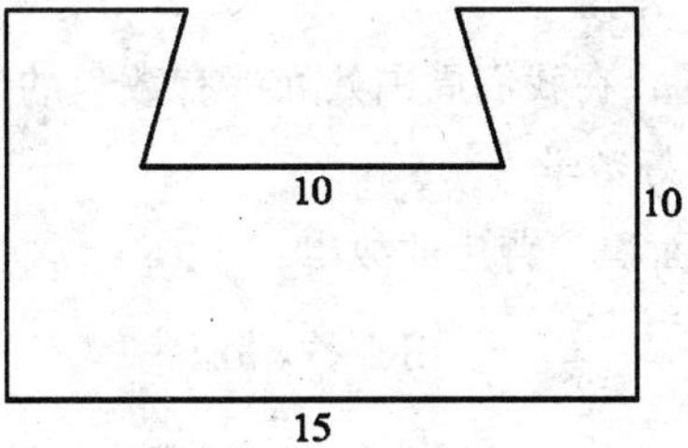


后侧情况：（人数：40）

1 题：

| 回答情况 | 正确 | 方法 | |
|---|---|---|---|
| | | 分割 | 添补 |
| 人数 | 35 | 37 | 3 |
| 百分比 | 87.5% | 92.5% | 7.5% |

2 题：

| 回答情况 | 正确 | 方法 | |
|---|---|---|---|
| | | 分割 | 添补 |
| 人数 | 34 | 8 | 32 |
| 百分比 | 85% | 20% | 80% |

后测情况分析：

通过后测发现学生都能正确运用分割和添补的方法进行组合图形面积的计算，但还有个别同学在运用分割和添补的方法上不够简便，导致计算繁琐，致使计算错误。

课后访谈：

谈谈这节课你的收获：

(1) 我觉得这节课很有意思。从这节课中我了解了再复杂的图形也是由各种简单的几何图形组成的，如：正方形、长方形、三角形。

(2) 我觉得这节课的学习让我掌握了各种不同的解答问题的方法，从而懂得了：解决问题可以有不同的方法，一种方法不行了，还可以实施另外的方法。

(3) 我了解了，在我们周围处处都有数学的影子，处处都要应用数学，所以我要学好数学。

“组合图形的面积”背后的故事：

**用心者，胜！**

巨山小学 吕玉娟

自2006年3月28日，在海淀教委领导的引领下，我有幸成为了特级教师田立莉的徒弟。这次拜师对我来说是人生的转折点，是我快速发展的助推器，师傅的真诚帮助和耐心指点使我走上了快车道。

1. 分析教材，分析学生

首先，教学内容分析：

单元主要内容及课时分配

| 内容 | 建议课时 |
|---|---|
| 组合图形面积 | 2 |
| 探索活动：成长的脚印 | 2 |

组合图形面积相关内容分析：

(1) 从多角度思考解决组合图形面积的计算问题

组合图形是由几个简单的图形组成的一种图形，从不同的角度认识，每个图形均可分为相应的几个部分。学生在解答中也将产生不同的思考方法，它们可以根据自己的经验、思考与解答习惯，去思考如何解决问题。在与同学的交流过程中，及时地吸取好的方法，从而形成多角度思考的习惯。

(2) 能根据各种组合图形的条件，有效地选择计算方法并进行正确解答。

(3) 在估计不规则图形面积的过程中提高学生的空间观念

现实生活中存在着大量的估计与计算不规则图形的面积，学生要解决现实问题必然会接触到，因此借助课堂教学的平台，给学生一些解决类似问题的方法就显得非常重要。对学生来说，会计算图形的面积固然重要，但形成较强的空间观念，更是学生学习的重要方面。

(4) 能用数格子的方法，计算不规则图形的面积

其次，学生知识层次分析与调查：

①研究目的

· 了解学生学习“组合图形的面积”这部分内容的有关知识基础。

· 了解学生与“组合图形的面积”有关的生活经验和学习经验。

· 了解学生学习“组合图形的面积”这部分内容可能存在的难点。

· 了解学生学习“组合图形的面积”的兴趣点及喜欢的学习方式。

②问卷调查（全班所有学生)：(略)

③调查结果思考

学生已经学习了平行四边形、三角形、梯形这些基本图形的面积计算方法，从整理数据来看，学生对组合图形的分割、添补及面积的计算并没有感到困难。学生只是巩固已学过的基本图形的面积计算方法。

2. 师傅辛勤的指导与收获成功

根据对教材、学生的分析，我开始上网找相关的资料和一些优秀教案，可这些教案好像出自一个人之手，不能说千篇一律，但课堂模

式基本相同。如何让学生在原有的基础上有所提高；如何去超越教材提高学生兴趣；如何使这节课有创新之处？我茫然了，不知所措。于是我带着这些疑虑、困惑去找师傅。她拨开了我心中的迷雾，就从巨山小学占地面积入手，孩子们每天学习的地方，再熟悉不过了，但谈到学校的占地面积学生肯定不知道，让他们根据已有的知识经验想办法计算出巨山小学的占地面积，学生的积极性肯定能调动起来。这是第一个活动。第二个活动，把巨山小学放到巨山村里，根据巨山小学的面积估计巨山村的面积，然后计算巨山村的面积。第二个活动既巩固了分割添补的方法，又增加了估算，而且还有运用比例尺，体现有效分割。第三个活动学生在运用多种方法时，进行优化。这不就是这节课的创新之处吗？可谓是一举多得！课的结构基本定型。师傅又把各环节的设计意图、目的帮我分析了一遍。她的分析就像把这节课上了一遍，听着师傅绘声绘色的讲解，听着她丰富的、富有号召力、感染力的课堂语言，我有了跃跃欲试的感觉。

从师傅处回来后，我开始梳理教案，制作课件。就巨山小学和巨山村两个组合图形的数据应该是多少，我就试了若干次。一切就绪后我进行了第一次试讲。一节课下来觉得干巴巴，我和学生根本就没有融为一体，我们都在很机械地做，没有感情投入，感觉一切都是静止的。浪费生命的40分钟结束后，师傅又在语言、细节等方面对我进行了细致的指导。修改后，我开始了第二次试讲。虽然比上一次稍好些，但也不尽如人意，课堂上随意性比较大，学生的积极性还是调动得不够充分。是在走教案，而不是和学生一起学习。

面临两次试讲的失败，我心烦、郁闷、苦恼。这时又是师傅帮我找到原因，更加细致地指导我。几天后我又开始了第三次试讲，由于我课堂语言的丰富，使这节课舒服了许多，但是一些细节方面处理得不好。比如：第一环节里，学生在说分割添补的方法时，一会儿说分割，一会儿说添补，没有顺序，给人感觉很乱，像是在“拉抽屉”。这个问题的出现原因在我，是我提问的导向性有误。当时我的提问是

"谁还有其他方法?"学生肯定会说与前面同学不一样的方法。如果没有师傅的分析，我根本没想到原因在我，我可能还要去埋怨学生。这也就是我们课堂上的细节，不是我们不关注，而是不知道怎样关注，甚至不知道这是个细节。还有第二个活动，处理有效分割时，学生讨论完后，没有课件的直观演示，而在干巴巴地说，有些学生理解不了。找到了不舒服的原因，马上修改。第一环节先说分割，"谁还用了不同的分割方法?"这样去提问学生还会去说添补吗?分割方法说完后再说添补。"除了分割还有什么方法?"可见的修改，让我体会到了数学的严谨。当我进行课件修改时，才发现，有一个地方的数据不正确，按我给的数据根本不是一个直角三角形，不符合勾股定理。没有这次修改，课堂上可能会出现知识性的错误。这对老师来讲是不可饶恕的错误。虽然课件修改到了凌晨1点，但是我觉得很值得。这次教案的修改，从入课的语言，导语，总结语，甚至学生回答问题后的对话，都一一预设出来，并且每句话都仔细斟酌。这些语言让学生保持昂奋的学习状态，又要起到承上启下的作用，还要包含着老师对学生的希望。比如：我希望学生回答问题时，语言要简练，所以我的一句导语是"比比谁的思路清晰，语言简练"。当我第四次试讲时，学生都积极主动地寻找计算巨山小学和巨山村面积的方法。除了时间上的把握不太好外，已不存在其他的问题。

12月6日正式上课，课堂上学生积极主动，兴奋、喜悦的心情都体现在他们的张张笑脸上。讨论时他们积极热烈，交流时他们的手举得很高，眼睛瞪得溜圆，个个跃跃欲试，唯恐落后，他们真的体验到了成功的快乐。本节课的教学始终贯穿着学生的自主参与，教师只是辅助学生参与到整个过程中，学生循序渐进的由探究到发现到总结，思维活跃，兴致勃勃。课堂成为师生、生生的互动过程，培养了学生自主探究、合作学习的能力，在数学知识技能的形成、情感态度的发展、思维能力的培养等方面均取得了较好的效果。看着孩子们体验成功时的快乐样子，我的心里比喝了蜜还甜。我想此时师傅的心里也和我一样甜。

我成功了，我真的体验到了咬过来的痛苦是幸福的，我找到了自信。当别人向我投来羡慕的目光时，我知道在这成功的背后，凝聚着师傅的智慧和心血，是师傅教学设计的独具匠心，教学方法的严谨细致，才给课堂带来了耳目一新的感觉，使学生在不断的思考过程中，体验数学学科的魅力；使听课的教师也从中有所收获。

此次的备课、磨课使我深深体会到了细节的重要性。细节会使课堂更完美。课堂上每一个小小的细节都对教学效果起着至关重要的作用。师傅曾经说过“细节能使课堂更精彩。可以复制专家的课堂结构，但不能复制细节”。

我也体会到了语言的重要性。课堂结构，犹如一颗大树的树干，小的环节就好似树的枝杈，要想使这棵干枯的大树充满生机与活力就要有茂密的绿叶，也就是教师的精练语言，它会使课堂舒服，和谐。

一分耕耘，一分收获；不用心，永远没有收获，所以，用心者，胜！

## 《组合图形的面积》教学后的思考

2007年11月写给吕玉娟

“上完课的一刹那做个深呼吸，真有一种如释重负的感觉，压在心里的石头终于落地了。坐下来静静地回味一下这段日子磨课的经历，饱尝了不自信时的烦恼，失败时的困惑，也品尝到了成功时的喜悦。”……从“如释重负”到“石头终于落地”，刻下了我们五次的磨课心路。

“第一次试讲，大的环节没有问题，问题在计算巨山小学面积的反馈环节。发现学生基本图形面积公式不会。而且不会找隐蔽数据。我没有及时处理学生中出现的问题。

第二次试讲，两人合作，计算结果正确率不高。问题还是在找隐蔽，计算巨山村面积时，给的时间不够。

第三次试讲，问题出在第二个活动，利用巨山小学的占地面积估计巨山村的占地面积。学生在没有根据，没有方法地估计。没有起到培养学生估算能力，学习估算方法的作用。所以这一环节删掉。

第四次试，讲计算花池的面积占用的时间长，而且效果不明显。为了关注差异，把这一环节改为学生能用几种方法就用几种，老师到学生身边去判。

第五次试讲，每个环节都按估计时间计时。看时间的分配是否合理。从头到尾把教案过一遍。”

我能体会到评优课给你带来的不仅是动力，而且有压力；从“不自信”、“困惑”到“成功时的喜悦”，我也看到了你对学科专业知识的渴望，对教学方法的追求，特别是这个过程的收获——“问题”是学生的好朋友。我伴随着你的经历也经历着怎样使你有自信，如何解决你的困惑，有效把握、调整课堂的过程。

教学过程是一种创设问题、提出问题和解决问题持续不断的活动。问题正是学生的需要，学生在整个教学过程中，不断出现问题、发现问题、解决问题，这也正是学生的智慧与创新的象征。

儿童思维的发展是外部活动转化为内部活动的过程。教师应尽量给学生创设趣味性、探索性、延伸性的问题情境，让学生主动呈现问题，形成良好的数学思维习惯，发展数学应用意识，感受数学创建的乐趣。

片段一：

师：“同学们，你们来自祖国各地，能不能向在座的老师介绍一下，你来自哪里？你们从祖国的四面八方来到巨山小学，喜欢这里吗？这就是你们所喜欢的巨山小学的占地面积图”——一个用曲线围成的不规则的图形呈现在学生面前。想知道巨山小学的占地面积大约是多少吗？——教师首先提出问题。

生：“想”——学生异口同声，投影上出现了不规则的用曲线围成的多边形——学生表情顿时显出茫然。

师："数学离不开算，那你们就算算吧！"

生："不能算！边是弯曲的。"——学生发现问题。

师："拉成直的。"教师微笑着说。

生："没数据。"学生摇着头。

师："给你们数据，这下可以了吧。"——让学生体会从生活中的不规则，抽象成数学中的规则多边图形的过程。

生：独立进入了计算——学生专注地探索问题。他们根据已有的知识经验在分析问题、探索问题，解决巨山小学占地面积的问题。

教师为学生提供应有自主探索的"巨山占地面积图"，学生有了问题才会探索，只有主动探索才会有创意，创设不规则多边形面积计算的问题情境，是促进学生建构良好认知结构的推动力，是体验数学应用，培养创新精神的重要措施。学生也由此探索解决多边形面积计算的内涵，为"分割"与"添补"知识方法的内化创造条件。

生1：我把图形分成了三角形和梯形……

生2：我把图形分割成了长方形和梯形……

生3：我把图形分割成了大三角形和小三角形……

……

生4：我添上一个三角形使他成为一个大长方形……

在交流的过程中，有的问题在学生之间就解决了，有的问题通过在教师的帮助引导下解决了。学生总结出计算组合图形面积的多种方法——分割后计算，添补后计算。这些方法已写在学生的笑脸上，准确地寻找已知条件已镶嵌在学生们的眼神里。

**"巨山村的占地面积大约多少平方米?"——问题带有延伸性**

学习数学就是为了解释和解决生活中、学习中的新的问题。在教学中，拓展问题情境的时间和空间，使得学生将自己的学习带入下一个新的起点，当再次面对新的数学知识时，就能主动地寻找实现背景，并探索其应用价值，同时还能做出合理的判断。

片断二：

师："这是巨山村的占地面积图"。——图形由曲线逐步变成直的多边图。"巨山小学坐落在巨山村，你能根据巨山小学的占地面积估计出巨山村的面积大约是多少平方米吗？你能口算出大约是多少吗？"——培养学生应用比较进行估算的方法。

生："180000 平方米"，"200000 平方米"，"240000 平方米"……学生更多地从大面积与小面积的比较中来进行估算，也正是老师设计此环节的初衷。

师："到底谁的估计更接近准确数呢？我们还要动笔算一算。"——培养学生数学的思考方法：验证。"这次的数据我可不给了。但相信你们一定能行。怎么办？"——教师继续创设问题情景，引导学生主动回忆知识，主动探索问题，解决巨山村的面积计算问题。

生："测量"大部分学生争着说。

师："对，借助手中的直尺量。请看提示，谁来读一下：①为了计算方便，测量数据保留整厘米数。②几句提示后，你明白了什么？"。——教师着重培养学生在分割或添补的基础上，动手测量所需数据，并能应用"图上 1 厘米相当于实际的 100 米"的提示，来求得巨山村的实际占地面积。"问题"不仅是学生学习的目的，也是学生学习的任务"驱动"，从而促进了学生的高效学习。

师："刚才你们计算时，我发现有一个同学是这样分割的。你们看行不行？"

生 1："行，分割成了一个梯形一个三角形。"

生 2："不行，不是梯形，梯形是一组对边平行的四边形，它分割后的对边不平行。"

教师及时追问，并展示一名学生的分割方法——学生的错例：分割后的错误图形，无论计算多么准确，结果也一定是错误的。

通过教师的课件演示，学生的讨论、说理，大家对这个错误的认识更清晰了。分割时不能盲目，要有效，必须分割成已学过的规则图形得到了同学们的共识——这正是本节课的精彩之处。

**“你能用几种方法，计算花池的占地面积?”——问题富有开放性**

你能用几种方法，计算花池的占地面积？在这种开放式的提问下，学生必然会展开多角度、全方位的思维活动，获取新奇和独特的反应：

“有困惑的同学，可以看黑板上的算式。”

“解答完的同学，推测一下你旁边的同学用的是什么方法计算这个图形的面积?”

教师两句亲切的话语，满足了学生间的接受差异。

“能把你的方法表示出来吗？可以找一人和你一起折一折。”解答方法的多样性，折一折的动手操作，使学生由思维的广阔性和灵活性向思维的优化型转化：

**“学生喜欢怎样的问题?”——教师要智慧设计**

1. 让学生思维富有灵活性，知识获取后进一步伸展——教师要智慧设计启发式提问。

启发式提问，是指提出的问题对学生具有很强的启发性和诱惑力，学生跃跃欲试，而答案又不能脱口而出，必须通过自己的思索和努力才能获取。这不是已有知识的简单再现，而是将已有知识重新整合，才能达到问题解决的目的。

如：“你能根据巨山小学的占地面积估计出巨山村的面积大约是多少平方米吗？你能口算出大约是多少吗?”

又如：“这次的数据我可不给了。但相信你们一定能行。怎么办?”

再如：“你能用几种方法，计算花池的占地面积?”

2. 让学生将问题的答案凭借自己的想象、估计，推测出来的，或是指通过证明后才能确定的——教师要智慧设计猜测式提问。

由于是猜测，学生感兴趣，情绪兴奋——想猜；由于是猜，学生能放开胆量，自由表述感猜；由于学生有一定的知识基础，心中有据能猜。而猜测以后的学生思维状态是急切的盼望证实。这时，证实猜测的过程便成为学生的渴望。

如：“到底谁的估计更接近准确数呢？我们还要动笔算一算。”

3. 大部分学生对所学知识已经掌握，但还不规范，或者是还不能深刻理解——教师要智慧设计适时地追问，有利于学生对所学知识的全面掌握。

如：“刚才你们计算时，我发现有一个同学是这样分割的。你们看行不行？”

4. 让学生明白教师提出的问题、解答方案不是唯一的——教师要智慧设计开放式提问。如：“你能用几种方法验证，这道题你能用几种方法解答，这个活动你有几种设计方案。”

5. 让学生对所求问题的答案不限于课堂所学的内容，也不限于所学课本的知识内容，而往往是超越课本知识以外的回答，其作用是开阔学生知识视野，为数学特长生提供表现自我的机会——教师要智慧设计突然提问。

如：“几个巨山小学的面积才是巨山村的面积，你能用几种方法解答？”

6. 互动交流，学生学会互问

“发明千千万，起点是一问”，从一个问题中，培养学生以问引问，借问说问，用问辨问，达到激活学生已有的知识和经验，引起认知冲突，说理争论，达成共识的目的。

如：生1：“行，分割成了一个梯形一个三角形。”

生2：“不行，不是梯形，梯形是一组对边平行的四边形，它分割后的对边不平行。”

问题是数学学习的核心，让学生在课堂教学中与问题携手前行才能使学生的思维与交流焕发出勃勃的生机——我们应牢记在心。

——田立莉

## （六）比赛场次

**教学背景：**

体育中的数学——《比赛场次》是北师大版第六册 76 页的内容，属于实践与综合应用领域的知识。学生在三年级上学期时，已经学会了用连线、列表的方法解决生活中的有关搭配和推理的问题。本节课是在此基础上进一步学习有序地用排列、图解等策略解决比赛场次中的组合问题。

**学情分析以及我的思考：**

教材呈现的情境是：世界足球赛，中国队所在小组共有 4 支球队，每 2 支球队之间都要进行一场比赛，问中国队在小组赛中要赛多少场？整个小组共赛多少场？

通过对学生情况的调查，学生对“每 2 支球队之间都要进行一场比赛”这句话不太理解，对足球比赛场次也比较陌生，因为他们大都经历的是淘汰赛。为了节约时间，我对教材进行了二度开发。选用学生易理解、喜闻乐见的体育课作情境，引入循环赛的研究。

**教学目标：**

知识目标：通过创设各种情境，让学生通过画图、画表等活动，学会不重复地安排比赛场次的方法，并且逐步理解有序搭配比赛场次的基本方法，使学生的思维逐步由具体过渡到抽象。

情感目标：让学生体会数学知识就在我们身边，培养学习数学的自信，体会数学的趣味性。

能力目标：培养学生有序思考的习惯和清楚表达的能力，渗透解决问题的策略是多种多样的。

教学重点：培养学生有序思考的习惯和清楚表达的能力。

教学难点：通过比较和直观演示充分理解场次重复的问题。

教具准备：幻灯片，号牌卡。

教学过程：在开始的时候体现每两个。

**创设情境**

同学们，你们都喜欢上体育，因为体育不仅强健体魄，而且让大家身心愉悦。可是你们知道吗？体育课当中还有数学问题呢？现在就请咱们课前选的四个人上来，为了让他们尽快进入角色，我们给他们每个人身上戴一个号牌，如果让他们参加跑步比赛，你是裁判怎么给他们排名次？我觉得你是按照大小个排的，如果比赛公平，应该怎么赛？（为了更加合理，我们采用单循环赛，让他们每两个人之间都比赛一场）（要手势）

教学策略：通过这个活动，创设学生熟悉的教学情境，激发学生兴趣，初步理解“每2个人比赛一场”的问题，为新课做铺垫。

**探究新知**

课件出示：

1. 如果这4名同学都要和其他三名同学各进行1场比赛，猜想他们一共要进行多少场比赛？（放课件）

（1）猜想：你认为有多少场比赛？（板书：12　6）

（2）验证：在白纸上可以用图或者是符号将比赛过程表示出来并和小组的人交流想法。教师在组间进行巡视。（此时，教师要找到几种表现形式。）（重复的和不重复的找一样的，然后再找几个不重复而且按照顺序排列的。）

（3）小组交流：派代表说说你的想法。（2个）

（4）代表到前面展示。

具体过程：我这里有一个12场和6场的具体比赛场次的安排，这是两种不同的答案但是表示方法相同（展示排列当中重复的和不重复的）。你能给你的方法起个名字吗？你认为哪个比较合理，说说你的想法。（重复的先讲，这个同学讲得头头是道，我觉得没什么不合理的，然后不重复的也讲，他说的时候给第一个同学提出问题说他重复了。）

过度语：我听你们说他的重复了，你们看看哪里重复了？（请一个同学上来指出来。问：你愿意接受他的建议吗？你上来改正吧。教师说明：他在改正的时候大家也要思考，但是你要把话憋在嘴里，不让自己出声。教师说明：因为我们要求的是每个选手和其他选手比赛一场，在一号选手比赛的时候已经和2号比过了，这里2和一比，无论是1和2还是2和1都是表示他们两个比赛，所以应该把这一场划掉。教师要强调1比赛3场2比赛两场3比赛一场一共加起来是6场。）

评价语言：你的思考方式虽然有的地方重复了，但是你做了大家的一面镜子，让大家知道自己错误的原因，也就是我们在进行排列的时候不能重复。（板书）。老师代表大家感谢你。

（5）请四名同学到前面表演

问题：先让谁和谁比赛？比几场？

问2号：你准备和谁比赛？为什么不和1比赛了？几场？

问题：3和几比赛？一共几场？

继续追问得数是12的同学，为什么是6场？（把黑板的12擦掉）

过度：看到大家的笑容我知道这个问题已经达成共识，因为通过我们共同的努力，排除了其中重复的场次，所以最后是6场。

教学策略：通过第一次比较和直观演示，让孩子理解比赛场次不重复的问题。

2. 这里还有几个同学都是6场比赛但是表现方法不同，大家在静静欣赏的同时一定要思考哪里是相同的。这个同学用的这样的排列方法，展示排列方法（弧线、杠线和文字描述）当中不重复而且有顺序的。

（1）展示弧线的。（单 总）

（2）展示文字的。（自己介绍。你介绍的让大家一听就明白）

（3）杠线。

问题：他的表示方法你能介绍吗？（你介绍得真清楚）你觉得他说的和你想的一样吗？（教师用彩色笔展示而且一定要突出每人几场共几场）谁观察到他们的共同点了？同桌说。他们是怎样有顺序的？

（4）他们是怎样的顺序呢？请4个同学演示。教师在前面画。评价语言：这个同学勤于观察，能从这么多的答案当中寻找到他们都有一个共同的顺序，很了不起（板书：有顺序）

（5）你们学会了有序的思考问题，你们给这种方法起个名字。

过度：同学们，你们利用有序的思考，不但描画出了排列的方法，而且设计了精美的循环图解法，看来有顺序地思考问题真是好处多呀！

教学策略：通过第二次相同方法的比较，初步感知有序排列的好处。同时知道解决同一问题的策略的多样性。

3. 比较出好方法。

我们还要细心观察，（文字和描线）这个方法（杠线）和文字有什么相同和不同？（你的话真简洁）你认为哪种更好？为什么？

（像这样4个数字4条弧线就能把比赛场次清楚地表达出来这就是数学的简洁）

教学策略：通过第三次比较，让孩子优化出几种比较好的方法。

过度：在我们的观察比较当中，不难发现数学点与线的有序排列之后的简洁之美，其实，数学还有许多值得我们欣赏的地方，现在就让我们带着有序的思考走进这个题目，继续去体会。你们有信心吗？你们能做对吗？

4. 如果有5个同学比赛，请你把比赛过程表示出来。

（1）请几个不同方法的展示。第一个：（相同的倾听可以补充，不同的吸取别人的优点）你在描述的时候干脆利落，值得老师学习。

第二个：（你们仔细倾听并给一些鼓励和建议）

（2）教师展示可以将 2 乘 5 的问题。大家帮他改正错误。

评价语言：这就是我们数学的科学严谨之美，虽然答案相同但是没有道理，不过相信所有人都非常感谢你，因为是你给大家一个二次学习的机会。

（3）把你的想法和别人说说。反馈结果。

教学策略：通过这个环节，关注不同孩子的认知程度。培养有序表达和清楚表达的习惯。

5. 看到大家这么热情，我也做了这个题目。你们给他起个名字。

（展示列表时）出示一个格大家讲解意思？为什么第一个格里没有星星？为什么在第二个格里 1 号和 2 号不比赛了？总场次应该怎样计算？（教师板书）你为什么第一个数字用 4 呢？6 个队比赛你会计算吗？8 个呢？如果大家想很快地计算这个题目，可以上网或者找一些关于高斯的书籍，里面会告诉你怎样解答。为什么斜线右面没有星了？如果出现星星是什么样？

说明：同学们，我们今天研究的是每两个人之间比赛一场的单循环赛，所以在比赛过程中不能出现重复的问题。其实在体育比赛中有时还经常遇到主场和客场的比赛，这个时候就会出现重复问题了，这样的比赛场次又会存在什么样的规律呢？看来生活当中需要学习的知识真是太多了，真是学无止境啊！

教学策略：通过这个教学环节，继续让孩子感知解决问题的策略的多样性，初步感知用算式解决问题的方便，了解数学深厚的文化内涵，对数学产生学习兴趣。

**课堂小结**

今天我们第一次走进体育的世界，发现在体育当中竟然有这么有趣的数学问题，我们利用有序的数学思想解决了有关比赛场次的问题，（板书）当你再走进体育世界的时候，你会发现体育当中的数学知识很多很多。

板书设计：

比赛场次（一）

不重复　有顺序

排列　图解　列表

算式

## 《比赛场次》教学反思一

刘雅美

参加世纪杯，作为海淀区的一名老师，应该是十分光荣十分渴求的事情。人们都说我们所看重的不是结果而是过程，在没有参加世纪杯以前，我觉得这是一种场面话，但是实际经历这个过程以后才真正理解这句话的含义。

1. 严师出高徒

2007年作为参加四季青世纪杯的老师，特别是数学老师是特别幸运的，因为今年我们不再是孤军奋战，我们有了坚强的后盾——四季青中心小学副校长——特级教师田立莉。田校长对我们要求十分严格，我从开始备战世纪杯一直到上课，大约一个月的时间，在这一个月里，教案被大幅度地改正了3次，其他的小改动不计其数，而且一般的情况都是今天改正完毕明天最迟是后天就要再次讲。这样的情况屡屡发生。田校长更是个要求完美的人，她对我们要求严格是对我们负责，我心里虽然明白这个道理，但是在实际中还是免不了埋怨。要求那么严格干什么？为什么连一句评价语都要背下来，甚至是连一个站姿一个动作都要细抠，太没有必要了吧。心里虽然这么想，但是事实却不容我改变。怎么办？唯一的办法就是向前冲。一次又一次，在自己看来根本不可能实现的目标实现了，根本不可能做到的做到了。当自己在课堂上面对孩子的回答和所发生的一切应付自如的时候，我知道了她的良苦用心。有多高的标准，就有多高的水平，我不能说这次四季青的数学课都是优秀，但是我敢说在我们原来的基础上前进了一大步。

2. 机会送给敢拼搏的人

人们都说机会送给有准备的人，我想说的是机会送给敢拼搏的人。在参加世纪杯前，我参加了中心的预选赛。为了准备这次说课，我精心准备了说课稿，并且在家里一次又一次地进行演练。但是，就在说课的前一天，中心突然下通知要求说课老师的稿子尽量在10分钟左右，否则要扣分。怎么办？为了达到完美，我抓紧时间进行删减，然后再重新背诵。大家知道，每当一个文件背诵熟练以后，再改正是非常困难的。为了尽快背熟练，我利用录音的方法，听了一遍又一遍，但是当我计算时间的时候，还在12分钟。此时时间已经是凌晨1点了。睡了两个小时以后，我再一次起来，一遍又一遍地背，把时间减少到十分半。当凌晨的第一缕曙光射进窗子的时候，我已经蛮有把握地准备参加说课比赛了。在赛场上我流利地将自己的课说出来，赢得了专家和老师的好评。人生能有几回搏！机会送给有准备的人，但是机会更愿意光临敢于拼搏的人！

3. 充满自信必定成功

今年比赛和往年不同的是，今年完全是熟悉的面孔参加，就是各个中心的教学主任以及区骨干老师。抽签的那天，我的心情有种说不出来的感觉，而且又抽到了第一天的第一节课。当时，我只觉得好倒霉啊！此时，田校长、王校长的安慰让我又一次鼓足了勇气。“没什么了不起，你是第一，就是个标准！”“你要有充分的自信，你就想，我是这些人里面最棒的！”……多好的领导，多好的长辈，多好的朋友，多好的同事！当我潇洒地在课堂上展示自己的风采的时候，我想起了一句这样的格言：信心百倍的人能战胜一切困难！

世纪杯所带给我的绝对不止是专业水平提高这么简单。通过备课上课这个过程，我除了自身素质的提高，更学到了许多人生更重要的东西……

## 《比赛场次》教学反思二

刘雅美

### 我的语言为什么苍白无力

语言是教学思想的直接体现，是教师使用最广泛、最基本的信息载体，在整个课堂教学过程中，学科知识的传递，学生接受知识情况的反馈，师生间的情感交流等，都必须依靠课堂语言，苏霍姆林斯基曾经有个十分精彩的比喻：要像对待荷叶上的露珠一样，小心翼翼地保护学生幼小的心灵。晶莹透亮的露珠是美丽可爱的，却又是十分脆弱的。一不小心露珠滚落，就会破碎，不复存在。数学课堂语言有着自己的特点，通过本次世纪杯的演练，我最大的感触是小学数学课堂语言更是比较特殊，而我的课堂语言是如此的苍白无力。

今年作为参加四季青世纪杯赛的老师，特别是数学老师是无比幸运的，因为今年我们不再是孤军奋战，而是有了特级教师田立莉给我们做后盾。我从开始备战世纪杯一直到上课，大约一个月的时间，在这一个月里，教案被大幅度改正了3次，其他的小改动不计其数，田校长是个要求完美的人，她对我们要求十分严格，就连教案上的一句评价语和过度语都要背下来，她的理由是怕我们当时在课堂上语言贫乏。当时我对她的做法有些不理解，总觉得她小看了我们。怎么也是在教育战线工作了十几年的老教师了，为什么还要这么做呢？虽然有自己的想法，但我还是按照田校长的要求去做了。到了上课的那天，当自己在课堂上面对孩子的回答和所发生的一切应付自如的时候，我知道了她的良苦用心；我知道了有多高的标准，就有多高的水平；我也不得不承认，自己的语言还真是苍白的，无力的。除了自己先前设计好的一些评价语言和过渡语言以外，面对孩子的表现，我的评价只有“你真棒！”“你真了不起！”“你可真聪明！”之类苍白无力的话。

世纪杯结束了，但是她让我重新认识了自己，也让我产生了不少的反思。为什么那些特级教师在课堂上能够潇洒自如，让别人越听越爱听，而我们的课却让人感觉越听越厌烦？原因就是我们的语言太苍白。作为一个好的教师，语言是必不可少的基本功。我觉得教师语言应充满爱心，充满灵性，充满智慧，充满尊重，充满信任，充满着幽默与风趣，这样的语言才会魅力无限！教师充满魅力的语言，虽不是蜜，但可以粘住学生；虽不是磁，但可以吸引学生。在课堂中，它让我们看到的是学生一张张阳光灿烂的脸，听到的是欢声笑语，体悟到的是学生的个性飞扬。这是我现在的不足，但也是我今后努力的方向！我相信在今后的课堂教学中，我的课堂也会因我的语言变得丰富多彩，让人们觉得我的数学课是一种精神的享受！

## 课堂语言是需要尽心准备的！

——读《我的语言为什么苍白无力》

田立莉

“语言是教学思想的直接体现，是教师使用最广泛、最基本的信息载体，在整个课堂教学过程中，学科知识的传递，学生接受知识情况的反馈，师生间的情感交流等，都必须依靠课堂语言。”

读完这段话，我真的有一种轻松的感觉。因为，亚美也真的读懂了我的“良苦用心”——“课堂教学的艺术首先是课堂语言的艺术。”说明教师的教学效果很大程度上取决于她的教学语言。

有人也曾对我说，当您的学生是一种福气，听您上课是一种享受。（其实没那么好）究其原因，固然有着自己一定的教学经验、扎实的教学功底，但最重要的原因是来自尽心准备的课堂语言。

《比赛场次》的教学，让亚美快快乐乐地看到了恰当运用课堂语言，课堂一定能充满生机教学景观。可见课堂语言是多么的重要啊！

**浓浓人情味**

教师把爱心、耐心、信心贯穿于每一节课，正确运用课堂语言。

“同学们，你们都喜欢上体育，因为体育不仅强健体魄，而且让大家身心愉悦。可是你们知道吗？体育课当中还有数学问题呢？”亚美老师话音未落，全班学生的目光投向了老师。——上课的开场白，就达到了激发学生学习热情的目的。

“我这里有两个比赛场次，12 场和 6 场，这是两种不同的答案但过程描述方法相同。（展示排列当中重复的和不重复的）你能给你的方法起个名字吗？你认为哪个比较合理，说说你的想法。”——学会知识对于学生而言是必需的，但掌握获取知识的方法是更重要的。因此，教师的语言，不能停留在简单肯定所学知识的层次上，而要选择独特视角，开阔学生视野，激发深入探究，使他们的学习、思考进入更深层次。

“我听你们说他的重复了，你们看看哪儿重复了？你愿意接受他的建议吗？你上来改正吧！”——对知识正误及学习方法的点评，让学生感受得到同学帮助的快感，及时改错并赢得同学再次肯定的乐趣。

“他的表示方法你能介绍吗？你觉得他说的和你想的一样吗？谁观察到他们的共同点了？”——有意思的“连环滚动”串问，对于这些学生，教师特别要善于等待时机，在他们想表现时及时给予机会。要从他们身上去发现让他们自己认同的优点，进行准确的评价；发现闪光点，树立自信心，激发努力学习的愿望。我们的评价语言应快速跟进。如“虽然你没有把问题说对，但你能举手发言就很了不起，勇气可嘉！”“你真有毅力，一次次说错，一次次重说，一次次克服困难，终于说对了。”“今天你回答问题非常准确，一定是认真预习了。”“发言的好处真多，瞧，大家一起帮助你，36位同学热心提醒你，相信你下次不会错了！”“这位同学的错误可帮了我们的大忙！不少同学也是这样错的，老师借这个机会请大家一定注意。”……让每一位学生的学习自尊都得到了保护，让每一位学生始终处于一种积极亢奋的状态，这时他们所释放出的热情和潜能就会收到意想不到的结果。

## 启发人智味

课堂教学有时间性，在40分钟里，课堂教学的语言特别要注意引导学生参与学习过程的评价。教师的评价要看准时机，结论太迟会浪费不必要的时间，过早会不利于学生的深入思考。教师评价语言要在不同学段的学生学习、参与的过程中起“点睛”作用。亚美在教学过程中的几个“拐弯”处，是这样“点睛”的！

“你的思考方式虽然在有的地方重复了，但是你为大家当了一面镜子，让大家照出自己错误的原因。”

“看到大家的笑容我知道这个问题已经达成共识，排除重复的场次，正确的答案应该是6场。”

“这里还有几个同学都认为是6场比赛，但表示方法不同，大家在静静欣赏的同时一定要思考哪里是相同的？”

“同学们，你们利用有序的思考，不但描画出了排列的方法，而且设计了精美的循环图解法，看来有顺序地思考问题，真是好处多多呀！”

教师充满魅力的课堂语言，可以粘住学生，可以吸引学生。在课堂上，她让我们看到的是学生一张张阳光灿烂的脸，听到的是学生的欢声笑语，体悟到的是学生的个性张扬。

《比赛场次》教学的每一个环节，教师的“点睛”都很自然地起到了概括、提升、总结的作用。

"拐弯"需要"点睛"，过程也需要"点睛"。

课后，学生在日记中写道："我爱数学，因为它能使我的大脑变得更加灵活，我爱数学，因为它给我带来无穷的乐趣！"

是的！学生在喜欢数学、发现数学、研究数学的过程中，惊叹着数学的神奇，赞叹着数学的美丽，感受着数学的情感，向往着数学的奥秘。

## 关注差异味

教师评价语言必须关注到学生个体的差异。我们说，"世界上没有一片相同的叶子"，每一位学生对教师评价语言的需求与领悟能力是有差异的，因此，我们在课堂教学中对学生进行评价时，应关注到他们各自的特点，用恰当的语言进行引导。

前不久，我与六年级 3 位学习成绩比较优秀的学生聊天时，问了这样一句话，"课上你没听清楚教师提出的问题时，你希望老师说什么呢？"

三位成绩优秀的同学分别是这样回答的："我希望老师说：听问题时要更专心一点！""我希望老师说：你没听清楚，我再说一遍"，" 我希望老师说：对我的问题你有什么不明白，说给老师听听。"仔细分析这三种答案，明显地体现着学生的个体差异，第一位同学要求老师能提醒自己认真听；第二位同学要求老师再给他一次听的机会；第三位同学希望老师对他听的方法给予引领。对不同年龄段的学生评价的侧重点应不同，对低年级学生更应侧重于情的引导，而对中、高年级学生应注意方法与价值观的引导。教师的一句恰当的评价，会使学生进一步认识自己，赏识自己，找到进步的方向，平添无穷的力量，以饱满的情绪参与课堂学习，使学生感受到学习是一项快乐、富有成就感的活动。

《比赛场次》的教学，因语言而与众不同。听这节课，我们不断听到的是鼓励，是启发，是引导，是善于与学生进行心的交流，我想，这就是《比赛场次》教学所表达师爱情怀时的超人之处。

让我们为了每一个学生的发展尽心准备课上的语言吧！

2007 年 11 月写给刘亚美

## （七）精心选择学习内容　让教学亮点频出

### ——折线统计图教学的前前后后

教学内容：单式折线统计图——北师大版四年级上册

执教人：胡文莉

指导者：田立莉

**研究背景与理论依据**

高质量的课堂教学既要关注教师教的质量，又要关注学生学的质量，二者缺一不可。小学数学教学的实效性应该体现在让学生真正经历“数学化”的过程，但是不能说只要经历了“数学化”就是落实了课堂教学的实效性。经历“数学化”是落实课堂教学实效性的重要方面，但不是唯一的途径。落实实效性，好的课堂必须关注学生的全面发展，必须落实课程目标，而不只是关注学生的数学智慧。数学课要通过课堂教学让学生理解数学内涵，学会用数学眼光观察生活，发现生活中的数学信息，用数学符号描述现象，进行数学建模。学生在这个过程中不是单纯地获取知识，而是在探究数学知识的同时感受体验数学思想和方法，获得富有生命活力的优质的数学教育。

**教学背景分析**

教材分析：

本单元学习的主要内容有：1 格表示多个单位的条形统计图和折线统计图。本单元教材编写的特点是将统计知识的学习与学生处理实验数据的过程有机地结合起来。在教材的编排中，安排了两个活动：栽蒜苗（一）、栽蒜苗（二）。学生将在处理数据的过程中体会不同统计图的特点。栽蒜苗（二）中的折线统计图是在学生的预测中引入，在教学中，请学生猜一猜这些蒜苗的长势，然后再共同讨论折线统计图的特点和制作方法。本单元学习的统计图仅是单式的，复式的统计图在后续的学习中将重点学习。

（1）已学过相关内容：

一年级上册：①象形统计图和统计表。

②简单统计活动；一年级下册，二年级上、下册，三年级下册

③条形统计图，简单统计活动；四年级，条形统计图。

（2）后继学习的相关内容：五年级下册复式条形统计图，复式折线统计图，复式统计表。

（3）本节课教学内容：单式折线统计图

①学生能从折线统计图上，获取数据变化情况的信息并进行简单预测。

②能根据一组相关数据绘制折线统计图。

③了解单式折线统计图的特点。

前测：

1. 看图回答问题。

四 (1) 班学生课外兴趣小组人数统计图

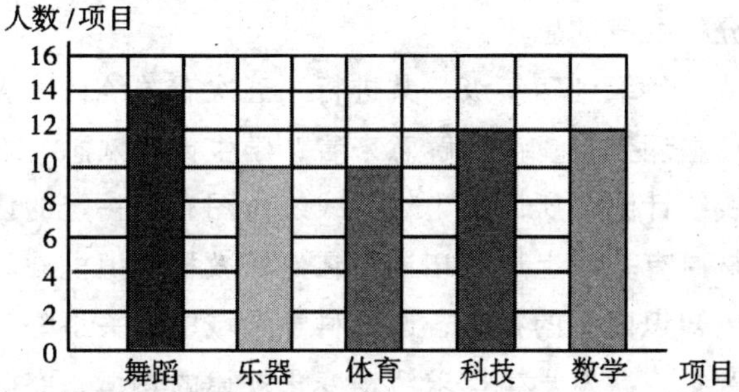


（1）各小组有多少人？

舞蹈（　　）乐器（　　）体育（　　）科技（　　）数学（　　）

（2）你还能提出什么数学问题？

2. 你还知道哪些类型的统计图？

3. 访谈：阅读书上“栽蒜苗（二）”的例题，你喜欢这样的内容吗？

喜欢____　　　不喜欢____

如果不用书上的例题，你更喜欢哪些方面的知识作为例题？

例如：________________________________________

调查对象：中关村一小　四年级 11 班

| 条形统计图正确率 | 了解其他类型统计图情况 |
| --- | --- |
| 100% | 10% |

访谈调查：

| 喜欢书上例题的 | 不喜欢的 |
| --- | --- |
| 21.7% | 78.3% |

喜欢其他内容分析：

体育：13%，生物：50%，自然现象；航天；活动：15.3%

知道其他类型统计图的人数对比：

| 知道折线统计图的人数 | 不知道折线统计图的人数 |
| --- | --- |
| 2 人　　4.3% | 44 人　　95.5% |

学生分析及我的思考：

学生从一年级到四年级，共进行了五次有关统计图表的认识学习，从搜集整理数据、读图解意来看，学生比较熟悉，由于生活中也常见折线统计图，所以学生对折线统计图有了一定的认识。本课教学在教材原有基础上进行拓展，在保留教材知识框架的同时，结合城市学生知识面宽的特点，设计科学领域中有关鳞虾和鲸鱼的活动规律为背景，激发学生探求活动变化规律的热情，突破过去折线统计图中知识相关的数量进行分析的课路，把两个看似不相关的事物放在一起，在不断的“比”中读图、画图、联想。通过它们的衔接点，启发学生思考，寻找规律，最后发现人所未知的秘密——

生态世界中适者生存的规律。本课突出让学生在数学学习中体会“比”的数学思想的内涵。教师力求活用教材，引领学生体验、探索事物产生发展的过程，体现数学教学的魅力。

**本课教学目标设计**

1. 知识与技能：

（1）了解单式折线统计图的特点。

（2）能根据一组相关数据绘制折线统计图。

（3）学生能从折线统计图上，获取数据变化情况的信息并进行简单预测。

2. 数学思考：引导学生独立思考、认真观察、合理想象，培养学生的观察能力，通过整理数据制图，从图上获取信息能力和初步的抽象概括能力。

3. 解决问题：学生学会独立思考问题，并能与同伴交流思维的过程与结果。

4. 情感态度：感受数学与科学存在的密切联系，从而激发学习数学的兴趣。

教学重点、难点：学生能从折线统计图中获取数据变化情况的信息，并能进行简单预测。

教学理念：

新课程观要求“以学定教”、“教”服务于学，实现教师带着学生走向知识，直到学生带着知识走向教师、走向家长、走向社会……从而真正确立学生学习的主体地位，真正确立学生学习的主人地位。

1. 保证学生在课堂上有充分的时间参与学习，并且尽可能让学生人人动脑思考、人人动口交流、人人动手绘图，真正参与实质性的教学活动。

2. 创设问题情境，让学生带着问题主动去独立思考、自主探究、悟出特点、得出结论。

3. 鼓励学生独立思考，敢于和善于质疑问难，自主解答，培养学生的创新精神。

**教学过程与教学资源设计**

## “折线统计图”教学设计

情境引入：

1. 出示图片，谈话引入。（目的：创设学生感兴趣的情境。）

我们学过测量物体的重量、长度，测量过自己的身高。得到许多的数据，使我们知道许多知识。今天让我们再了解一组来自南极深海的数据，借助我们学过的数学知识，让我们共同来解读数据的奥秘。

（学生随着教师的引入，回忆所学知识。）

2. 活动一：

（1）出示南极磷虾图片。

你们认识它吗？鳞虾是一种生活在海洋中的浮游生物，它的数量惊人，通常是数亿只聚集成群，在海洋中漂浮。

（2）出示统计表。（目的：提供数据，为发现规律做铺垫。）

我们收集到一些数据并制成了统计表。（出示统计表）

鳞虾活动情况统计表：

| 时间（时） | 12：00 | 14：00 | 16：00 | 18：00 | 20：00 | 22：00 | 24：00 |
|---|---|---|---|---|---|---|---|
| 深度（米） | 80 | 78 | 75 | 70 | 35 | 22 | 20 |

教师：请大家观察统计表，我们把时间和深度的数据排列在一起，你能知道什么？

学生 1：我能从统计表中看出 12 时鳞虾在水下 80 米深的地方。

学生 2：我能看出每隔两小时观察一次鳞虾的活动。

学生 3：我能看出鳞虾游得越来越浅。

小结：在统计表中通过数据我们能知道水深及所对应时间以及数据的变化。

如果我们将数据转化为图表，又能看出什么呢？

(3) 出示条形统计图。

教师：你能一眼看出什么？

学生：我能一眼看出 12 时鳞虾在水下最深，22 时、24 时在水下最浅。

教师追问：就水深水浅的问题进行比较，你是从统计表中一眼能看出来还是条形统计图中一眼看出来？

评价：统计图比统计表更直观。

（设计目的：沟通统计图与统计表之间的联系。条形统计图更直观地看出水的深浅。）

(4) 将数据制成折线统计图。你又能看出什么？请同学们带着下面的三个问题先独立思考，然后再两人一组小声讨论。

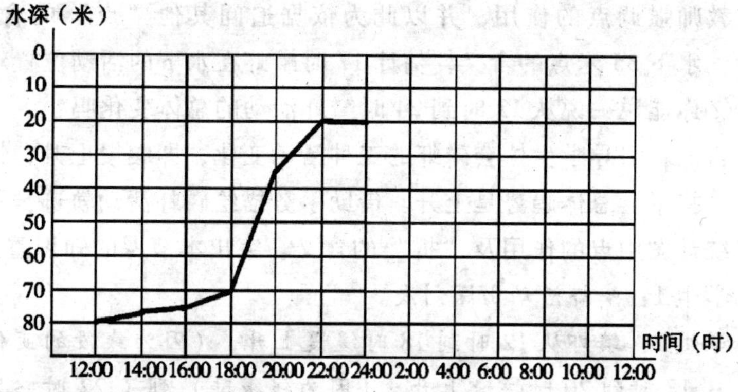


（注：图中横坐标改为每 4 小时一标注。）

学生填表思考问题：

①统计图中每______小时记录一次鳞虾的活动。（设计目的：突出折线统计图中点是统计的依据，及折线统计图的“折”的

特点。）

学生1：我认为每4小时记录一次鳞虾的活动。

学生2：我认为每2小时记录一次鳞虾的活动。

教师：现在有两种意见，到底哪个正确？小组内先讨论统一观点，再全班汇报。

反馈：现在意见统一了吗？（学生兴奋地齐答：统一了！）老师：刚才不是还意见有分歧吗？为什么这么快就统一了？说说原因。请一组同学再现刚才的辨论过程。

学生1：刚才我是观察时间的变化（横坐标），从12时——16时间隔4小时，所以认为是每4小时记录观察一次。

学生2：虽然间隔4小时，但它们中间还有一个“点”，说明观察了一次。

学生3：从12时到16时中间还有格。它只是省略了中间的时间。

教师强调点的作用，并以此为依据追问其他“点”的含义。例如：水下35米点的含义，估计17时鳞虾在水下的活动位置。

②你能说一说从12时到24时鳞虾活动的总体变化吗？

目的：引导学生体会磷虾的三种活动变化，即缓慢上升，快速上升，持平。总体趋势是上升。借助手势描绘磷虾活动轨迹，强调折线统计图中点的作用及“折”的含义。突出本节课的知识重点。

学生1：鳞虾活动由深到浅。

学生2：鳞虾从12时到18时缓慢上升，（因为线段的变化不大）从18时到20时快速上升，（因为线很陡）到了22时它又没有变化。（水平运动）

学生3：为什么说18时到20时上升得快，因为它从水下70米一下上升到35米，差距很大。

学生4：借助手势进一步说明何时深何时浅。

③你还能提出什么问题？

学生 1：从几时到几时鳞虾上升得最快？

学生 2：鳞虾为什么会这样运动？

学生 3：它未来会怎样运动？

（5）你能预测磷虾后 12 小时的活动趋势吗？

学生 1：继续上升。

学生 2：根据前面的数据规律，鳞虾可能下降。

学生 3：先上升，再下降。

3. 活动二：（绘制鳞虾后面 12 小时折线统计图）

想不想知道鳞虾后面 12 小时的真实活动情况？

| 2：00 | 4：00 | 6：00 | 8：00 | 10：00 | 12：00 |
|---|---|---|---|---|---|
| 30 | 35 | 70 | 75 | 78 | 80 |

（1）出示鳞虾活动统计表：

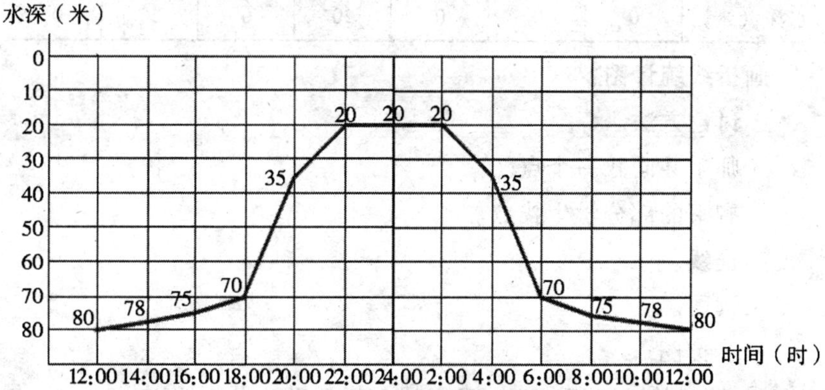


出示鳞虾活动的折线统图，你又发现什么？为什么会这样运动？如果继续观察 24 小时你预测一下，鳞虾的活动轨迹会是什么样的？能用身体语言表达吗？

学生 1：鳞虾活动是有规律的。

学生 2：它活动的轨迹是对称图形。（举例说明）

学生 3：鳞虾这样活动可能与它的生活习性有关系。

学生4：它可能受温度、时间、阳光的影响……

运用三个图做小结，即前12小时折线统计图——24小时折线统计图——多天的折线统计图。我们看到鳞虾一天活动的趋势，两天的活动变化，从而预测出鳞虾许多天后的活动规律。

（2）小结：折线统计图的特点沟通联系。

沟通表图与数据之间的联系。（结合课件演示）从统计表中我们对数据进行了整理、分类；从统计图中一眼看出了水深水浅；从折线统计图你们又看出了什么？（鳞虾活动变化的趋势，即：磷虾深浅变化的趋势，教师手势辅助说明。）

4. 活动三：（鲸鱼活动统计图表）

出示鲸鱼活动数据统计表。

| 时间（时） | 12：00 | 14：00 | 16：00 | 18：00 | 20：00 | 22：00 | 24：00 |
|---|---|---|---|---|---|---|---|
| 水深（米） | 0 | 0 | 0 | 20 | 0 | 20 | 0 |

画折线统计图：

·讨论方法。

·师生共同找一个点。

·剩下的部分学生找点。

·连线。

·读图。

（1）读图。

① 鲸鱼从16时到24时这一段怎样活动？分析原因。

学生猜测：它可能在呼吸；在吃鱼……

② 估计一下，后12小时鲸鱼会怎样活动？你能描述它的活动情况吗？

③ 你能预测鲸鱼未来的活动趋势吗？

小结：鲸鱼一天的活动趋势是这样的（手势），两天呢？许多天呢？通过折线统计图使我们发现了鲸鱼活动的规律。

鲸鱼活动情况统计图

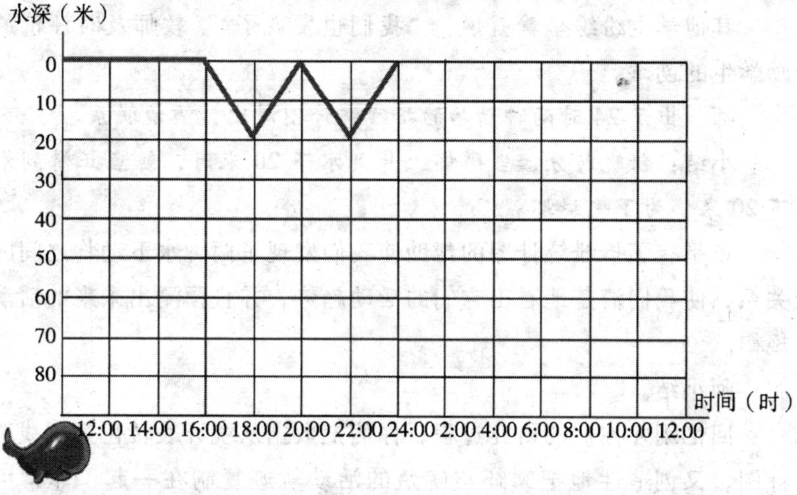


（2）复制统计图，观察两种动物之间的活动轨迹，寻找联系。

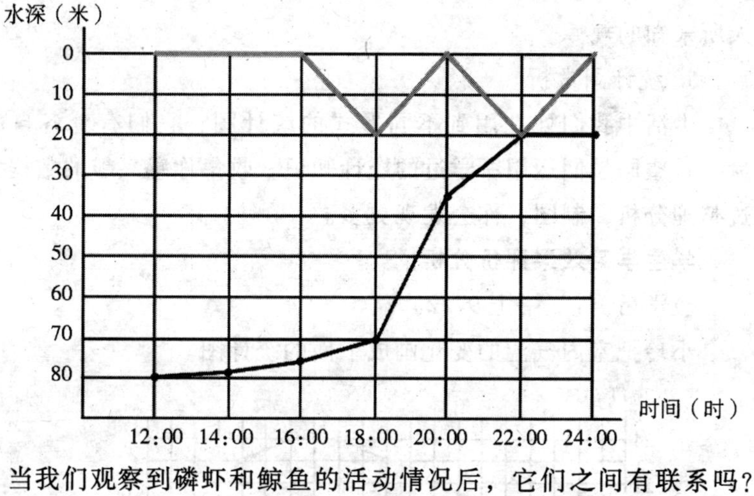


当我们观察到磷虾和鲸鱼的活动情况后，它们之间有联系吗？怎么看出来的？用什么办法？你们有什么新的发现？

学生小组小声讨论。（随着声音的减弱学生脸上洋溢出灿烂的微笑）

学生1：举着两张折线统计图纸，无比兴奋地说："我们发现它们俩相遇了”鲸鱼可能在吃鳞虾。

其他学生纷纷坐着就说：“我们也发现了。”教师及时评价鼓励学生的创举。

师：出示24时两种动物的折线统计图对比，演示联系。

小结：傍晚时分，当磷虾上升到水下20米时，鲸鱼正潜到水下20米，为了吃鳞虾。

正是有了折线统计图的帮助使我们发现了两种水下动物之间的关系，使我们清楚地看出它们的活动趋势，并且预测出未来的活动规律。

师小结。

回忆刚才你们的研究过程，你们把数据从统计表转化为折线统计图，又创造性地把鳞虾与鲸鱼的活动轨迹复制在一起，非常大胆、非常有创意的想象。科学家正是用了和你们同样的方法发现了人所未知的规律。

5. 统计图赏析。

生活中我们处处用到不同形式的统计图，它们有着各自的用途。希望同学们运用所学过的统计知识，收集你感兴趣的数据，通过整理分析，制图，你会发现更多。

**学生学习效果评价分析：**

教学后测：（书上97/2）

小玲把室内气温的变化画成下面的统计图。

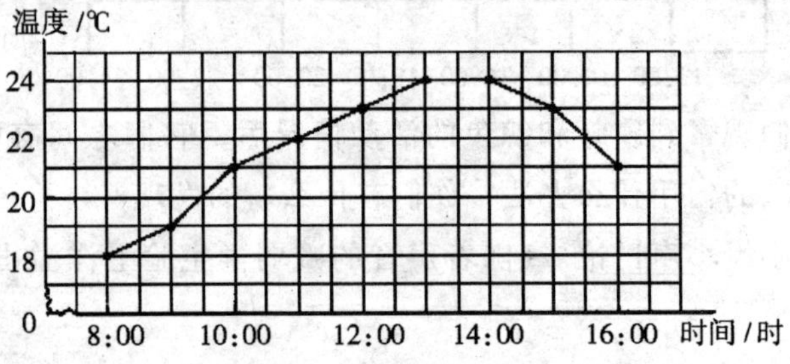

（1）小玲每隔______小时测量一次气温。

（2）这一天从8时到16时的气温从总体上说是如何变化的？

（3）你还能提出什么问题？

| 题号 | （1） | （2） | （3） |
|---|---|---|---|
| 正确率 | 91.4% | 80% | 100% |
| 错误率 | 8.6% | 20% | |

课中磷虾练习，例如：科学家每____小时记录一次鳞虾的活动。教学中只有17%的学生正确回答，课后正确率明显提高。

错误举例：

（1）小玲每隔（ 2 ）小时测量一次气温。

（2）描述总体情况，个别学生没有完整说出上升、持平、下降三种情况。

课后访谈：

通过这节课的学习，你有什么感受？

学生1：我觉得折线统计图非常有用，如果没有它我们无法发现深海中的秘密。

学生2：折线统计图太神奇了！

学生3：折线统计图能让我们发现鳞虾和鲸鱼的活动规律。

学生4：折线统计图太伟大了。

学生5：这节课非常有意思。

折线统计图课后评析：

## 精心选择学习内容　让教学亮点频出

田立莉

教学过程是教师、学生、教材之间开放、互动的交流与对话的活动。教材的提供是话题，是支持对话的“文本”。教师要借助教材“文本”精心地智慧地选择学习内容展开对话，为学生创造更多与问题情境、现实生活、自身原有知识经验等进行对话与互动的机会，让教学亮点频出。

为此，我们就四年级《折线统计图》这一内容进行了有益的尝试。

《折线统计图》这一内容，教学时我们没有按着常规教学模式、因循惯例地、我行我素地遵循教材的编写顺序教学，而是将教材中的基本知识点提取出来，以教材为起点，重新构造折线统计图的教学内容。其背景知识取材于学生喜闻乐见的海洋生物——磷虾和鲸鱼，以二者的活动规律为主线展开教学。由于我们的精心组织和独具匠心的编排，整个课堂充满了鲜活的思想，孩子们在喜悦的心情中学到了新知识，也长了见识，教师有意流露出来的思想源泉静静地滋润着孩子们的心田。

数学的课堂应是一个开放的课堂，它不应局限于学科知识系统的自我完善，还应将数学回归大自然、回归科普、回归学生生活的现实，并从中选择出具有时代气息或学科前沿成果的资料，或是密切联系生产、生活实际的素材作为课堂教学的学习内容，使学生处于要学、爱学、好学之中，使能力的培养寓于知识运用之中。

1. 回归科普——精选学习内容

在学习内容的选取上，没有采用教材中的内容（教材中折线统计图的内容是关于蒜苗生长规律的统计），教师大胆地引用了南极深海中的磷虾和鲸鱼活动规律的统计数据。课程一开始，教师放映幻灯片，画面上出现了冰天雪地的南极，一艘插有中国国旗的航船在冰面上滑行，接着画面一转，厚厚的冰层下生活着一群可爱的鳞虾，这些磷虾遍体透明，在灯光的照耀下熠熠发光。针对这个画面教师开始提问“这些可爱的小宝贝们的活动规律怎么样呢？”随即出示了磷虾 12 小时在水下的深度数据。数据是用表格的形式给出的，根据此数据可以画出磷虾活动规律的条形图和折线统计图，引出了本节课的重点内容。

在老师和同学共同经历了一次画折线统计图的知识再现过程之后，教师又列举了一个例子，就是南极深海中的鲸鱼在水中12小时的活动规律，同样对它也可以画出一个折线统计图。课程到这里似乎已经接近了尾声，我们认为接下来教师该进入总结的阶段，可是教师话锋一转，“请同学们再次看一看小磷虾与大鲸鱼的活动统计图，有没有新的发现呢?”此句一出，引发了同学们极大的兴趣，大家带着各种疑问你一言我一语地开始议论，并争先恐后地举手回答，将课堂气氛推向另一个高潮，情节的构造出乎所有人的意料，在场之人瞬时明白老师的良苦用心。

整节课的构造体现了两个特点：异、巧。

“异”字体现在内容的标新立异上，教师没有按着教材的安排用书上的例题，而是根据北京小学生见多识广的特点，选用了很少见的磷虾作题材，这是一个重大的突破，她突破了传统的以教材为背景知识的习惯，而使用了与实际有密切关系的生活事例，体现了生活中处处有数学的思想，学生既感到亲切又感到自然，使课程的教学很顺利地进入到下一个环节，整节课内容衔接紧密流畅，没有突兀感。

“异”的特点还体现在照顾孩子们的个体差异上与促进教师的二度开发上。小蒜苗的成长可能对于乡镇孩子比较适用，但是它却不适应城市孩子的成长经历。有的城市孩子甚至没有看过小蒜苗的成长过程，对于教材中的统计背景知识不是很清楚，这无形中对他们认识统计规律起到阻碍的作用，可能难以同化新的知识，从而实现不了旧的知识平衡向新的知识平衡的转化。因此根据城乡孩子的不同特点，教师采用了城市小学生比较熟悉的磷虾作背景材料，这样既照顾了教材中统计知识的共同本质特征，同时在教材内容的选取上又兼顾了不同生活经历的个体，使得整节课非常和谐和融洽。拉近了师生之间，生生之间的距离，达到了孩子愿意学，教师愿意教的良好效果。

本节课的另一个特点就是“巧”。俗语说无巧不成书，生活中确实有许多的巧合之处，这是偶然中的必然，但这节课的“巧”却是教师精心设计出来的。课程开始的时候，大家都沉浸在寻找小磷虾和大鲸鱼的活动规律上，并没有人去注意这两者有什么内在的联系。等到课程快要结束的时候，教师突然叫学生们寻找二者的关系，大家才恍然大悟，为什么大鲸鱼的活动规律是那样的，因为鲸鱼是以小磷虾为食物的，它活动的规律必然受到小磷虾活动的影响。课程选择得非常巧妙，当大鲸鱼张着大嘴吃掉小磷虾的时候，同学们发出了惊奇的“啊啊”声。同学们一下子明白了，为什么将小磷虾和大鲸鱼的折线统计图重合在一起的时候，会出现两个折点重合的情况。大鲸鱼与小磷虾的“巧”安排的不露痕迹，耐人回味。所以，以“异”“巧”为特点的数学构造性思想方法在本节课得到了很好的凸显。

2. 把学习内容分解为知识点，认知逻辑清楚

教师首先对折线统计图知识点进行逻辑分析，弄清教材中的概念、规律和方法的逻辑结构，从而把课本中的知识结成“点”，连成“线”，织成“面”，以求掌握它们之间的关系；其次，对教材内容要进行价值分析，要作出价值判断，以便确定某一具体内容在完成教学目标方面所起的作用；最后，对教材中的内容要进行决策分析，即确定教学目标，选择教学方法，进行必要的教学构思。

教师通过设计的三个问题，看似无关实则相关：当学生明白磷虾的活动是一个连续的、不间断的运动，并且是周期性的发生变化时，根据折线统计图，学生很快就能描绘磷虾在12时到24时的运动轨迹，由此可以推理好多问题，这样很自然的就衔接到下面开放题的提出：“你还能提出什么问题？”学生有的提出：“磷虾在凌晨4时在水下多少米？”有的提出“磷虾在24时到第二天的12时的运动轨迹如何？”还有的学生提出说：“统计图中的折点是由几个因素决定的？”甚至有的学生说“磷虾的活动规律受温度的影响，

那么它一年四季（春夏秋冬）的活动规律是否有些变化呢？”尽管问题提得五花八门，但是同学们的问题都是基于合情推理的基础上提出的，完全符合逻辑的发展，也非常符合学生的认知结构。

由于本节课的重心是关于折线统计图，所以不可避免地要涉及统计思想，这里的统计思想包括统计调查思想和统计描述思想。对于统计来说，调查是先导，统计数据来源于调查，没有调查，我们的统计无法进行。本节课中，磷虾与鲸鱼的活动数据是南极科考队员观测到的，这一点在课上已经由教师事先说明，学生明白了磷虾和鲸鱼活动的数据是经过调查取证才得出来的。尽管教师没有明说统计需要调查，但是学生已经心领神会描绘统计图需要数据的支撑。统计描述思想就是利用统计参数、统计图表等方式描述事物的典型性、波动范围以及相互关系，揭示事物的内部规律的思想。教师在课堂上使用了三种统计方式来描述磷虾和鲸鱼的活动规律。

《数学课程标准》指出：“人人学有价值的数学”，有“价值”的数学应该与学生的现实生活和以往的知识体验有密切的关系，是对他们有吸引力，能使他们产生兴趣。因此教师根据学生所处的文化环境、家庭背景，同时结合学生的认知发展水平和已有的知识经验的不同，向学生提供丰富多彩的实例，而没有拘泥于课本上所描述的事例。教师这种创造性的教学设计，既充分调动了同学们的积极性，又给学生提供探索和交流的空间，在教学过程中数学思想方法运用到不显山露水，和风细雨般浸润孩子们的心里。

3. 学习内容的呈现方式丰富多样、亮点频出

从开始磷虾活动的数据统计表格，到后来推出的条形统计图和折线统计图，三者之间进行对比，发现每种统计方式各有其优点，其中以折线统计图最为直观和流畅，让人一眼就能辨认出磷虾在各个时间段的活动规律。当数据统计表格与条形统计图进行比较的时候，我们可以清楚地看出条形统计图比较清晰地表达了磷虾在中午12时活动在深水区，晚上24时活动在浅水区，但是此图的缺点是

磷虾在每个小时之间的活动变化情况，图中不能直接显示出来。实际上磷虾每时每刻都在不停地运动着，它有中间的过渡时期，也就是说它活动的趋势是流线型的，而不是断断续续的，因此用条形统计图不如用折线统计图更能反映磷虾在各个时间段的活动变化情况，折线统计图能够反映磷虾从 12 时到 24 时每一时刻在水下的位置。

对比不仅表现在课程内容的设计上，还表现在教师有意识的运用不同意见小组之间的对比。这种方法体现在课堂教学思考上，教师在出示折线统计图之后设计了三个问题：1. 统计图中每____小时记录一次磷虾的活动；2. 你能说一说从 12 时到 24 时磷虾活动的总体变化吗？3. 你还能提出什么问题？关于问题 1，有的学生认为折线统计图是每隔 2 小时观察一次的，有的学生认为是每隔 4 小时观察一次，他们各抒己见，互不相让。于是老师将他们分成意见不同的两个小组，两个小组派出代表互相说服对方，比一比，看一看谁的说法更有说服力，更加贴近实际情况。其他同学和老师则认真地听取各个小组的陈述，将每个小组代表的发言进行对比，发现折线统计图是每隔 2 小时观察一次的理由是比较充分的，全体同学通过讨论、交流达成共识。

教师对教材内容丰富呈现，以最大限度地激发了学生的学习兴趣，让学生爱数学。教师向学生提供充分从事数学活动的机会，帮助他们在自主探索与合作交流的过程中真正理解和掌握基本的数学知识与技能、数学思想和方法，获得广泛的数学活动经验。

4. 搭建学习内容与学生认知之间的桥梁

教学不仅仅是为了完成教材上的内容，更重要的是教育一个富有个性的、活生生的人。教师面对的是学生，各有各的特色。就是在同一个班，学生与学生之间存在着差异，在教学过程中，要依据学生的自身情况而定，这是创造性地使用学习教材的核心。那么如何搭设学习内容与学生认知之间的桥梁？

荷兰数学家弗赖登塔尔认为，数学是人的一种活动，如同游泳一样，要在水中学会游泳。教师必须在做数学中学习数学，也就是在创造数学中学习数学，因为只有通过自己的再创造活动获得的知识，才能真正被掌握和灵活运用。新课程要求教学活动基于学生的直接经验，强调让学生亲身经历、动手去做，使学生在各种活动中获得对于实际的真实感受，这种内心感受是学生形成认知、转化行为能力的原动力，也是他们的情感、态度、价值观健康发展的基础。苏霍姆林斯基指出："在人的心灵深处，都有一种根深蒂固的需要，就是希望自己是一个发现者、研究者，而在儿童的精神世界中，这种要求特别强烈。"教师就是要把学生强烈的表现欲、求知欲激发出来，把学习的主动权真正还给学生。教师在把握教材时，把无意识的变为有意识的，就会使创造性使用教材的比率更高。

让学生在生活情境中建立"原型"，把抽象的教材知识具体化、直观化，在合作探究中内化为自己的知识和技能。数学教材知识尽管表现为形式化的符号，但它可视为具体生活经验和常识的系统化，它可以在学生的生活背景中找到实体模型。

这个与数学知识有联系却又极其平常的生活事件或现象作为学生实践研究的对象，不仅能唤起学生原有的生活经验，而且能激起学生自主探究的愿望，学生就会乐此不疲，在轻松愉快的探索过程中，自然而然地达到新课程标准要求的三维目标。在这个教学的过程中，教师选取贴近学生生活的研究对象，学生的知识经验、解决问题的方法策略不断地建构、重组、内化、升华，在知情交融的过程中，知识与技能、过程与方法、情感态度与价值观都达到了和谐统一。

教师必须更新教学观念，树立教为学服务的意识，从促进学生主动发展的高度，大胆处理教材，尊重学生的选择，还给学生自由创新的空间，培养学生学习数学的情感和自主探索的品质，让学习过程成为富有个性的过程，实现精神相通、相遇、共享经验、知识、智慧与价值，这远比单纯获取数学知识要好得多。

5. 利用多媒体网络，拓展素材范围

以计算机技术为手段改革传统的以教师为中心的教学模式，建构一种既能发挥教师的主导作用又能充分体现学生认知主体作用的新型教学模式是教师们不断探索的课题。本节课，教师利用多媒体网络搜集相关的声音、文字、图像、数字，将这些素材与教学内容融为一体，通过现代教育技术手段，展示给学生，极大地激发了他们学习的积极性和主动性。实现课堂教学大容量、多信息、趣味浓、效率高。通过生动的、富有教育意义的、有说服力的数据、统计材料，教师不仅轻松地完成本节课的教学任务，而且成功地让学生接受了一次爱自然、爱科学的思想教育。

数学的课堂应是一个开放的课堂，它不应局限于学科知识系统的自我完善，还应将数学回归大自然、回归科普、回归学生生活的现实，并从中选择出具有时代气息或学科前沿成果的资料，或是密切联系生产、生活实际的素材作为课堂教学的学习内容，使学生处于要学、爱学、好学之中，使能力的培养寓于知识运用之中。

总之，新教材的使用必将促进我们教学观念、教学手段的更新。我们将在今后的实践中继续摸索，精心选择学习内容，让教学亮点频出。

“折线统计图”背后的故事：

## 让时间记录我们的努力，让快乐承载我们的智慧

胡文莉

踏着金黄的落叶，我们走过了美丽的秋天。伴随着日益渐凉的寒风，我们走入了冬季。2006 年 11 月海淀区开展了第二次区学科带头人的评优课活动，评优课不仅是教师自身的展示，更反映出一种理念及对新课程的认识。回首与老师们备课、上课、评课、磨课

的过程，使我终生难忘，它是我教师生涯中一段难忘的经历。短短的文字书写不完心中的感慨，让时间记录我们的努力，让快乐承载我们的智慧。

1. 从孩子书中找到素材

9 月份学校通知学科带头人 10 月将进行评优课比赛的事宜。在接到通知的那时起，我就开始了思考。在决定了上课内容后，我先后去了书店与图书馆，购买和查阅有关“折线统计图”的资料、信息。在网上搜集其他教师的案例，学习研究他们的优势，分析思考创新方法及突破点。

书店里更多的是教学理论方面的书籍，找来找去收集的只是别人的教案及对教材的理解与分析。怎样超越教材提高学生的兴趣，激发他们的求知欲，成为我头脑中始终萦绕的问题。巧合的是去书店的同时我带去了一名学生——我的女儿。她成为我最好的助手。她的发现点燃了我思维的火花，解决了我苦思冥想多时的难题。当孩子拿着一本科普书籍津津有味地向我讲述鲸鱼和鳞虾的故事时让我兴奋不已。数学知识自身的魅力极强地吸引着孩子，而两种动物之间的食物链关系又让孩子深深体会到折线统计图的应用。这正是我所需要的，也是学生所需要的。对不同的地区的学生的多次试讲证明了这点。

2. 研读教材、分析确定教学目标（略）

学生分析及我的思考：

学生从一年级到四年级，共进行了五次有关统计图表的认识学习，从搜集整理数据、读图解意来看，学生比较熟悉，由于生活中也见过折线统计图，所以学生对折线统计图有了一定的认识。本课教学在教材原有基础上进行拓展，在保留教材知识框架的同时，结合城市学生知识面宽的特点，设计科学领域中有关鳞虾和鲸鱼的活动规律为背景，激发学生探求活动变化规律的热情，突破过去折线统计图中知识相关的数量进行分析的课路，把两个看似不相关的事物放在一起，在不断的“比”中读图、画图、联想。通过它们的衔接点，启发学生思考、寻找规律，最后发现人所未知的秘密——生态世界中适者生存的规律。本课突出让学生在数学学习中体会“比”的数学思想的内涵。教师力求活用教材，引领学生体验、探索事物产生发展的过程，体现数学教学的魅力。

3. 忙碌、困惑、顿悟、实践、再提高

10月黄金周假期一过，我就开始梳理教案工作，首先确定教案的主体结构，收集图片及视频素材制作课件。10月中旬开始试讲。师傅在寄宿部管理数学教学工作，与在本部的我分在两地，在不影响正常教学任务的前提下，师傅让我下班后去寄宿部试讲，而她自己不惜时间，什么时候感觉课定型了，才算告一段落。在磨课的日子里，时间仿佛停止了，开始时，教案完不成，40分钟的内容得上一个小时。由于教案不熟练，更谈不上细节的把握。

当困难一次又一次来临时，我开始困惑，迷茫。一节短短40分钟的教学要呈现的太多太多……这也舍不得丢，那也舍不得放弃。正当我左右为难时，是师傅当机立断，去掉了一部分画图过程。使我再上“折线统计图”时能够顺利完成了，此时我信心倍增，一次次试讲后教案已逐渐熟练，自信与笑容又重新回到了脸上。我知道，在我困惑时，师傅也在思考、在比较，一个个不眠之夜后，才有了我今天的畅快。

10月底在本部及学校的寄宿部、天秀部试讲，不同的班级学生所表现出的结果是相同的，学生们对教学内容非常感兴趣，课堂表现得兴奋、好学，学习态度积极主动。同样的内容又先后去北京市不同的区县尝试。

10月30日周五下午最后一节课，我与中关村二小的四年级三班同学共同学习了折线统计图一课，课堂效果好，学生积极性高涨。上课后我的心情格外舒畅。在课下的第一时间我向师傅进行了汇报。我愿与师傅共同分享课后的喜悦。此时的一个简单短信，饱含了感谢、激动……多日的努力与奋斗浓缩在简单的文字中，我想师傅会比我更高兴，虽然她当时有事不在身边，但我们的心是相通的。

随后的11月17日，我又跟随着师傅先后去崇文实验小学，为崇文区数学教师上了一节研究课，课堂上学生伴随着两种动物活动轨迹的呈现，表现出高涨的热情，当询问到两种动物之间的联系时，他们许多组同学不约而同地拿起两张折线统计图叠加在一起观察，试图寻找出答案。这是孩子们经过思考讨论后做出的创举，没有老师提醒，是学生自主学习思考后的做法。在老师采用了他们的方法将折线统计图复制叠加后，呈现在学生面前的复式统计图又让他们有了新的发现，学生在一次又一次的比较中发现不为人知的规律。当播放地球故事中“鲸鱼捕食鳞虾”的录像时，全场学生鸦雀无声，他们屏住呼吸观看，鲸鱼捕食时发出的叫声回荡在教室的每一个角落，每一个学生都感受着来自大海的震撼，学生的眼中闪烁着成功的喜悦与自豪。

就“折线统计图”的内容与中央教科所的华老师及天津特级教师徐长青等老师进行了进一步的探讨与研究。专家的点评与思考使我眼前一亮，更多更好的想法一个个呈现在我面前，使我兴奋不已。华老师用一个“比”字，从数学思想的高度概括了整节课，由鳞虾前12时活动轨迹与后12时的“比”，一天活动与多天比较，然后是两种动物之间的比较。整节课学生在比中学习知识，在“比”中感悟关系。而特级教师徐长青老师更为激动，他感受到老师的精心设计，感慨地说：“如果教师们都能这样创造性使用教材，那么我们的学生还会有教不好的吗？还会有对数学不感兴趣的吗？这节课的选材远远超出了教材。你们是在用教材而不是教教材。”“折线统计图”为我带来了许多的思考，课堂上的设计与应变有了更丰厚的理论支撑。一节课背后的交流让自己更充实了。

11月3日，我跟随师傅及同事又赴近郊门头沟的坡头小学进行教学交流活动，面对农村及外地打工子弟孩子上课。孩子们虽然没有见过世面，胆小，腼腆，但他们对数学知识的感悟与城里孩子是相同的，甚至更好。当问到鳞虾与鲸鱼之间有没有关系时，几乎全班孩子都在说“吃”。不同的学校、不同来源的学生对这节课都有着同样的热情，这使我更加坚定了信心，虽然学生是有差异的，但教师结合不同学生进行差异教学，正是我们的职责与义务，这是我们研究努力的方向。教学就要使每一个孩子都得到发展，教孩子们喜欢的数学。

4. 根据学生的需要设计教学更具活力

在折线统计图的试讲当中，有支持赞许的声音，同时也有持反对意见的专家。赞同教学设计的专家与老师们认为教学超越了教材，适合城市学生的特点，题材新颖、与众不同。而持相反意见的专家则认为选材脱离学生实际，相距太远。作为一名教师我处在矛盾的边缘，不知何去何从。工作十几年来，经验告诉我要迎合评委的口味，才能拿一等奖。这对每一个老师都是一种考验、一种诱惑。而我的内心不断地提醒自己，上课为了谁？谁是评委？谁是上帝？最终在课堂上我找到了答案。真正的评委是学生，他们的评价才是最真实的。满足学生的需要才是教师应该真正追求的最高目标。

课堂实践证明了只有符合学生需要的教学设计才具有活力。才能焕发学生的求知欲。教学前测与后测充分说明了学生的需要。

| 喜欢书上例题的 | 不喜欢的 |
|---|---|
| 21.7% | 78.3% |

喜欢其他内容分析：

体育：13%，生物：50%，自然现象；航天；活动：15.3%

城市学生多数知识面广，不满足于课本上有限的例题，他们需要更广泛更有意思的知识。通过数据分析，学生更喜欢与生物有关的信息。

“折线统计图”不仅使我提高了教学能力，更在我的教学经历中添加了丰富的一笔。作为一名数学教师，我不想原地踏步，那只会被学生抛弃。工作十几年来我上过几十节评优课、公开课，工作中有成功有失败，酸甜苦辣是一种体验，它丰富着我的人生。许多比我年轻的老师脱颖而出，而许多同龄人已甘于平静，不愿意费心劳力地上公开课，只求踏实安逸。而我愿意在学习中进步，在困难中挣脱，在逆境中奋起……我愿意和自己赛跑，无论成绩如何，始终在超越自己。我愿意与同事们工作着并快乐着，让时间记录我们的努力，让快乐承载我们的智慧。

## （八）“好玩儿！”好在哪儿？
## ——《百分数应用题练习课》的收获与思考

为了追求“好玩儿”，我从香山小学的教室走出后又进入了深刻的研究，我在反思，老师们也在帮我总结，他们对我的课给予肯定，也提出了改进的意见，使我再一次从心底感到那份牵手前行的力量。

### 出现问题，退归原位（一）

——听田立莉校长一节百分数应用题练习课的感受

今年中考的作文题目是：向前、向前、向前，由这几个“向前”体现的应是一种精神；今天听过田校长的复习课“百分数的应用”，感受到的是倒退、倒退、倒退，由这几个“倒退”体现的是另一种课堂的精彩。一节数学课是否上得精彩，可以从多个角度来诠释，学生思维的敏锐、分析的与众不同，可以使课堂变得精彩；老师环节设计的巧妙，做到环环相扣，也可以使课堂变得精彩；学生们针对问题产生不同的见解，在争议辩理中学习，同样可以使课堂变得精彩，但我认为在课堂上出现问题能及时驾驭，调整教学思路，把问题退归到原位，把问题及时地补充与阐明，让学生带着清晰的知识链条走向下一个环节，这里同样也体现着课堂的精彩。下面就把田校长是怎样沉着冷静、轻松驾驭课堂的再一次展示给大家：教学片断：

（课件出示素材1）独一无二的壮举：

师：把你们知道的用算式表示出来？

生：平时训练的高度是5000米的20%。

师：怎样表示5000米的20%？

生：5000×20%。

师：计算结果是多少？此结果指的是什么？

生：1000米，这是平时训练的高度。

师：5000米和1000米之间的关系是什么？

生：5000米是1000米的5倍。

生：1000米是5000米的20%

师：此时20与100的比也就是谁的比？

生：就是指1000与5000的比。

师小结：超过4000米就会缺氧、结冰，说明危险性很大，但是我们的空降战士们还是勇往直前、冲破艰险，胜利地完成了任务。在这种危急情况下，我们的地面部队又是怎样做的呢？请同学们继续看大屏幕。

（课件出示素材2）急速挺进重灾区：

27千米的路中有53处障碍物，部队2小时行完了全程的10%，徒手前进后速度提高了50%，还需有几小时到达？

师：请同学们先独立思考，然后把你的意见在小组内相互交流。（学生活动）

这时问题出现了：经过学生的独立思考后，他们在小组中交流的集中问题表现在：第一，速度的真正含义；第二，速度提高50%应怎样表示？第三，还需要几小时，此时的单位“1”是指哪一部分？这几个问题的出现使学生们一时无从解决，看到这个现象，田校长及时叫停，首先再一次和孩子们一起重温了速度、路程、时间这三量的内在含义，并让学生及时板演三量公式，做了第一次倒退；然后与学生们共同分析速度提高的含义和表示方法，做了第二次倒退；最后又和学生们共同理解此时单位“1”变化的几种情况，做了第三次倒退。在这三次倒退中我看到了田校长对知识链接性的尊重，对学生的尊重，我也看到了大部分学生原来紧锁的眉头舒展了，原来零散的思路被重新对接上了，最后学生们终于分析出了此题的解决办法，从量、率不同的角度去分析，并得到了两种不同的解题思路，即

方法1：$(1-10\%)\div[10\%\div2\times(1+50\%)]$

方法2：$(27-27\div10\%)\div[27\div10\%\div2\times(1+50\%)]$

这时田校长又及时渗透了倍比或叫比例的第三种方法，让学生的思维又一次得到了提升。

一节课在田校长的3次倒退中，学生们弥补着以前知识的漏洞，老师们收获着问题课堂的驾驭。我在其中不但收获着，同时思考着。所以我也有两点建议：第一：对于课件1，即独一无二的壮举这个素材的充分利用我认为还欠火候，也就是说由这个素材可以把百分数的相关知识一一让学生再现，比如单位“1”的变化、20%的降落点和100%相比可以怎样解读，由图中你可以提出哪些相关的数学问题等等，这样充分利用好课件1，可能会对课件2起到辅助作用；第二：我也和专家一样认为扇形统计图可以调整作为第二个数学素材，这样对于百分数以统计图的形式出现，又一次可以全面强化百分数的知识，同时还可以做到中差学生解决基本问题，优等生解决开放、拓展、变化的问题，也就是不同的学生由此题中可以得到不同的收获。

以上是我对这节复习课的真实感受和自己的几点不成熟的思考，我愿意和您再进行深入的交流。如有说的不对的地方请您给予我及时的帮助。

## 听田立莉校长《百分数的应用》一课很是受益（二）

第一，您的语言能力强，亲和力强，能抓住学生的心和思绪，和学生互动活跃效果好，如：在解决“还要几小时到达目的地”这个问题时，和学生共同分析。

第二，复习内容有广度、有深度，“跳伞”一题就涉及单位“1”的问题，百分比、百分率的问题，整体与部分以及百分比的三量关系问题，图的设计，并且指出百分比就是两个数的比率，还通过扇形统计图复习了整体与部分的关系，部分与部分的关系，量率之间的关系等，以及立体图形的表面积和容积的问题（帐篷）。有深度在于“还要几小时到达目的地”这个问题用实际量的方法解决相对容易，但步骤多，易错，用率的方法解决步骤少，但难理解，不易做，所以问题具有挑战性；“加工帐篷”问题，北京、天津哪个任务完成的好？不是简单地求平均数，而是求各自完成的占任务的百分比，再进行比较，才能得出结论；“求帐篷的空间问题”则必须将帐篷立起来，才能算出帐篷的准确容积，这些问题都有一定深度。

第三，注重解决问题方法多样，就“还要几小时到达目的地”这个问题，您运用量率等三四种方法，如果时间允许，可能您得讲出十几种之多。

第四，用同一种素材（抗震救灾）贯穿于问题始终，这样使问题情境化，增强学生兴趣，也符合现在潮流。

我的想法：

1. 百分数的复习，百分比就是两个数的比率，进一步说是前者相当于后者的百分之几，规定后者为100。

2. 在复习“跳伞”一题时，可以让学生求出危险高度是多少米，还可以通过百分率求出危险高度是平时训练高度的多少倍，这样运用百分率进行部分与部分之间的比较，让学生感受伞兵跳伞的难度，同时也为后面的扇形统计图做个铺垫。这只是我的个人想法，不对之处请您指教。

——陶行知小学 王立军

听着老师们的鼓励，思考着老师们的思考，《百分数应用题练习》这节课，我又在四个班上了 4 次。分别进行了异班异构、异班同构的教学实践，在完成的量上与思维的度上都有所不同，但学生的感觉却如此相同——“好玩儿！”——学生不愿下课，更不愿离开教室。

“好玩儿！”好在哪儿？

1. 数学问题情景呈现方式好玩儿——线段图、平面图、立体图、表格

应用题在培养学生解决简单实际问题的能力以及发展学生的数学思维方面有其独特的作用。在解决实际问题的过程中，学生要运用所学的数学知识、数学思想方法、数学的思维完成两个转化。其一，从丰富的实际问题中获取有用的数量关系，抽象成数学问题。其二，分析其间的数量关系，用数学的方法求解实际问题，并在实际中检验。学生解决问题的策略，不能仅仅停留在经验的层面上，作为方法的探索，学生个体展示的方法可以是其认知经验的体现。交流时，教师应该有意识地引导学生对各种方法进行比较分析，构建一定的数学模型，提高解决相关问题的能力，在“应用”上多下工夫。

“应用”就是要全方位地培养学生数学应用意识。“应用”的覆盖应在数与代数、空间与图形、统计与概率、实践与综合这四个领域，不仅包含于实际问题中的应用，而且包含在纯数学问题中应用，甚至问题情景呈现方式中的应用。

选择离学生生活贴近的素材。我将抗震救灾中的实例作为课堂

教学的情境线，伞兵空降重灾区——徒手挺进重灾区——捐资捐物重灾区——帐篷搭建在重灾区，从空中到地上，从捐资到捐物，情景可谓是真实和自然吧！

如：从网上搜集伞兵空降的录制片，3分钟的观看让我感动，这独一无二的壮举也会再次勾起学生的感动，感动之后留下的是数学思考，更深的数学理性思考，我将影像简缩成数学中的线段图，将解决问题过程中的一种策略线段图变为问题情景的呈现。

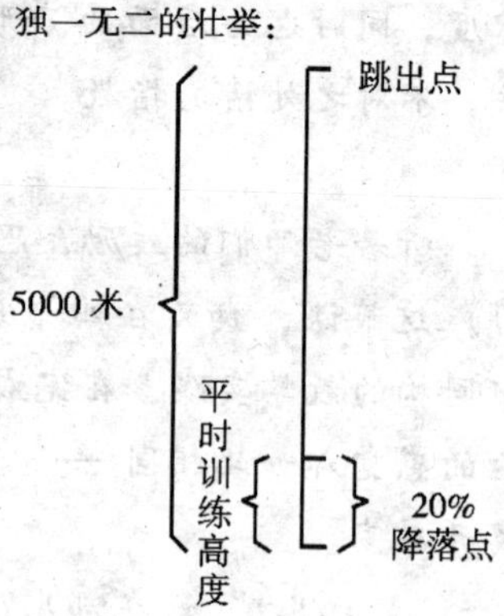


又如：我设计了用扇形统计图来呈现的教学形式，并从图的分配中让学生直观、形象地走进去，不仅能看到部分与整体的关系，也能看到部分与部分之间的比较关系。学生可以根据已有知识和生活经验，解读这些数据背后的信息。

当你看到这个扇形统计图时，你知道什么？请你用算式表示出来。

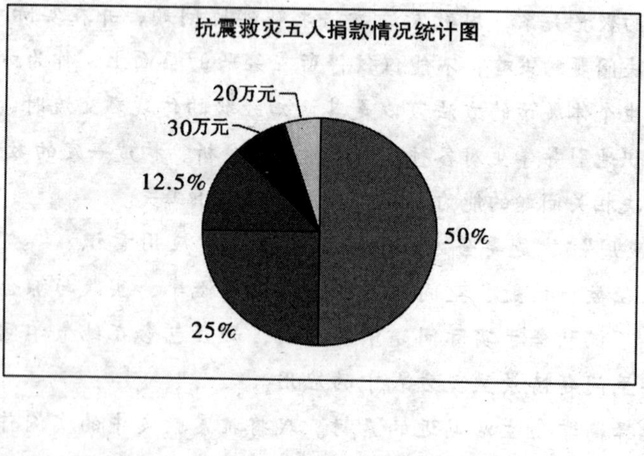

刘刚：50%；王小敏：25%；李林：12.5%；张小会：30 万元；赵丹：20 万元。

抗震救灾加工帐篷统计表（单位：顶）

| 北京 | | 天津 | |
|---|---|---|---|
| | | | |
| A | B | C | D |
| 95% | 85% | 96% | 85% |
| | | | |
| | | | |

抗震救灾加工帐篷统计表（单位：顶）

| 北京 | | 天津 | |
|---|---|---|---|
| | | | |
| A | B | C | D |
| 95% | 85% | 96% | 85% |
| 40 | 40 | 50 | 60 |
| 38 | 34 | 48 | 51 |

抗震救灾加工帐篷统计表（单位：顶）

| 北京 | | 天津 | |
|---|---|---|---|
| 90% | | 90% | |
| A | B | C | D |
| 95% | 85% | 96% | 85% |
| 40 | 40 | 50 | 60 |
| 38 | 34 | 48 | 51 |

再如：百分数比大小最简单，但学生也有易错之处。因此，我设计了搭建帐篷中，北京与天津四个单位的完成情况，并用统计表呈现在学生面前。

整节课从线段图、平面图、立体图到表格，以不同的角度给学生更多的策略呈现，在不知不觉中养成数学应用意识。

2. 提炼运算意义、抓住本质好玩儿——形成解题的数学核心思想“对应”镜头一：“两个100%完全一样吗?”

“现在举国上下非常关注的一项大的活动是什么？如果把参与这项活动的人用百分数表示，应该怎样表示?”老师的话音未落，“100%”学生迅速说出。

“我们班学生参加了吗?”“参加了。”学生又异口同声地回答。“如果也用这个百分数表，怎样表示?”“100%”学生不约而同。

“都是100%完全一样吗?”“不一样，第一个100%可以表示全国人民都参加了抗震救灾活动，第二个100%表示的是我们班学生都参加了抗震救灾的活动。”几个学生快速说出，全班学生表情也是非常认同。

两个“100%”的理解，预设已达成，如此相同，让我高兴。

镜头二：“5000×20%就是5000的百分之二十吗?”

放投影，看录像，进入教学的第一活动。

“同学们，我把看过的影像，简缩成数学线段图的表达方式，你都能知道什么?”

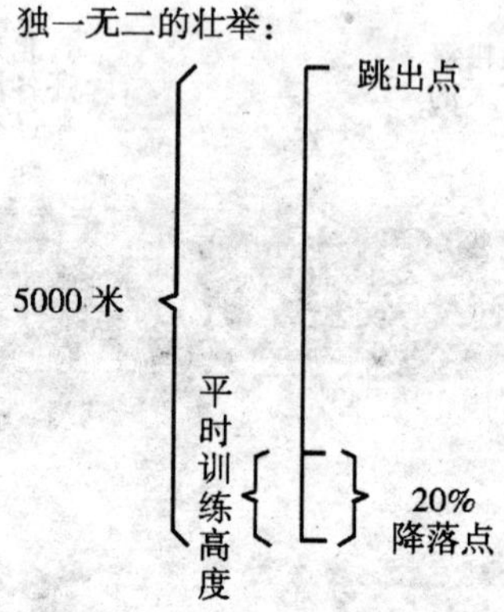

学生看完影像后，能应答的人很少，学生是否还沉浸在影像的情景中，学生是否因我将平时横向线段图改为纵向图而不适应，原本的更加直观与形象，反而干扰了学生？学生是否因为“你知道什么？”的问话不习惯，原本应该很简单的问题，怎么不能快速反应的原因我在猜测、想着。“看到这个图你能求出什么？”我又改变了问话的叙述形式，重复了一遍问话。

5000×20%＝1000（米）平时训练的高度，学生应答了。

为了了解学生对“三量”关系掌握的情况，我采用了追问的形式：5000，20%，1000 各表示什么？“5000×20%”是什么意思？

“5000 米表示从跳出到着陆的高度距离，1000 米是平时训练的高度。”学生说得比较准确。

“5000×20% 是 5000 的 20%。”只有一个学生说出。显然定势在“求一个数的百分之几用乘法”的结论上，而为什么用乘法的真正含义，学生理解得不深刻，退，退回到百分数的认识。

“看到 5000×20%＝1000（米），你们都能知道哪些关系？”师问生答，生问生答。

“1000 米占 5000 米的多少？”“20%”。

“这百分之二十，是谁在和谁比？”“平时训练的高度和实际所跳的高度的比。”“是几分比的？”“百分比。”

“要求平时训练的高度你怎样想？”把 5000 米平均分成 100 份，其中的 20 份是平时训练的高度，所以 5000×20%

5000÷100×20＝5000×20%＝1000（米）

5000×20÷100＝5000×20%＝1000（米）

解决实际问题应建立在对教学本质的理解上，才能获得解决问题的模型，不仅知道求 5000 的 20% 用乘法，也知道求 5000 的（1－20%）用乘法，更重要的是知道了 1000÷20×100＝1000÷20%＝5000（米）4000÷80×100＝4000÷（1－20%）＝5000（米）为什么用除法。

请学生用数学眼睛看，你获得哪些信息？你想知道哪些数学问题？谁能完整地说一说它的意思？

5000×20%＝1000（米）

1000÷20%＝5000（米）

1000÷5000＝20%

5000×（1－20%）＝4000（米）

4000÷（1－80%）＝5000（米）

4000÷5000＝80%

3. 数学比赛好玩儿——让学生学会数学的思考

让练习承载更多的数学内涵，多样化的解题策略与不同层面的思考方法，让学生在解题的过程中体验成功，让每一个学生有的说，有的想，有所收获，为此我让学生根据已有知识和生活经验，解读这些数据背后的信息。

当你看到这个扇形统计图时，你知道什么？看谁写得又多又快！（时间5分钟）请你用算式表示出来。

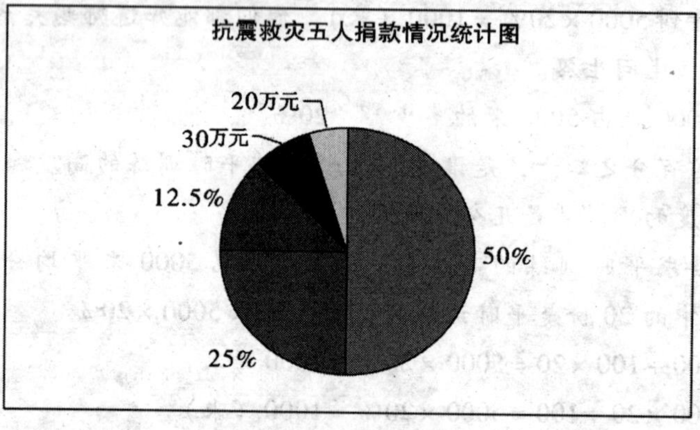


刘刚：50%；王小敏：25%；李林：12.5%；张小会：30万元；赵丹：20万元。

如：刘刚、王小敏共捐总数的50%＋25%

刘刚比王小敏多捐总数的50% −25%

刘刚捐款占王小敏捐款的50% ÷25%

王小敏捐款占刘刚捐款的25% ÷50%

五人共捐款多少万元（30 + 20）÷（1 − 50% − 25% − 12.5%）=400（万元）

(30 +20）÷（25% −12.5%）=400（万元）

李林捐款：400 ×12.5% =50万元（部分与整体的比较关系）

30 +20 =50万元（部分与整体的关系）

200 ×（25% ÷50%）=50万元（部分与部分的比较关系）

200 ×50% =100（万元）

王小敏捐款：400 ×25% =100（万元）

50 ×（50% ÷25%）=100（万元）（倍比）

……

用扇形统计图来呈现的教学形式，并从图的分配中让学生直观、形象地走进去，不仅能看到部分与整体的关系，也能看到部分与部分之间的比较关系。

学生会带着自己的知识基础，自己的生活经验，带着“转化”、“倍比”思考方法来解决相关的问题，由简单到复杂，由一般到特殊，必有多种多样的反馈形式以及每个学生那不同的收获。

4.“错”与对的辩论好玩儿——学生的思维走向深刻

以小组为单位讨论，“剩下的路程还需几时走完?”

例题：27千米的路，53处的障碍，解放军2小时已行进了全程的10%，为了更多地救出生命，他们身上的东西全部放下，改为徒手前进，此时的速度比原来提高了50%，剩下的路还要几小时到达？

(1) $10\% \div 2 = 5\%$
$5\% \times (1 + 5\%) = 75\%$
$1 - 10\% = 90\%$
$90 \div 7.5 = 12$(时)

(2) $27 + 53 = 80$(千米)
$80 \times 10\% = 8$(千米)
$80 \times (1 + 10\%) = 5$(时)

(3) $2 \div 10\% = 20$(时)
$20 - 2 = 18$(时)
$18 \times 10\% = 9$(时)

(4) $10 \times 50\% = 5$
$10\% + 5\% = 15\%$
$100\% - 10\% = 90\%$
$90 \div 15 = 6$
$6 \times 2 = 12$(时)

(5) $27 - (27 \times 10\%) = 24.3$(千米)
$2.7 \times 4.05$(千米)
$24.3 \div 4.05 = 6$
$6 \times 2 = 12$(时)

(6) $10\% \div 2 = 5\%$
$27 \times 5\% = 1.35$
$1.35 \times (1 + 50\%)$
$= 2.025$
$27 - 27 \times 10\% = 24.3$
$24.3 \div 2.025 = 12$(时)

(7) $2 \div 10\% = 20$(时)
$20 - 2 = 18$(时)
$18 \div (1 + 50\%) = 12$(时)

(8) $100\% - 10\% = 90\%$
$10\% + 10\% \times 5\% = 15\%$
$90\% \div 15\% = 6$
$6 \times 2 = 12$(时)

(9) $27 \div (1 - 10\%) = 30$(千米)
$30 - 27 = 3$(千米)
$3 \times (1 + 50\%) = 4.5$(时)

说一说每步求的是什么？你是怎样想的？学生呈现了9种原认知方法。经过学生的分析讨论，批判删掉了3种。留下了合理的5种。

(1) $10\% \div 2 = 5\%$
$5\% \times (1 + 5\%) = 75\%$
$1 - 10\% = 90\%$
$90 \div 7.5 = 12$(时)

(2) $10\% \times 50\% = 5\%$
$10\% + 5\% = 15\%$
$100\% - 10\% = 90\%$
$90 \div 15 = 6$
$6 \times 2 = 12$(时)

(3) $10\% \div 2 = 5\%$
$27 \times 5\% = \frac{27}{20}$(千米时)
$\frac{27}{20} \times (1 + 50\%)$
$= 2.025$(千米时)
$27 - 27 \times 10\% = 24.3$(千米)
$24.3 \div 2.025 = 12$(时)

(4) $2 \div 10\% = 20$(时)
$20 - 2 = 18$(时)
$18 \div (1 + 50\%) = 12$(时)

(5) $27 - (27 \times 10\%) = 24.3$(千米)
$2.7 \times 4.05$(千米)
$24.3 \div 4.05 = 6$
$6 \times 2 = 12$(时)

从思维的角度，学生对解决问题的策略进行了分类，在比较中求优、求简。

(1) $10\% \div 2 = 5\%$

$5\% \times (1 + 5\%) = 7.5\%$

$1 - 10\% = 90\%$

$90 \div 7.5 = 12$(时)

(2) $10\% \times 50\% = 5\%$

$10\% + 5\% = 15\%$

$100\% - 10\% = 90\%$

$90 \div 15 = 6$

$6 \times 2 = 12$(时)

(3) $10\% \div 2 = 5\%$

$27 \times 5\% = \frac{27}{20}$(千米时)

$\frac{27}{20} \times (1 + 50\%)$

$= 2.025$(千米时)

$27 - 27 \times 10\% = 24.3$(千米)

$24.3 \div 2.025 = 12$(时)

(4) $2 \div 10\% = 20$(时)

$20 - 2 = 18$(时)

$18 \div (1 + 50\%) = 12$(时)

(5) $27 - (27 \times 10\%) = 24.3$(千米)

$2.7 \times 4.05$(千米)

$24.3 \div 4.05 = 6$

$6 \times 2 = 12$(时)

(1)　(2)　(4)　　　　(3)　(5)

从量的角度思考的　　　　从率的角度思考的

从思考的方向，学生对哪些是从条件入手，继而解决问题；哪些是从问题入手，继而解决问题；进行了分类整理，是学生掌握了“顺推”、“倒推”解题方法。

(1) $10\% \div 2 = 5\%$

$5\% \times (1 + 5\%) = 7.5\%$

$1 - 10\% = 90\%$

$90 \div 7.5 = 12$(时)

(2) $10\% \times 50\% = 5\%$

$10\% + 5\% = 15\%$

$100\% - 10\% = 90\%$

$90 \div 15 = 6$

$6 \times 2 = 12$(时)

(3) $10\% \div 2 = 5\%$

$27 \times 5\% = \frac{27}{20}$(千米时)

$\frac{27}{20} \times (1 + 50\%)$

$= 2.025$(千米时)

$27 - 27 \times 10\% = 24.3$(千米)

$24.3 \div 2.025 = 12$(时)

(4) $2 \div 10\% = 20$(时)

$20 - 2 = 18$(时)

$18 \div (1 + 50\%) = 12$(时)

(5) $27 - (27 \times 10\%) = 24.3$(千米)

$2.7 \times 4.05$(千米)

$24.3 \div 4.05 = 6$

$6 \times 2 = 12$(时)

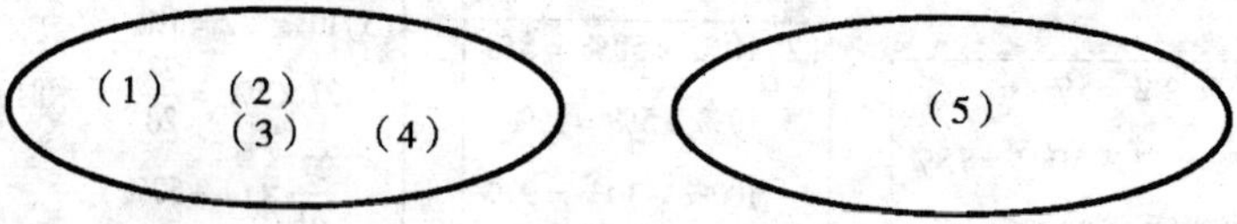


分析法
（从已知条件入手进行分析）

综合法
（从问题入手进行分析）

课后学生访谈：

学生1：不仅要注意计算时每一个小步，还要知道这一步的含义是什么。

学生2：每道题都要认真分析数据，找到有效的数据来解决问题。

学生3：一个问题可以有多种解答的方法。

学生4：众人力量大，多种方法能知道。

学生5：今天作的这些题可以增加我们的思维能力。

学生6：这节课我学到的不仅要注意量率对应，更应注意做什么题时都要用数学的眼先去看。

学生7：我学会了用简便的方法来计算应用题。

学生8：我明白了除法题为什么要“对应”。

学生9：不同的解题方法会有不同的收获。

学生10：要注意单位名称（没有单位，出错）。

学生11：列式计算，越简洁越好。一道题的解法可真多呀！

学生12：我明白了90% ÷7.5%为什么可以写成90÷7.5 =12（时）

学生13：这节课特有意思，我学会了很多，有百分数应用题，有扇形统计图。

……

四节课的教学实践，我亲历了班与班之间的差异，在不断的探索中，使我对应用题的理解越来越深入。我更加关注学生的内心需求，学生在交流、争论、比赛、探索中深层次地、本质地、进行数学的学习。

下课了，我眼前仍然浮现着学生不肯离开教室的情景，“这节课，好玩儿！”的声音一直激励着我多上一些好玩儿的课。

——西山小学教学主任

## 你让“惰气”发生化学反应

反应一：你心里总装着“自己那点事”。一般人上课绞尽脑汁找素材，而你能借助随时发生的事情当素材，说明你心里时刻装着自己的事。

反应二：你的心静，不受干扰，包括自己的干扰。只有心无杂念、不受干扰的人才能在评课后有这样的反思，边听边想，怎么想怎么说，因为这主要是与周老师的交流。我想，别人决不会因此看轻你，反而更敬佩你。

你为学生服务，让学生提高，不为自己展示才华，其实这就是你自己才华的最好体现（谁愿意回到原点为学生“耽误时间”）。一般认为实现自己“宏大的教学目标”，明知道学生的每一步欠缺却装作不知，总想充分展示自己的设计之完美、之精致，但他没体会听课人的感受，不知听课人价值取向，反而令听者不满。

反应三：概念清，没死角。哪个数学老师都不止一次见过这句话“百分数又叫百分率、百分比”，但又有多少人会去花时间想这句话，查这句话？今天你不只讲明白了学生，还讲明白不少老师。我想你对这句话的解读，让老师明白的不只是数学知识，还有更多更多。

反应四：你的点拨到位。什么是速度、原速、现速？题里的每个百分数都要弄明白……这就是老师的作用，也体现老师的水平。

反应五：省事即费事，费事即省事。复习课既是教学要求又有哲学思想，一般老师认为帮学生形成知识网络费时间，不如多做题、做难题，到头来费力不讨好。其实，如果是一个好老师从一年级开始带一个班，小学六年的知识提前讲完没问题，教材再改也可以看出同一学期六个年级知识间纵向的联系，这一点周老师评课时提出的几个有关计算的问题已经给大家提示了，这就是网络形成的作用，当老师千万不能鼠目寸光，否则就是千古罪人！我这话可能言重了，我这话并不代表我比别人好，只是我的个人观点。

有的人爱拿事品人，我这人爱拿人品事，这样我会理解别人。我觉得人好就会选好事干，人有水平干的事才会有水平，您说对吗？

——张丽红

## （九）游戏、画图——学生喜欢的教学方法

### ——鸡兔同笼教学的实践与思考

课题名称：鸡兔同笼

教学年级：五年级

执教者：田立莉

单位：北京市海淀区四季青中心小学

上课时间：2008 年 11 月 13 日

**教学内容分析：**

· 教学时间 1 课时

· 教材编写特点和编写意图

教材选“鸡兔同笼”这个题材，在北师大版五年级上册，P80 ~ 81。本教材对学生的要求是，主要是借用这个载体让学生经历列表、尝试和不断调整的过程，从中体会解决问题的一般策略——列表。第一种列表是常规的逐一列举法，由小到大的顺序。第二种列表是“跳着”。也就是举例过程中省略一些数，减少举例的次数。第三种表格是采用列举的方法，如鸡兔共 20 只，可采取各 10 只，根据数据得到情况再确定举例方向，这种方法大大影响举例的范围。在后面的练习、复习中，相关的题目也附上了表格，能够让学生较好地运用这种基本的解题策略解题，从而构建数学问题的模式。

对于一个五年级的学生来说，他们在解决实际问题中已有了一些知识和常识经验，就鸡兔同笼问题学生不可能都一无所知，有哪些学生已有所了解，程度如何，有哪些略知一二，有多少学生是一

无所知？做教师的我首先要了解学生的现实情况，只有这样才能准确地找到课堂教学的真正起点以及课堂教学真正目标，于是我将教材的练习题进行前提测验，P81。

**鸡兔同笼学生前测方案**

教学前测：2006 年 11 月 11 日

前测目的：

· 了解学生学习“鸡兔同笼”这部分内容的有关知识基础。

· 了解学生与“鸡兔同笼”有关的生活经验和学习经验。

· 了解学生学习“鸡兔同笼”这部分内容可能存在的难点。

· 了解学生学习“鸡兔同笼”的兴趣点及喜欢的学习方式。

前测形式：调查问卷、访谈、小组观察。

前测对象：五年级三班的学生。

前测内容及形式：

A. 问卷调查（全班所有学生）：

请利用表格解答下列各题。

1. 鸡兔同笼，有 17 个头，42 条腿，鸡、兔各有多少只？

| 头/个 | 鸡/只 | 兔/只 | 腿/条 |
|---|---|---|---|
| | | | |
| | | | |
| … | … | … | … |
| | | | |
| | | | |

2. 小明的储蓄罐里有 1 角和五角的硬币共 27 枚，价值 5.1 元，一角和五角的硬币各有多少枚？

| 硬币总数/枚 | 1 角/枚 | 5 角/枚 | 总价值/元 |
|---|---|---|---|
| | | | |
| | | | |
| … | … | … | … |
| | | | |

3. 用大小卡车往城市运 29 吨蔬菜，大卡车每辆每次运 5 吨，

小卡车每辆每次运 3 吨，大小卡车各用几辆能一次运完？

| 大卡车/辆 | 小卡车/辆 | 总质量/吨 |
|---|---|---|
| | | |
| | | |
| … | … | … |

前测目的：了解学生掌握列表解题策略情况。

前测结果：第一题　对 39 人　39÷44

第二题　对 25 人　25÷44

第三题　对 27 人　27÷44

三个题全对的有 23 人

B. 访谈（随机抽取学生）

1. 如果让你解决“鸡兔同笼”这类问题，你怎样做？能否有更多的方法？

| 结果 | 列表 | 假设 | 方程 |
|---|---|---|---|
| 人数 | 10 | 9 人 | 0 |

目的：了解学生对所学知识的经验。

2. “鸡兔同笼”这类问题，说的都是鸡和兔子的事吗？

| 结果 | 是 | 不是 |
|---|---|---|
| 人数 | 1 | 9 |

目的：了解学生对所学知识的经验。

3. (1) 在学习“鸡兔同笼”这类问题的过程中，你遇到的最大困难是什么？遇到困难时你愿意采取什么方式解决困难（看书自学、询问他人、自己探索、小组讨论、教师讲解）

解决方式：

| 结果 | 独立思考 | 看书 | 别人帮助 | 小组合作 |
|---|---|---|---|---|
| 人数 | 2 | 1 | 2 | 0 |

（2）学习一个新的知识，你愿意采用什么方式？（看书自学、询问他人、自己探索、小组讨论、教师讲解）

| 结果 | 看书自学 | 询问他人 | 教师讲解 | 小组讨论 | 自己探索 |
|---|---|---|---|---|---|
| 人数 | 1 | 0 | 3 | 3 | 3 |

目的：调研学生的学习方式、兴趣点及难点。

小组观察（随机抽取班上一个学习小组）

除列表外你还能用什么方法解决“鸡兔同笼”问题？

目的：了解学生对所学知识除列表以外的经验和遇到的困难。

**学生前测引发我的思考**

1. 体会按从小到大、“跳步”、中间切入列表枚举的过程，理解列表方法的解题策略。

2. 学生通过游戏活动、数学图形，掌握数学最本质的核心思想——假设法。

3. 从等量关系入手，列出方程，通过等量代换解决问题。

4. 多给学生一些空间，能够得到更多解决“鸡兔同笼”这类问题的方式。教学中要舍得给学生充分探究的空间和时间。

5. 传承数学文化，介绍《孙子算经》。

6. 教材比较重视尝试列表，但应根据学生的认知起点拓展教材，提高教学要求。

7. “鸡兔同笼”问题涉及生活的方方面面。

**学习目标：**

1. 体会按从小到大、“跳步”、中间切入列表枚举的过程，理解列表方法的解题策略。

2. 学生通过游戏活动、数学图形，掌握数学最本质的核心思想——假设法。

3. 从等量关系入手，列出方程，通过等量代换解决问题。

4. 培养学生积极尝试、不怕困难的数学精神。

**学习重点：**

理解列表方法的解题策略，掌握数学最本质的核心思想——假设法。

**学习难点：**

理解假设法。

**教学活动：**

| 估计时间 | 教师授课行为 | 学生学习行为 | 教学策略 | 辅助手段 |
|---|---|---|---|---|
| 3 分 | 一、激情导入，明确方向<br>1. 老师出示鸡兔同笼课件将学生带进数学的远古时代。<br>2. 出示应用题：<br>现有鸡兔同笼，上有一十二头，<br>下有三十二足，鸡兔各有几何？<br>用古人的语言读题，理解鸡兔各有几何？<br>如果求得是鸡兔各有几只，你觉得这是什么问题？<br>板书：鸡兔同笼问题 | 学生用古人的语言读题，说出要解决的是鸡兔同笼问题 | 通过鸡兔同笼课件演示，激发学生的学习兴趣。换一种读题的方法，也能激发学生的求知欲望 | 课件 |
| 7 分 | 二、独立思考，初步探索<br>（你打算用什么方法解决所要求的问题？）<br>1. 列表尝试<br>2. 假设法<br>3. 列方程法<br>教师巡视，追问为什么这样做，适时提示指导学生 | 学生运用已有的知识和经验，有的学生尝试了一种方法，有的学生尝试了两种或三种方法 | 尊重学生已有知识的差异，鼓励学生大胆尝试，积极尝试，让每一个学生呈现自己的解题策略，互为补充，开阔了学生思维，使学生初步感知此题原来有这么多的思考方法 | |

（续）

| 估计时间 | 教师授课行为 | 学生学习行为 | 教学策略 | 辅助手段 |
|---|---|---|---|---|
| 15分 | 三、合作交流，深入理解<br>请选择你认为最好的方法介绍给同伴。<br><br>教师要尊重学生的反馈顺序，说到哪一种就共同研究理解哪一种。<br>板书：<br>1. 列表（略）<br>2. 假设（略）<br>3. 方程（略） | 1. 分析比较列表法的异同。<br>2. 进行数学游戏，采用数学图形表示的方式理解假设法。<br>3. 通过等量代换的思考方法，学会解方程。根据乘法分配律解一元一次方程，用比较、转化的方法解二元一次方程 | 尊重学生认知理解速度的差异，应用多种教学手段，满足学生不同的学习方式 | |
| 12分 | 四、适时练习、初步应用<br>1. 一只蛐蛐6条腿，一只蜘蛛8条腿，现有蛐蛐和蜘蛛共10只，共有68条腿。蛐蛐和蜘蛛各有几只？你能用几种方法解答这个问题？<br>2. 给学生选择的权力，让学生“三选一”<br>①小华用12元买了5角和1元练习本17个，你能求出两种本各买几个吗？<br>②今有牛五，羊四，值金二十三两；牛三，羊二，值金十三两；牛羊各值几何？<br>③学校有378人去春游，每辆大汽车租金120元，有54个座位；每辆小汽车租金70元，有36个座位；选择哪种租车方案最好？ | 1. 有10个学生用了三种方法，有28个学生用了2种方法，有6个学生用了1种方法，正确率达到百分之百。<br>2. 学生根据题目的具体情景选择最合理的方法解题。<br>3. 选择题有的学生做完了两道或三道 | 选择的背后是驱使学生主动调整自己的思维，寻找解决问题的具体的最佳方法。这个过程已不再是教师的外在要求，而是变成了学生自发的内在需要，直触学生的内心。此时学生思维的震动显得自然、贴切，并富有效果。在解决问题的过程中，不同层次的学生都在经历着“再创造”，并在“再创造”的过程中不断展示自己，优化自己，发展自己，提高自己 | 练习片 |

（续）

| 估计时间 | 教师授课行为 | 学生学习行为 | 教学策略 | 辅助手段 |
|---|---|---|---|---|
| 3 分 | 五、介绍《孙子算经》，传承数学文化。<br>“鸡兔同笼”问题出自我国古代数学名著《孙子算经》，在那里有很多的名题、趣题，让我们带着今天的思考，继续走进《孙子算经》，去感受数学的美妙 | 观察、思考 | | PPT |

**我能行！**

1. 小华用 12 元钱买了面值 5 角和一元的邮票 17 张，问两种面值的邮票各多少张？

2. 李老师带 48 名学生划船。大船可坐 7 人，租金 10 元，小船可坐 5 人，租金 7 元，怎样的租船方案最好？

3. 今年牛五，羊四，值金十四两；牛三，羊二，值金八两；牛羊各值几何？

**教学后访谈**

这节课，你印象最深的是什么？

（1）我知道了“鸡兔同笼”问题怎样解决，我印象最深的是数学游戏和画图。

（2）我印象最深的是明白了假设的方法。

（3）这节课每次活动都给我留下了很深的印象。

（4）我印象最深的是中国古代数学家发明的《孙子算经》。

(5) 我印象最深的是知道了什么是“鸡兔同笼”问题，知其然、还知其所以然。

(6) 三年级时，我学过“鸡兔同笼”问题，那时我一点都不会，今天这节课我清楚至极。

(7) 三年级时我学会了列表法，今天我学会了假设法。

(8) 三年级时我学会了列表法，四年级我学会了假设法，今天我学会了方程法。

……

**教学后我的思考：**

## 和谐在差异中流淌

——鸡兔同笼教学引发我的思考

优秀的具有艺术的课堂，可能是精心打造出来的，可能是千锤百炼出来的，但更应是和谐的在差异中流淌出来的——鸡兔同笼教学引发我的思考。

教材所设计的练习，可以让学生感受到，解决鸡与兔数量的问题方法，可运用到工作、购物等现实生活中的许多方面。问题描述的情境虽然不一样，但解决问题的方法是一样的——列表举例法。

一、练习前提测试，了解认知基础差异

对于一个五年级的学生来说，他们在解决实际问题中已有了一些知识和常识经验，就鸡兔同笼问题学生不可能都一无所知，有哪些学生已有所了解，程度如何，有哪些略知一二，有多少学生一无所知，做教师的我首先要了解学生的现实情况，只有这样才能准确地找到课堂教学的真正起点以及课堂教学真正目标，于是我将教材的练习题进行前提测试。参加测验的共有44人。(见本书P334)

二、依据学生认知程度，确定教学真正目标

通过教学前测，我更加清楚了学生有着不同的知识背景和思考角度，他们的差异是客观存在的，对同一个问题由于学生的认知水平和风格的不同，常常会出现不同的解决问题的方法，这正是学生具有不同个性的体现。我知道学生认知的差异，我要让会列表的同学在本节课一定要有新的收获，鸡兔同笼问题最核心的数学思想方法是假设法，方程法也要补充进来。我要遵循思考与算法多样化，提倡学生思维的开放性和创造性，鼓励学生根据自己的知识、经验、思维，寻求解决问题的途径。为此我制定了弹性的教学目标，通过本节课的学习，能用一种方法或两种方法解决鸡兔同笼这类问题，让每一个学生走出课堂时都有收获。

三、满足学生需要，让和谐在差异中自然流淌

1. 和谐在认知差异中自然流淌

提出挑战性的教学问题，再次了解学生认知基础，了解不同的解题策略。

出示例题：现有鸡兔同笼，上有一十二头，下有三十二只，鸡兔各有几何？

你能用什么方法求出鸡有几只，兔有几只？（不会解答的可下位子看同学做）

学习步骤：先让学生独立思考，然后两人、四人交流，最后活动反馈。

由于认知的不一样，有的同学只会一种，有的同学能会两种或三种，解答问题的方法不一样。

这样在同样的时间内，满足了每个学生的需要，展现每个人解决问题的方法。

解题方法部分如下：

列表：

①

| 头 | 鸡 | 兔 | 腿 |
|---|---|---|---|
| 12 | 1 | 11 | 46 |
| 12 | 2 | 10 | 44 |
| 12 | 3 | 9 | 42 |
| 12 | 4 | 8 | 40 |

②

| 头 | 鸡 | 兔 | 腿 |
|---|---|---|---|
| 12 | 2 | 10 | 44 |
| 12 | 4 | 8 | 40 |
| 12 | 6 | 6 | 36 |
| 12 | 8 | 4 | 32 |

③

| 头 | 鸡 | 兔 | 腿 |
|---|---|---|---|
| 12 | 6 | 6 | 36 |
| 12 | 7 | 5 | 34 |
| 12 | 8 | 4 | 32 |

| | | | |
|---|---|---|---|
| 12 | 5 | 7 | 38 |
| 12 | 6 | 6 | 36 |
| 12 | 7 | 5 | 34 |
| 12 | 8 | 4 | 32 |

假设：鸡有12只

$2\times12=24$

$32-24=8$

$8\div2=4$（只兔）

$12-4=8$（只鸡）

兔有12只

$12\times4=48$

$48-32=16$

$16\div2=8$（只鸡）

$12-8=4$（只兔）

方程：鸡有$X$只

兔有$12-X$只

$2X+4(12-X)=32$

$2X+48-4X=32$

$48-2X=32$

$2X=16$

$X-8$

$12-8=4$

鸡$X$只，兔$Y$只

$X+Y=12$①

$2X+4Y=32$②

$X+3Y=20$③

$2Y=8$

$Y=4$

$X+4=12 \quad X=8$

在上述教学片断中，我引导学生充分展示自己的智慧，在展示的过程中，一一肯定多种计算方法，将学生之间天然存在的个体差异有效地开发成学习资源，转化成学生相互启发、相互融合的动力。

课堂教学作为一种特殊的认知活动，它需要教师充分利用学生群体原有经验基础的差异，让思维在不断碰撞、交锋、磨砺中实现个性的张扬，从而实现视界的融合、经验的丰富、能力的提高、智慧的生长。

看到这么多不同的方法，我的心中有说不出的喜悦。

2. 和谐在思维层次差异中自然流淌

这些多样算法的思维层次是有所差异的。教学的根本目的不仅是为了展示学生的已有水平，更是为了促进学生向更高的水平发展。通过多样的算法，学生体验到不同算法之间的区别，从而在更高层次上有所发展。所以，在算法反馈中，我既强调算法的多样性，又要在尊重多样的前提下帮助学生完成对多样算法的优化，实现促进学生给予原有不同经验基础上的发展。

第一，反馈列表方法。

师：看到这三种列表方法，你想说点什么？

生 1：解决问题的方法一样。

生 2：“头”这一列都是 12。

生 3：举例选数不一样，第三个表格简单一些。

学生的互相补充，使全体学生有了一个共识，如果用列表举例法，显然用第三个比较简单，学生的思维在互为补充中，在同中求异，异中求同中，走向了优化。

第二，反馈假设法。

为了使更多的学生了解这种方法，首先创设情境进行角色表演。

学生接受的快慢速度是不一样的，首先进行角色表演。12 个学生走到教室的前面，把 2 只手背后，当成可爱的小鸡。当看到实际的脚比假设的脚少时，就要给每只小鸡添上两只脚，这时每个学生弯腰伸出 2 只手就成了可爱的小兔子，反之，也可以先当小兔子，角色表演使一部分学生明白了。更让人惊喜的是，学生在分析中 $8\div2=4$（只兔）$16\div2=8$（只鸡）中的理解，如果添上 2 条腿，所解答出来的几个 2，就是几只兔，如果减掉 2 条腿，所解答的问题就是几个 2，就是几个鸡，这是学生自己的理解，自然而真实，学生记忆深刻。

生 4：$2\times12=24$

$32-24=8$

$8\div2=4$（只兔）

$12-4=8$（只鸡）

生 5：$12\times4=48$

$48-32=16$

$16\div2=8$（只鸡）

$12-8=4$（只兔）

接着运用了图与算式相结合的方法。

12

②　②　②……　②

+2　+2

④　④

$2\times 12=24$

$32-24=8$

$8\div 2=4$（只兔）

$12-4=8$（只鸡）

12

④　④　④……　④

−2　−2

②　②

$12\times 4=48$

$48-32=16$

$16\div 2=8$（只鸡）

$12-8=4$（只兔）

两次活动不仅突出了情境教学的好处——以活动方式体验数学，而且渗透了数形结合的思想，更重要的是照顾了不同接受程度的学生以及学习方式不同的学生。

第三，方程法。

设：鸡有 $x$ 只　　列方程为 $2X+4(12-X)=32$

这时我追问了一下学生，$4(12-X)=32-4X$，$2X+48-4X=32$，这运用了什么知识？勾起了学生的回忆——乘法分配律。

在解答二元一次方程时，我采用了孩子已有知识——对比转化进行讲解。

$X+Y=12$①；

$2X+4Y=32$②；

32 比 12 多，多在了什么地方？

$X+3Y=20$③

第三个式子比第一个算式又多在了什么地方？

$2Y=8$

$Y=4$（兔子）　　$12-8=4$（鸡）

学生通过对比转化解决了问题。……“可不可以也用乘法分配律呢？”“老师，可以，我是这样做的。”

$X+Y=12$；

$2X+4Y=32$ 也同样用乘法分配律的知识使学生接受，只不过加一次转化，$X=12-Y$，再进行第二次转化，$2(12-Y)+4X=32$，经过这两次转化，学生在不知不觉中就消去了一个未知数，也就是消元法，通过不同的认知方法，满足学生不同的认知方式，达到了相同的思维发展——方程法解决问题。

从孩子的眼神中，我发现有更多的学生已经领会了此方法。

就这么一道题，学生呈现了多种解题策略，在对这一道题的交流中，也有更多的学生掌握了多种解题的方法。课堂气氛宽松活跃，多样化的解答方式使学生感受到了数学的独特魅力，使学生变得聪明自信，在主动探索与合作交流中丰富了学生的原认知，促进了学生的个性发展，同学们的脸上洋溢着灿烂的微笑！并带着微笑走进了第二道练习题。

一只蛐蛐6条腿，一只蜘蛛8条腿，现有蛐蛐和蜘蛛共10只，共有68条腿。蛐蛐和蜘蛛各有几只？你能用几种方法解答这个问题？

在做第二个题的练习中，有10个学生用了三种方法，有28个学生用了2种方法，有6个学生用了1种方法，正确率达到百分之百。

3. 和谐在练习选择中自然流淌

最后练习中，给学生选择的权力，让学生“三选一”。

小华用12元买了5角和1元练习本17个，你能求出两种本各买几个吗？

今有牛五，羊四，值金二十三两；牛三，羊二，值金十三两；牛羊各值几何？

学校有378人去春游，每辆大汽车租金120元，有54个座位；每辆小汽车租金70元，有36个座位；选择哪种租车方案最好？

选择的背后是驱使学生主动调整自己的思维，寻找解决问题的具体的最佳方法。这个过程已不再是教师的外在要求，而是变成了学生自发的内在需要，直触学生的内心。此时学生思维的震动显得自然、贴切，并富有效果。在解决问题的过程中，不同层次的学生都在经历着“再创造”，并在“再创造”的过程中不断展示自己，优化自己，发展自己，提高自己。

正因为尊重认知差异，才有了几种解法的和谐，正因为有了解法的差异才有了优化思维的和谐，正因为有了策略上的差异，才有了学生交流中的共识。没有差异，谈何和谐，善待差异，追求和谐，才有了课上的精彩。

和谐是在差异中流淌出来的！

**华国栋老师评课：**

## “差异”与“和谐”

学生在学习中的差异是客观存在的。正确对待这些“差异”，实施“差异教学”，构建和谐课堂，从而促进每个学生的最大限度的发展，是我们教学要追求的目标。田立莉老师的《鸡兔同笼》一课，在这方面给我们提供了一个范例。该节课在以下几方面是值得肯定的。

1. 正视学生差异，了解学生学习的差异

学生的认知水平、学习基础等方面存在差异，在我看的许多课上教师对此视而不见，按“既定方针”教学，这就会使一些基础好的学生对学习感到厌倦，而困难的学生又无法参与到学习中。田立莉老师考虑到五年级学生已有不同程度的解决实际问题的知识和经验，在教学《鸡兔同笼》这课时，利用教材中练习的三道题进行前测，发现44人中有23人还未上课学习，就已三道题全对，而第一题已有39人做对。对此田老师采用弹性学习目标，对不同学生分别要求他们用一种方法或几种方法，解决鸡兔同笼问题，使不同学生都学有所得，学习兴趣盎然。

2. 鼓励学生用各自不同的方法解答鸡兔同笼问题，师生互动，使差异成为教学的一种资源

由于学生的经验背景、思维方式不一，往往对同一问题会有多种解决的方法。多样化的方法不仅适应了不同学生的特点，而且有助于学生多角度综合理解问题，提高学生思维的灵活性。在这节课上，田老师要求学生尽可能用多种方法去解答鸡兔同笼问题，并在独立思考的基础上，同学之间进一步交流合作，共享资源、其结果是，学生列表就有了三种列法，另外还有假设的方法、用方程解的方法，开拓了学生的思路，使不同层次水平的学生都有所提升。

3. 尊重学生认知和思维差异，同时促进他们向优势方向转化

学生解答问题的不同方法，体现了学生思维的不同水平和不同思维方式，教师利用学生的多样的解法，并引导学生对多种解法进行比较，同中求异，异中求同，从而促进学生解决问题的方式方法向优势方向转化，提高学生的思维水平。为了使更多学生不仅会用列表法，而且会用假设的思想来解答鸡兔同笼问题（这对一些学生构成了挑战），田老师设计了情境表演，让学生以活动方式体验数学，以促进学生理解。同样用方程求解，不是小学阶段的要求，但田老师运用学生已有的乘法分配律等知识，通过引导学生对相关式子的比较，并进行转化，使学生求得结果。在这个过程中，训练了学生的思维方法，促进学生向优势方向转化。

4. 学生的差异是和谐课堂的基础，和谐又是有差异的课堂追求的目标

学生的差异不仅是客观存在，而且是和谐课堂的基础。大千世界的五彩缤纷源于事物的多样，课堂教学也是如此。试想，如果该课解决鸡兔同笼问题，学生都采用教科书中同一种的列表法，课堂便没有生气，更体现不出和谐之美。作为课本，它更多体现“统一”，而作为实际教学，应是结合多样性于自身的、具体而生动的和谐统一。当然差异要维持一定的张力，有差异的学生间应有互

动、交流、合作，相互启发，相互促进，才能构建和谐的课堂。

用田立莉老师自己的话说《鸡兔同笼》这节课："正因为尊重认知差异，才有了几种解法的和谐；正因为有了解法的差异，才有了优化思维的和谐；正因为采用了差异教学的策略，才有了班集体学习的和谐"。我们只有善待差异，利用差异，才能追求和谐之美。

## （十）让学生的思维具有挑战性
### ——《分数、百分数和比》的综合练习课

教学时间：2007年12月19日，北京市海淀区教学研究课

参加人员：海淀区六年级数学教师

执教者：杨云霞

指导教师：束春华、田立莉

**教学目标：**

·知识目标：通过数与代数的复习，巩固和加深对所学相关知识的理解，沟通分数、百分数、比之间的内在联系，解决生活中的实际问题。

·能力目标：培养学生观察、比较、分析、概括推理的能力。

·情感目标：在学生经历探索分数、百分数、比的内在联系的过程中，感受数学知识间的相关性以及数学的应用价值。

**教学重点：**

分数、百分数、比，相关知识的整理与应用。

**教学难点：**

应用三者之间的内在联系，解决生活中的实际问题。

**教具准备：**

课件

**教学过程：**

1. 情景引入，初步感知内在关系。

情景：同学们，中秋节家家都不可缺少的一种食品是什么？

生：月饼。

师：对呀！老师也非常喜欢吃月饼，所以每个中秋节，老师都要到超市买几块月饼，这次呀！我遇到了我们学校五年级的两名同学，王刚和李明。他们每人分别买了几块同样的月饼。具体情况是这样的：(请同学们看大屏幕)

出示课件1

师：王刚买了6块月饼，李明买了4块月饼。（出示课件）（快把你们看到的信息读给大家听。）（师：板书）

师：看到这两条信息，结合我们的数学知识，谁来说一说，你可以想到什么？

生：(回答不同情况。)

生1：$6+4=10$，$6-4=2$

生2：$6\div4=\frac{3}{2}$，$4\div6=\frac{2}{3}$，$(6-4)\div4=\frac{2}{4}=\frac{1}{2}$，$(6-4)\div6=1\div3$（师问：写成$\frac{3}{2}$的依据是什么？$3\div2$表示什么？也就是求一个数是另一个数的几分之几，巡着这个分数，你还可以想到几分之几?)

生3：$4\div6=66.7\%$，$6\div4=3\div2=150\%$，$(6-4)\div4=50\%$，$(6-4)\div6=33.3\%$，$4\div(6+4)=40\%$，$6\div(6+4)=60\%$（师：大约说的好，再向大家说一说百分数除不尽时的具体做法？这是求一个数是另一个数的百分之几，除此以外还可以想到哪些百分数？这个百分数表示什么意思?)

生4：$6:4=3:2$、$4:6=2:3$、$4:(6+4)=4:10=2:5$、$6:(6+4)=6:10=3:5$（师：为什么可以这样想？化简比是怎样得到的？生：应用比的基本性质。师：用两个数的比来思考，你还能想到哪两个数的比?)

师：同学们发现了这么多的数学问题，这是求和关系，求差关系，再看分数、百分数、比这三种形式，都是用除法得到的，当然这其中还有其他问题，咱们先说到这里可以吗?

总结：看来，每个同学都能用自己所学的知识，从不同的角度来分析，并能发现这两个数学信息背后所隐藏的数学相关问题，同学们真的很会思考，下面就请同学们带着你们刚才不同的思考，帮老师解决买月饼时遇到的实际问题，可以吗?

2. 结合情景，正确应用内在关系。

（1）分一分。

师：是这样的！老师刚要买月饼，王刚说："老师您别买了，咱们三个人平均分这些月饼吧"?

师：我说"可以呀，但是我吃你们的月饼可是要付钱的，于是我拿出了10元钱，同学们，听好，问题出现了。"（课件出示）

①我们三个人平均分10块月饼，每人应分到多少块月饼?

②老师吃了王刚和李明分的月饼，需要付钱，那么老师的10元钱，怎样分给他们就合理了?

师：咱们先来解决第一个问题：用算式表示出每人应分多少块月饼？谁来列算式?

生：$10 \div 3 = \frac{10}{3} = 3\frac{1}{3}$（块）

师：请同学们算一算，王刚和李明应怎样给我月饼，才能保证每人的月饼同样多？再算一算我怎样付钱就合理了?

以小组为单位互相说一说、算一算以上两个问题。

生：汇报，王刚拿出自己的$2\frac{2}{3}$块月饼，李明拿出自己的$\frac{2}{3}$块月饼。合起来老师就有了$3\frac{1}{3}$块月饼。

师：谁来汇报付钱合理的好办法?

生1：给王刚6元钱，李明4元钱。

生2：我认为应先算1张的价钱 $10 \div 3\frac{1}{3}=3$ 元（3元是几块月饼的价钱？$3\times\frac{2}{3}$ 这个算式表示什么意思？）

最后给王刚 $3\times2+2=8$ 元，李明2元。

生3我是这样想的：$2\frac{2}{3}:\frac{2}{3}=4:1$，再按比进行分配 $10\times\frac{4}{5}=8$ 元，$10\times\frac{1}{5}=2$ 元

最后也是给王刚8元，李明2元。

师：再看6元、4元是怎样想的？

生：这种想法是用没分的10块月饼来分10元钱，这样想是不对的，应该用自己给出的部分来分10元钱。

师：同学们说得真好，我们结合题在来具体说明对应这个问题。如果：分配6元和4元应该怎样寻找条件？现在我们是怎样分配的？

总结：在我们进行分配的时候，一定要找到他们之间是否互相对应，只有找到对应才能合理地进行分配。

感谢同学们帮老师解决了实际问题，在我和王刚、李明的聊天中，了解到五年级期中考试的数学成绩是这样的：（课件出示）

（2）百分数的应用。

**某实验小学六年级四个班期中数学成绩统计表**

| | 一班 | 二班 | 三班 | 四班 |
|---|---|---|---|---|
| 及格率 | 95% | 85% | 96% | 85% |
| 任课教师 | 孙老师 | 孙老师 | 蒋老师 | 蒋老师 |
| 班级人数 | 40 | 40 | 50 | 60 |
| 及格人数 | 38 | 34 | 48 | 51 |

师：比较百分数的大小，哪个班的成绩好？你比较的方法是什么？

生：三班成绩好，我比较的方法是合格率高成绩就好。

师：老师想知道一班、二班的及格人数，需要补充什么条件？

生：需要补充全班人数。

师：课件出示一班40人、二班40人。一班和二班的及格人数分别有多少人？口算可以吗？

生汇报：38人及格，34人及格。

师：如果老师给三班、四班及格人数，大家可以求出三班、四班的班级总人数吗？

师：三班及格人数48人、四班及格人数51人（课件出示）。数据有了，快算一算吧！

生：三班全班50人，四班全班60人。

师：你们算得又快又对，真棒！

师：他们的任课教师分别是：孙老师和蒋老师，同学们再想一想哪个老师教的成绩好？应怎样比较？（课件2）

生：（先独立算一算。）

小组交流自己的想法。

生1：我是把两个班的及格率相加再除以2，得到蒋老师教的成绩好。

生2：我是把及格人数算出来，再比较，也是蒋老师教的成绩好。

生3：我认为及格率是指及格人数占总人数的百分之几，所以我们应该用两个班的及格人数除以两个班的总人数，才能求出及格率。

师：针对以上学生的不同想法，你同意哪位同学的观点？为什么？

生：第三位同学。因为孙老师和蒋老师教的都是两个班，所以应是两个班的及格数占两个班的总数的百分率，这才是正确的比较方法。

师：最后我们比较出哪个老师教的成绩好？

生：他们所教的成绩同样好。

师：同学们如果这样比及格率，必须具备什么条件？

生：每个班的人数必须同样多。

师：通过刚才大家的分析和比较，我们对于及格率有了更加清晰的认识，下面做个抢答题可以吗？

生：合格率、出勤率、成活率、优秀率。

总结：同学们在“分”和“比”的过程中，虽然都有方法不对的情况，但是我们也要感谢刚才错误资源的呈现，正因为有了对于正确和错误的比较和分析，才使大家对于分数、百分数、比有了更深刻的认识。下面就请同学们带着深刻的认识、多角度的分析，走向数学在生活的实际应用中。时间5分钟，看你能用几种方法来解答？

3. 结合练习，巩固提高内在联系。

一题多解：

工程队修一条20千米的公路，前4天修了全长的10%，照这样计算，修完这条公路需要多少天？

（1）学生独立解答；

（2）学生汇报不同的思考方法。

方法1. $4 \div 10\% = 40$（天）

方法2. $1 \div 10\% = 10$（个）

$4 \times 10 = 40$（天）

方法3. $20 \times 10\% = 2$（千米）

$2 \div 4 = 0.5$（千米）

$20 \div 0.5 = 40$（天）

方法4. $10\% \div 4 = \frac{1}{40}$

$1 \div \frac{1}{40} = 40$（天）

方法5. $1-10\%=90\%$

$10\%:90\%=1:9$

$4\times9+4=40$（天）

方法6. $20\times10\%=2$（千米）

$20:2=10:1$

$4\times10=40$（天）

方法7. $20\times10\%=2$（千米）

$2\div4=0.5$（千米）

$20\div0.5=40$（天）

方法8. 解：设修完这条公路一共需要X天。

$10\%X=4$

$X=4\div10\%$

$X=40$

总结：刚才同学们运用了分数、百分数和比的知识从不同的角度解决了这道数学问题，下面就请大家继续展开思维的翅膀去思、去想，让我们一起再一次接受新的挑战可以吗？

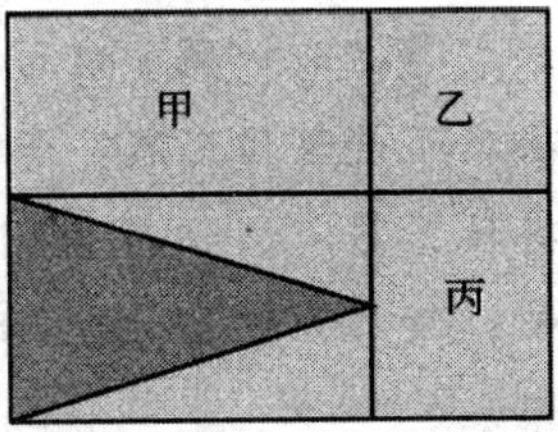


（3）思考题：

把一块长方形菜地分成大小不同的几部分，其中甲面积占总面积的25%，乙面积占总面积的$\frac{1}{8}$，丙面积是10平方米，并且丙与乙的面积比是5：3，求涂色部分面积。

3. 课上小结。

同学们，快下课了，说一说通过今天的学习你有什么新的收获？用哪几个字来揭示今天的课题呢？

生说，师板书课题。

**课后点评：**

## 练习课到底怎样上？

——精心思考　认真选材　沟通联系

练习课不同于新授课，注重突出新意，也不同于复习课，侧重于理顺知识体系；练习课必须以练为主。但“以练为主”并不是一练到底，为什么要练，练什么，怎么练，教师都要认真地思考，深入地研究。特别是在设计教学过程时，一定要把学生放在首位。教师设计教案之前就要考虑学生已经会什么，他们现在最需要什么，他们喜欢什么；设计每个环节每个问题是要考虑学生能否接受，学生跳一跳，能否够得着；学生通过什么途径来解决，是独立思考还是合作交流？学生在这次数学活动中能得到什么？不同学生有什么不同的收获等问题。教师只有做到心中有数，才能有的放矢；教师只有想得周到，研得深入，才有可能设计出好的练习课来。

1. 在情境中爱数学

小学阶段的学生对大量的巩固练习缺乏主动兴趣，容易产生厌倦心理。依据小学生的认知特点：儿童有一种与生俱来的、以自我为中心的探索活动方式。正如苏霍姆林斯基所说的，“在人的心理深处都有一种根深蒂固的需要，这就是希望自己是一个发现者、研究者、探索者，而在儿童的精神世界中，这种需要特别强烈”。因此，练习课上教师不能只让学生一味单调地练、练、练，使他们成为作题的机器，而应该在教学中创设一些新颖的情境，把联系的内容寓于其中，有较大的空间让他们主动探究或合作交流，调动学生的积极性、主动性和创造性；让学生在练习中多一些数学思考，多一些真实的情感体验，更多一点练习的快乐，让学生真正感到自己是一个发现者、研究者、探索者。只有这样，才能帮助他们从厌倦的情绪中解放出来，唤起他们主动参与练习的激情。

2. 在简单中学数学

《标准》在基本理念部分明确指出：数学教学活动必须建立在学生的认识发展水平和已有的知识经验之上。教师应向每一个学生提供充分的从事数学活动的机会，帮助他们在自主探索和合作交流的过程中真正理解和掌握基本的数学知识、技能、数学思想和方法，获得广泛的数学活动经验。小学生对周围的事物充满好奇，他们具有创造和探索的潜能。调查表明，三年级以上的学生已经基本具备了用所学知识解决问题的能力，无论是新授课后的练习，还是综合练习课，学生具备了自行解决问题所需的基础知识和技能。在教师的引导下，一般都能顺利地完成练习任务，并有一定的针对练习内容提出问题的能力。

《标准》还明确指出：要学习有用的数学，旨在说明要把所学的知识与现实生活紧密联系起来，达到学以致用的目的。“行是知之始，知是行之成”是教育家陶行知的观点，他概括了“学以致用，然后知不足”的思想。因此，要设法让学生的所学，能够在生活的简单中加以运用，以调动他们学习数学的积极性。

练习时应把练习内容进行合理组合、归纳、提炼，使练习内容简单化，以利于学生对所学知识的梳理、巩固和提高。

3. 在综合中用数学

复习除了对所学知识进行整理、梳理之外，还应做到对所学知识的综合应用。因此，复习时必然会出现不同学生或同一学生对同一问题由于不同的思考角度而出现多种解法的情况。然而，只有对不同的解法实行优化，找出新颖、独特的最佳解法，才是复习的最佳目的。所以，复习时必须在注意解法多样化的同时，比较、提炼出最佳解法，从而达到优化解题思路的目的。

当学生出现不同解法后，教师可以让学生比较、优化，从而沟通归一、倍比、方程、百分数、分数等知识间的联系，引导学生从不同的角度、不同的侧面，运用不同的分析方法解决问题。

4. 在巩固中，融通数学

教师要充分信任学生，相信每个学生都有探索学习的潜能，帮助学生认识自我，建立信心，让学生消除自主练习的恐惧心理，全身心投入到练习活动中。在素材的编制中要融会贯通，针对本班不同层次的学生进行习题设计。同一个问题，用多种形式呈现出来，在直观、形象思维的基础上——图文并茂、数形结合，形成概括、抽象思维——数学算式。

5. 在争论中，辨析数学

《标准》提出："在评价学生学习时，应让学生开展自评和互评，而不仅仅局限于教师对学生的评价。"教师应结合练习课的内容及学生完成的情况，从基础知识的掌握情况、做题的认真程度、解题的能力等方面评价学生。同时，应努力为学生提供一个自由发展的舞台，把辨析问题的权利交给学生，把争论的空间留给学生，把评判的机会还给学生。在自我评价中学会自我肯定、自我否定，自我改变。

"10元钱，怎样分配合理呢?""两位老师谁教得成绩好呢?"

通过学生的辩论，正确的计算方法得到了清晰的认识，激励了学生的学习热情，促进了学生的个性发展。

教学经历是教学阅历的元素。有时教学的经历是不可多得的，它像是一个"提速器"，又像是一个"加油站"，它是教学的"点"。

在这个点上，我们彻悟了：练习设计要明确目的。

根据《标准》以及学生的实际情况，准确把握教材，确定本节练习课巩固哪些基础知识，培养哪些基本技能，提高哪些技能技巧。进而紧紧围绕练习课的目的来设计练习题，针对学生存在的问题展开练习，力求在最短的时间内以最少的题量获得最好的教学效果。

在这个点上，我们彻悟了：练习设计要有层次、有坡度。

练习一般经过模仿、掌握、熟练和创造几个阶段，练习设计要体现优化，一定要由易到难、由浅入深，有层次、有坡度。学段练习课，应以本学段的知识与技能目标为标准，题型可以是基本的、单一的、带有模仿性的，使学生形成初步的技能。通过综合练习，积累知识，形成熟练的技能与技巧，使学生能灵活运用所学的知识解决问题。

在这个点上，我们彻悟了：练习设计要有针对性。

练习的针对性原则要求，练习的设计要针对知识的重点、难点和学生的弱点来精心设计练习，练习的设计要面向全体学生，为全体学生提供练习的机会，使学生在原有基础上都能有所提高，从而促进各个层次学生的发展，让每个学生都得到不同的收获。

在这个点上，我们彻悟了：练习设计要形式多样。

# 后　记

## 以毕生之求做好老师

做老师的确是不容易，也不轻松，工作的实践已让我尝到了酸甜苦辣各种滋味。老师是一份特殊的工作，没有财源滚滚，没有名声显赫，不会有立竿见影的效果，也不会有一夜成名的奇迹，当你终于“桃李满天下”的时候，往往已是白发苍苍。所以许多做了老师的人都会得出这样一个结论：这是一份“良心活儿”。望着老前辈们几十年如一日辛勤耕耘的身影，我深感自己选择了一条艰难而漫长的道路。

每每望着学生一张张童稚的笑脸，感受着心与心碰撞时的那份快乐，我觉得自己仿佛走进了生命中最灿烂的时刻。光阴似箭，一转眼已是从教的10860天了，在这些时间里，我教过各个年级、各个层次的学生，看着学生一拨一拨在涓涓细流的浇灌下健康成长，我由衷感受到为人师表的幸福，感受到真诚无价的甜蜜，我高兴自己选择了一条开心而幸福的施爱道路。

爱是一个永恒的话题，教师对学生的爱更是一种把全部心灵和才智献给学生的真诚。这种爱是无私的，它要毫无保留地献给所有学生；这种爱是深沉的，它蕴含在为所有学生所做的每一件事当中；这种爱是神圣的，它能凝成水乳交融的情谊。

“老师，我会努力！”

“老师，我特喜欢数学。”

“老师，您说我棒不棒？”

“老师，让我说。”

“老师，这道题让我给同学讲。”

"老师，长大后我也当老师。"

……

听着学生动情的话语，我的心被震撼了，我深切地感受到，一个老师只要以一颗真诚的爱心对待自己的学生，一定会收到意想不到的教育效果。看到一个个阳光少年，我又怎能不眷恋我为之营造的这片"风景"呢？

我要说：当老师真好。是的，珍惜自己拥有的，做好自己的本职工作，并且在最有可能求得的发展方向上做出切实的努力，这是一种生活的智慧呀！

我将继续走进学生的情感世界，去了解他们的内心所想，去感受他们的渴望，去懂得他们失败的痛苦和成功的喜悦，去触摸他们的孤独和困惑，还有快乐……

因为，从学生的成长中我获得了乐而忘忧的巨大动力，获得了从心里涌动出的万份愉悦。

本书，记录了我教育之路的一段思考与实践的足迹。前进中的每一步，总有人引我前行——我深深地感谢中央教科所的华国栋老师、北京市基教中心的吴正宪老师、海淀小学教研室的黄士忠、汤涛、夏宝霞、郭丽军、束春华、孙京红老师及所有关心、支持、帮助过我的各位前辈、领导和老师，是你们让我对教育教学的真谛有了更深刻的理解；前进中的每一步，总有人与我牵手同行——我深深地感谢宏丰小学校长崔占清，百望中心学区副书记梁永利，翠微小学数学主任李嘉，中关村一小的胡文莉、井兰娟、陈千举、商红领、张荣普、刘昕、甄泽、刘强，四季青中心小学杨云霞、孙锡霞、田桂梅、黄燕舞、安玉萍、海洋，巨山小学吕玉娟及所有与我进行课堂教学实践的朋友们，是你们让我对自身的专业成长有了更多的思考、领悟，是你们催我奋进。

本书的出版，得到了《中国教育报》高级编辑原"教学版"主编王增昌、中国林业出版社文化教育编辑室主任刘开运、责任编辑何蕊的大力支持，在此一并表示最诚挚的谢意。

我将以毕生之求做好老师，回报所有关注、支持、帮助我的人，并践行在每一天，每一节课，每一分钟。

田立莉

2009 年 2 月 12 日